本书系国家社会科学基金青年项目“新常态下中国服务外包产业突破‘价值链低端锁定’的路径优化及战略研究”（17CJY046）研究成果

新发展格局下
中国离岸服务外包产业升级：
困境、动力机制与政策

徐 姗 著

ZHEJIANG UNIVERSITY PRESS
浙江大学出版社
·杭州·

图书在版编目（CIP）数据

新发展格局下中国离岸服务外包产业升级：困境、动力机制与政策 / 徐姗著. —杭州：浙江大学出版社，2024.5
ISBN 978-7-308-24966-9

Ⅰ.①新… Ⅱ.①徐… Ⅲ.①服务业—对外承包—产业发展—研究—中国 Ⅳ.①F726.9

中国国家版本馆 CIP 数据核字(2024)第 096412 号

新发展格局下中国离岸服务外包产业升级：困境、动力机制与政策
徐 姗 著

责任编辑 汪淑芳
责任校对 张培洁
封面设计 十木米
出版发行 浙江大学出版社
(杭州市天目山路 148 号 邮政编码 310007)
(网址：http://www.zjupress.com)
排　　版 杭州青翊图文设计有限公司
印　　刷 浙江新华数码印务有限公司
开　　本 710mm×1000mm 1/16
印　　张 17
字　　数 290 千
版 印 次 2024 年 5 月第 1 版 2024 年 5 月第 1 次印刷
书　　号 ISBN 978-7-308-24966-9
定　　价 78.00 元

前言

离岸服务外包作为服务业全球化的重要标志，也是各国服务业参与国际分工的主要方式。当前，国际经济环境复杂多变，全球产业链、价值链加速重构，离岸服务外包获得了越来越多的关注，发展离岸服务外包已经成为许多国家攀升全球价值链、转变经济增长方式的重要战略选择。近年来，我国加速构建“双循环”新发展格局，积极扩大服务业的高水平对外开放，为离岸服务外包发展增添新动力。然而，当前我国离岸服务外包产业结构仍以中低端为主，附加值更高的知识流程外包（Knowledge Process Outsourcing，KPO）业务占比上升动力不足、高端服务供给能力较弱、外包企业技术创新投入不足等使得产业随时可能面临陷入“价值链低端锁定”困境的危机。因此，本书研究新发展格局下中国离岸服务外包产业升级的动力机制，这对于我国认清当前离岸服务外包的整体水平与形势、有效规避“价值链低端锁定”困境、培育服务外包国际竞争新优势、提升产业附加值具有极其重要的现实指导意义。

本书共分为七章。第一章介绍了本书的研究背景与意义，提出了研究思路、内容与方法、特色与主要创新点。第二章梳理了基础理论与研究文献。在全面梳理服务外包相关理论基础上，系统回顾并评述了国内外学者的研究文献，为本书构建理论分析框架、明晰关键概念、阐述复杂机理提供理论支撑。第三章是全书研究的现实背景与现状基础，结合中国离岸服务外包产业的发展实际，分析并测算了中国离岸服务外包的现状、地位及竞争力影响因素，全方面、多维度、量质并举地刻画了中国承接离岸服务外包的发展轨迹与现状水平。第四章提出了本书研究的问题，从理论层面分析了承接离岸服务外包与技术创新的关系，探讨了离岸服务外包产业“价值链低端锁定”困境产生的原因及形成机理。第五章和第六章是全书的主体，分别从内部动力机制和外部环境支撑两方面探索了离岸服务外包产业的升级路径：第五章从产业内挖掘自身动力机制，依据动态比较优势理论的思路框架，基于要素结构优化和技术创新双动力视角探索离岸服务外包产业突破“价值链低端锁定”困境的内部路径并对其进行实证检验；第六章则引入制度环境，研究影响离岸服务外包产业升级的制度因素及其作用效果。第七章在全书分析的基础上，归纳总结全书观点，并从要素与技术混合驱动、产权与制度协同支撑、区域与区域联动发展、在岸与离岸协调分工等四个层面，提出新发展格局下我国离岸服务外包产业规避“价值链低端锁定”困境、实现升级的政策建议。

本书的主要研究结论如下：

(1)我国离岸服务外包产业分别经历了“十一五”成长期、“十二五”量质齐升和“十三五”稳量升质三个阶段，发展态势稳中有进，承接规模持续快速扩大，业务来源市场不断多元化，尤其在新冠疫情冲击下，仍然展现出强劲的韧性与发展活力，实现逆势增长。然而从世界范围来看，虽然中国离岸服务外包产业的全球价值链地位指数逐年递增，但与世界主要发达国家依然存在较大的差距。单看国内情况，国内大部分示范城市承接离岸服务外包均实现了综合效率的提升，效率提升主要依赖技术进步，而提升趋缓主要是受到技术效率较低的阻碍。商务经济环境、开放与创新水平、产业竞争力以及政策环境是影响我国各地区承接离岸服务外包的关键因素，但不同城市的服务外包竞争力发展不均衡，关键影响因素存在一定的异质性。

(2)承接离岸服务外包具有的高技术势差、低吸收能力、强技术依赖和俘获效应、创新资源挤占等因素，可能导致接包方陷入“价值链低端锁定”困境，从而影响其离岸服务外包的产业升级。对中国而言，承接离岸和在岸服务外包均能显著促进全要素生产率提升，且离岸服务外包的促进贡献更大。承接离岸服务外包主要通过推动人力资本优化、技术进步和产业结构升级来间接提升全要素生产率，而外资优化则起到了一部分遮掩效应，其中东部地区中介效应最强的路径是技术进步，而在中西部地区则是产业结构升级的中介效应最强。若将全要素生产率换成区域创新链来衡量承接方的创新能力，可以得到相似结论。

(3)基于动态比较优势理论的核心思想，离岸服务外包产业升级的内部动力主要包括要素结构优化和技术创新。理论研究方面，通过高级要素的跨境流动和自主培育可以实现要素结构的高级化演进，实现离岸服务外包产业由基础要素密集型向高级要素密集型转型升级。技术创新则通过提高要素生产率,产业间转移、产业间技术扩散、传统产业改造升级和新兴产业形成发展,以及改进生产流程、降本提效来影响我国离岸服务外包产业的发展。对中国示范城市的面板数据进行检验,发现要素结构的高级演进和技术创新均有利于推动我国离岸服务外包产业结构的升级,且均存在明显的区域异质性。其中,人力资本、知识产权保护、基础设施投资的相对结构优化能够显著促进服务外包产业升级,而技术创新投入和产出能力是支撑产业结构持续优化的主要驱动力。从联合驱动效果来看,当前中国基于技术创新路径的驱动效果比基于要素结构优化路径的驱动效果更显著。

(4)制度环境是离岸服务外包产业升级的重要外在动力,也是新发展格局下离岸服务外包产业攀升全球价值链的关键环境因素。制度质量对离岸服务外包产业升级具有正向影响作用,并且研发支出、信息基础设施与劳动力素质对其影响存在显著调节作用。绝大多数经济体的知识产权指数和离岸服务外包产业价值链地位的灰色综合关联度至少呈强相关,且发达经济体两者的灰色综合关联度普遍高于发展中国家和新兴经济体。此外,知识产权保护与离岸服务外包产业升级之间呈非线性关系,影响呈现先扬后抑的倒"U"形,而中国当前知识产权保护强度仍然低于理论上的最适强度,且不同示范城市的影响程度和最适强度都存在异质性。

最终,本书提出了新发展格局下促进中国离岸服务外包产业升级的四个协同战略。其一,要素与技术混合驱动。在要素层面,通过强化服务外包人才体系建设、加快全球服务网络体系构建、创新"走出去"方式、优化外商投资结构等路径培育引进高级要素,打破现有要素结构固化僵局,实现比较优势动态演进;在技术层面,引导离岸服务外包产业向数字化、创新化和智能化方向转型升级,通过提升技术创新能力、完善创新生态环境、提高创新转化效率,推动服务外包价值链向高端跃升,促进"知本"转为"资本"。其二,产权与制度协同支撑。一方面,加快提升离岸服务外包产业发展的制度质量,包括完善信息基础设施建设、提升便利化水平、健全公共服务体系等;另一方面,优化产权制度环境,结合信息技术工具完善离岸服务外包产业发展的知识产权创造、管理及保护机制,尽快拥有服务外包高附加值业务的自主知识产权。其三,区域与区域联动发展。加快推进服务外包产业空间布局,因地制宜实行服务外包发展策略,促进东中西部地区服务外包产业联动，平衡区域间发展；同时，对示范城市实行有进有出的动态调整，充分发挥其在产业集聚、创新引领上的积极作用，促进示范城市与非示范城市、新老示范城市间的双重联动。其四，在岸与离岸协调分工。首先，改变重离岸、轻在岸的传统观念，通过强化政府引导作用、加快数字化转型形势，加速释放在岸服务外包市场潜力；其次，以在岸促离岸为抓手，充分发挥服务外包技术外溢效应，打通离岸与在岸服务外包循环体系，促进国际国内服务外包市场的融合发展。

目录

1 绪论

1.1 研究背景及意义

1.1.1 研究背景

信息技术的日新月异促使国际分工深入细化，全球产业链加速重构。新一轮科技革命和产业变革带来的国际竞争日趋激烈，催生了服务的“模块性”和“可交易性”，服务外包迅速成为当前产业跨国转移的主要方式。服务外包作为服务业全球化和服务贸易创新的重要表现形式，正深刻影响着资源要素在全球范围内的重新配置。发展服务外包，尤其是离岸服务外包，已成为许多国家转变经济增长方式、提升国际分工地位的重要战略选择。当前，我国离岸服务外包正处于实现高质量发展、攀升全球价值链并形成国际竞争新优势的战略机遇期。

(1)发展离岸服务外包已成为服务贸易创新的重要驱动。

近年来，知识密集型的高附加值服务业外包日益增长，跨国公司开始将核心技术和高端技术研发进行外包，这对于促进服务要素全球流动，加快附加值提升，优化全球创新链布局，加速全球价值链分解、重构与优化等具有重要意义。“十三五”时期，我国稳居全球第二大服务外包承接国地位，外包量占全球总量的 33%，红利效应明显，KPO 占比由 2010 年的 16%提高至 2020 年的 40%，服务外包实现量质齐升。虽然新冠疫情使得传统服务贸易投资萎缩，产业供应链循环受阻，但国际社会对数字化产品和服务的需求不断增加，促进了生物医药技术研发、医学诊断服务整体解决方案提供等服务外包业务增长，推动了生产办公、生活消费模式发生新变化。2020 年，我国离岸服务外包逆势而上，承接金额首次超过千亿美元，带动服务出口提升 3.8 个百分点，成为新冠疫情下经济恢复性增长和稳定服务贸易的新引擎。

(2)发展服务外包是实现经济绿色转型的重要方式。

服务外包作为服务业全球化的重要标志，已成为许多国家参与国际分工与协作、发展绿色和低碳经济的重要战略选择。当前我国生态文明建设进入以降碳为重点战略方向、推动减污降碳协同增效、促进经济社会发展全面绿色转型的关键时期。2021 年 2 月,《国务院关于加快建立健全绿色低碳循环发展经济体系的指导意见》提出要“建立健全绿色低碳循环发展的经济体系,确保实现碳达峰、碳中和目标,推动我国绿色发展迈上新台阶”。相对于部分高能耗、高污染,消耗土地资源的制造业,服务外包产业的信息技术承载度高、资源消耗低、环境污染少,具有先天的可持续发展优势,已成为中国绿色经济转型的重要抓手。

(3)数字经济的发展催生服务外包新业态模式的形成。

随着数字经济时代的到来,离岸服务外包发展进入 3.0 阶段。数字化、智能化不断释放离岸服务外包发展的新动能,尤其是云计算、大数据、物联网、移动互联网和人工智能在各领域的应用程度加深,数字技术创新为文化、教育、旅游等服务贸易提供了更多数字化解决方案;5G 技术在垂直行业的应用场景有所拓展,众包、云外包、平台分包新模式得到了大力发展,服务外包呈现数字化、智能化、高端化、融合化的发展趋势。数字技术和数字经济的蓬勃发展不但为服务外包产业提供了强有力的技术支撑,也为我国产业转型升级营造了良好生态,有利于扩大知识密集型服务出口,进一步推动我国服务贸易的结构优化。

(4)双循环新发展格局下离岸服务外包产业升级迫在眉睫。

当前,逆全球化趋势和保护主义加剧、战争冲突引发全球经济震荡、美日等发达国家迫于就业形势限制本国服务业离岸。外部环境和内部禀赋的动态变化使得市场和资源两头在外的国际大循环动能明显减弱,而我国内需潜力不断释放、国内大循环活力日益强劲,倒逼我国加快构建“以国内大循环为主体,国内国际双循环相互促进”的双循环新发展格局。发展离岸服务外包产业正是我国培育贸易新业态新模式、深化全球价值链合作并提升国际地位的重要方式。然而当前我国离岸服务外包产业结构仍以中低端为主,高附加值代表的知识流程外包(KPO)业务占比五年平均增长不超过 1 个百分点,技术创新投入不足、高端服务供给能力较弱使产业面临“价值链低端锁定”困境。因此,2020 年 1 月,商务部等八部门颁布的《关于推动服务外包加快转型升级的指导意见》提出了“加快服务外包向高技术、高附加值、高品质、高效益转型升级”的重要目标,从鼓励技术创新,构建开放、协同的共性技术研发平台,加强数字技术的开发利用,提高创新能力等方面,为中国服务外包产业升级提供新思路。

由以上可知，在新旧格局转换、数字化创新引领、新冠疫情冲击，以及产业新一轮转型升级等多重影响下，我国离岸服务外包必须实现从成本领先、规模制胜到价值创新驱动发展的升级演变。因此，研究如何突破困境，将指导意见真正落地，探索实现离岸服务外包产业升级的动力机制和优化路径是当务之急。

1.1.2 研究意义

基于以上背景，本书试图解答两大问题：(1)离岸服务外包产业升级过程中的困境是什么？承接离岸服务外包为什么可能陷入"价值链低端锁定"陷阱？(2)如何优化离岸服务外包产业升级路径？对这些问题做出解答，有利于认清当前我国离岸服务外包的整体形势，在新发展格局下有效规避"价值链低端锁定"困境，从内外双驱动路径真正实现离岸服务外包产业升级。

1.1.2.1 理论意义

(1)基于全球价值链理论、组织间知识转移理论、技术创新与技术扩散原理探索承接离岸服务外包与创新之间的关系，分析离岸服务外包产业"价值链低端锁定"的成因并提出破解机制，以跨学科研究拓宽理论经济研究视野。

(2)基于动态比较优势理论和制度经济理论，构建内部动力和外部制度环境双升级路径，提出离岸服务外包产业升级的新思路，发展离岸服务外包相关理论，为离岸服务外包产业升级提供系统的理论框架支撑。

(3)构建要素结构动态化数理模型，研究比较优势演变影响离岸服务外包产业升级的复杂机理，为其升级的路径选择提供理论依据，既充实了我国离岸服务外包的理论体系，又推动了动态比较优势理论的发展。

(4)实证研究中，综合采用多种方法，包括 DEA-Malmquist 指数法、因子分析法、灰色关联分析法，构建独立中介效应和链式中介效应模型，构建静态面板、动态面板和门槛效应的回归模型，以及线性与非线性回归模型等。在统计模型和计量方法上进行多元化应用与创新，进一步拓展各类方法的使用，从多角度验证本书的观点与结论。

1.1.2.2 现实意义

(1)有利于揭示离岸服务外包本质，动态审视我国离岸服务外包产业的现状及国际分工地位，实现“推动离岸服务外包产业升级和价值链高端延伸”目标。

（2）从区域创新链和全要素生产率两个层面构建创新能力评价体系，检验我国承接离岸服务外包的创新效应，有利于科学测度并最大化激励我国离岸服务外包产业的创新效果。

（3）从要素和技术视角提出突破“价值链低端锁定”困境的内部动力，从制度质量和知识产权保护视角提出产业升级的外部动力，为相关部门研究服务外包产业升级机理提供智库支持。

（4）从内外双动力驱动、区域与区域联动、在岸与离岸协调等方面，全面、系统地提出新发展格局下我国离岸服务外包产业升级的政策建议，为宏观指导我国离岸服务外包产业发展、全面提升产业国际竞争力提供重要的战略参考。

1.2 研究框架与内容

全书研究的基本逻辑在于：探讨承接离岸服务外包的创新效应—提出离岸服务外包产业升级的困境—分析破解困境的动力机制—提出产业升级的政策建议。研究逻辑如图 1-1 所示。

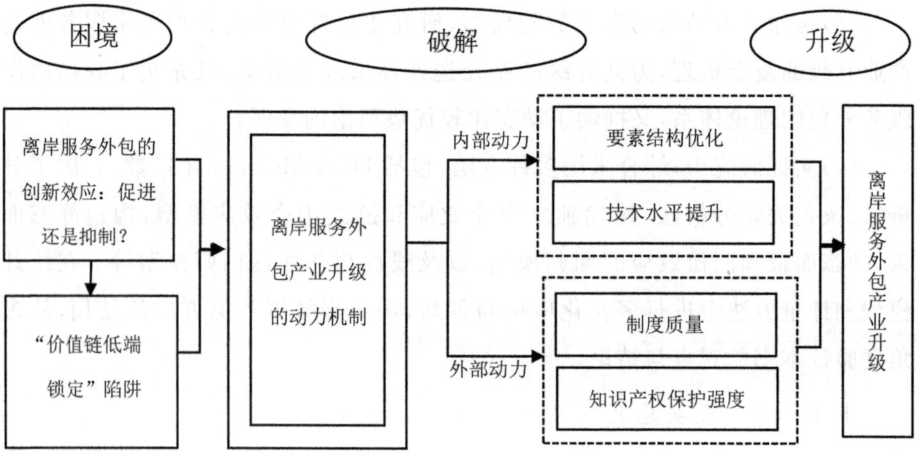

图 1-1 本书研究逻辑

全书共分七个部分，具体研究内容的技术路线及内容框架如图 1-2 所示。

第 1 章，绪论。介绍本书的研究目的与研究意义，提出本书的研究思路、研究内容、研究方法、研究特色与主要创新点。

第 2 章，理论基础与文献回顾。在介绍比较优势与动态比较优势理论、企业核心竞争力理论、交易成本理论、全球价值链理论、技术创新理论的基础上，全面系统地梳理了国内外学者对于离岸服务外包产业发展的相关研究，包括离岸服务外包的概念、特征与类型、动因、经济效应、产业升级等方面，并对已有研究做出评述。本章为本书构建理论分析框架、明晰关键概念、阐述复杂机理提供理论支撑。

第 3 章，中国离岸服务外包的发展现状及水平测度。一方面，通过调研与搜集数据，刻画我国离岸服务外包产业的发展现状和趋势，包括离岸服务外包承接规模、业务结构、市场格局、区域布局、示范城市、新冠疫情影响以及政策支持等七个方面，试图从“量”上呈现产业发展全貌；另一方面，基于全球、中国及代表性示范城市三个层面，分别进行测度和比较，充分呈现我国离岸服务外包产业的全球价值链地位、承接效率以及国际竞争力，旨在充分体现该产业发展的“质”。本章的研究目的在于充分掌握中国及全球离岸服务外包的发展现状，动态审视我国离岸服务外包在国际分工中的地位，探究我国离岸服务外包的运行效率及时空演变趋势，评价服务外包示范城市的国际竞争力。本章的研究是全书的现实背景，为后续的理论与实证分析提供实践依据。

第 4 章，离岸服务外包产业升级的困境与创新效应。首先，研究探讨承接离岸服务外包对接包方创新能力的影响；其次，基于离岸服务外包创新效应的正面“促进论”和负面“抑制论”，进一步从“高技术势差”“低吸收能力”“强技术依赖和俘获效应”“创新资源挤占”等方面揭示离岸服务外包产业“价值链低端锁定”困境的形成机理；最后，从区域创新链优化和全要素生产率两个层面检验我国承接离岸服务外包的创新效果，探究中国是否陷入了“价值链低端锁定”的困境。本章提出的困境是全书研究的主要问题，后续对升级路径的分析皆围绕困境展开。关于离岸服务外包产业升级的优化路径研究，本书将分别从内部动力机制（第 5 章）和外部环境支撑（第 6 章）两个方面展开探索，只有内部动力机制和外部环境支撑相辅相成、共同作用，才能有效推动离岸服务外包产业实现高质量发展。

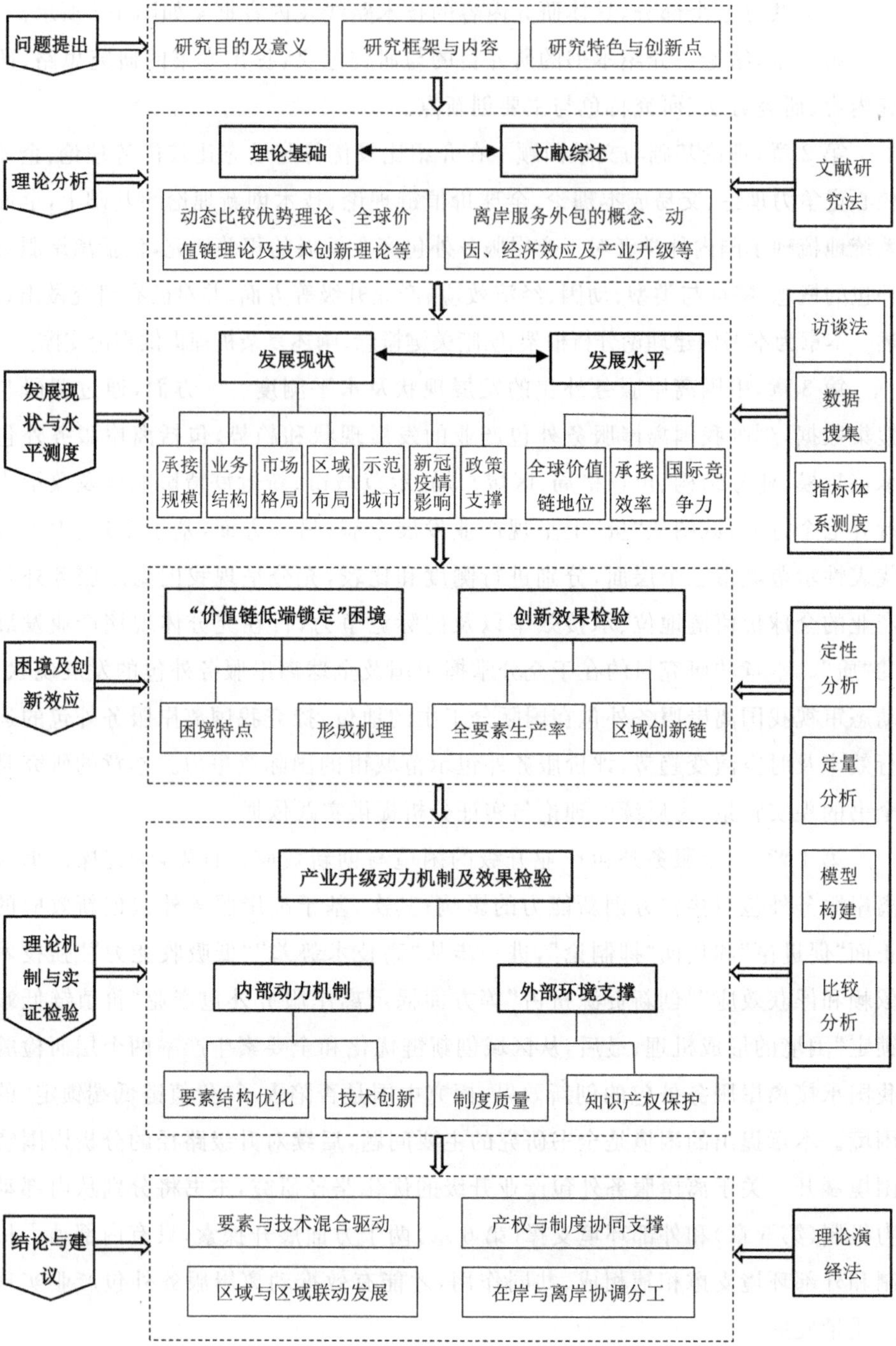
问题提出
研究目的及意义
研究框架与内容
研究特色与创新点
理论分析
理论基础
文献综述
动态比较优势理论、全球价值链理论及技术创新理论等
离岸服务外包的概念、动因、经济效应及产业升级等
文献研究法
发展现状与水平测度
发展现状
发展水平
承接规模
业务结构
市场格局
区域布局
示范城市
新冠疫情影响
政策支撑
全球价值链地位
承接效率
国际竞争力
访谈法
数据搜集
指标体系测度
困境及创新效应
“价值链低端锁定”困境
创新效果检验
困境特点
形成机理
全要素生产率
区域创新链
定性分析
定量分析
模型构建
比较分析
理论机制与实证检验
产业升级动力机制及效果检验
内部动力机制
外部环境支撑
要素结构优化
技术创新
制度质量
知识产权保护
结论与建议
要素与技术混合驱动
产权与制度协同支撑
区域与区域联动发展
在岸与离岸协调分工
理论演绎法

图 1-2　本书的研究框架

第5章，离岸服务外包产业升级的内部动力机制研究。本章以动态比较优势理论为指导，从要素结构优化和技术创新双重视角探索“价值链低端锁定”的破解机制。首先，理论演绎中国离岸服务外包产业升级的内部动力机制和动态攀升路径。其次，基于双重视角对我国离岸服务外包产业的升级效果进行实证检验。①要素结构优化层面，将影响离岸服务外包产业发展的要素分为基础要素和高级要素，以Oniki和Uzawa(1965)的两国模型为基础，建立要素结构优化对服务外包产业结构影响的理论模型，并阐述要素结构变动对离岸服务外包产业升级的作用机制。②技术创新层面，分别从要素、产业、企业三个层面，探讨技术创新对离岸服务外包产业升级的作用机制。③实证检验中，以“21+10”个服务外包示范城市为研究对象，一方面，构建基于要素绝对量和相对量的计量模型，构建引入滞后项的系统GMM及OLS回归模型，实证检验要素结构优化对我国离岸服务外包产业升级的驱动效果；另一方面，设计技术创新动力源指标体系，通过解构技术创新的具体动力源，从技术创新投入能力、技术创新产出能力和技术创新环境支持三大动力源深入探究技术创新对离岸服务外包产业升级的作用效果。

第6章，离岸服务外包产业升级的外部制度因素分析。本章结合离岸服务外包的知识密集特性，分析外部制度环境对离岸服务外包产业升级的影响。①制度质量方面，首先提出制度质量影响离岸服务外包全球价值链嵌入位置的一般机制、门槛机制和调节机制，并在此基础上利用跨国面板数据对离岸服务外包产业升级进行效果检验。②深入探讨知识产权保护与离岸服务外包产业升级的关系，然后利用跨国面板数据对两者关系进行灰色关联分析，并在此基础上利用中国示范城市的面板数据，检验知识产权保护对中国离岸服务外包产业升级的非线性影响轨迹。

第7章，研究结论与政策建议。通过上述内部动力和外部环境研究、理论演绎和实证检验、定性和定量分析，围绕“新发展格局下中国离岸服务外包产业升级的困境与优化路径研究”总结全书观点，并从要素与技术混合驱动、产权与制度协同支撑、区域与区域联动发展、在岸与离岸协调分工四个方面，提出新发展格局下我国离岸服务外包规避“价值链低端锁定”困境、实现产业升级的政策建议。

1.3　研究特色与创新点

1.3.1　研究的系统性

本书研究"新发展格局下中国离岸服务外包产业升级:困境、动力机制及政策",从全球、中国和代表性示范城市等多层面,宏观、中观与微观多维度进行探讨,研究过程中定性与定量充分结合,理论与实证相互验证,试图探究离岸服务外包产业升级中可能存在的困境与破解机制。全书研究内容涵盖中国离岸服务外包产业的发展现状及水平、创新效应与困境机理、内部动力机制和外部环境支撑,以及升级政策。在研究内部动力机制时,本书还基于动态比较优势理论,综合静态比较优势和动态后发优势战略的精髓,从技术和要素视角进行科学系统的阐释。在书末的政策建议部分,最终提出要素与技术(内部驱动)、产权与制度(外部支撑)、区域与区域、在岸与离岸等"四个协同"战略。整体而言,本书的研究具有综合性、整体性和系统性等特色。

1.3.2　研究方法

(1)文献研究法。本书的研究涉及多学科交叉融合,所以"多维度理论分析构架"是本书最基本的分析方法。通过研读和梳理国内外相关文献,试图完成关键概念的明晰、关键变量的定义、理论分析框架的构建等内容,并通过归纳演绎,从中观视角提出理论研究假设与研究方向。

(2)访谈法与调研法。访谈对象包括政府、高校相关研究人员,服务外包产业园区的各行业专家等,调研对象为我国服务外包发展较好的代表性示范城市(如苏州、南京、杭州、大连等)及企业。通过网络调查、案例研究等方式,重点了解我国各类服务外包业承接现状,外包企业在提升技术创新能力过程中面临的主要问题,及其与跨国外包企业的差距等。

(3)综合对比法。本书在许多方面都使用了比较分析的方法,以加深对离岸服务外包产业升级的相关研究。在现状分析中,对比分析了全球离岸服务外包与中国离岸服务外包的发展差异、国内服务外包示范城市的承接效率;在理论建模中，对比分析了高级要素与基础要素的结构差异对离岸服务外包产业升级的动态影响；在样本选择上，对比分析了Ⅰ批和Ⅱ批服务外包示范城市、东中西部示范城市的影响效果，以及不同城市的产业特点及相关政策。

(4)定性分析与定量分析相结合。定性分析方面，基于动态比较优势理论推演得出通过要素的高级化演进和技术创新可以促进离岸服务外包产业升级。通过构建要素结构的数理模型，揭示要素结构的高级化演进能够使得一国的竞争力提升，从而实现离岸服务外包的产业优化升级。基于技术扩散理论，从创新投入、创新转化效率、创新产出与创新主体四个维度阐释承接离岸服务外包对优化我国区域创新链的驱动作用。定量分析方面，利用出口复杂度测算我国服务外包产业的全球价值链地位，通过 DEA-Malmquist 指数、因子分析法测算得出我国离岸服务外包的承接效率和竞争力水平。通过构建全新的创新链复合指标和中介效应分析法，验证承接服务外包的创新效应。基于 GMM 动态回归模型、技术创新动力源体系结构，检验要素结构优化和技术创新对离岸服务外包产业升级的促进作用。通过分析静态、动态两个方面，结合门槛效应机制和调节效应机制，验证制度质量对离岸服务外包产业升级的影响机制。

1.3.3 可能的创新之处

研究视角上，过往研究大多基于离岸服务外包产业的贡献和价值两方面，强调离岸服务外包带来的技术溢出、人才要素优化及对我国三大产业结构的升级作用。而本书更多地关注离岸服务外包产业的自身发展，结合我国离岸服务外包产业发展面临的现实困境，研究离岸服务外包产业自身面临的升级难题。依据动态比较优势的思路框架，从要素结构优化和技术创新双重视角探索“价值链低端锁定”困境的破解机制。

研究思路上，在探讨承接离岸服务外包与接包方创新能力的关系的基础上，进一步引出“承接离岸服务外包可能会陷入‘价值链低端锁定’困境”这一核心问题。结合我国离岸服务外包产业的发展实际，探究我国离岸服务外包发展是否陷入了“价值链低端锁定”的困境，进而由内而外提出促进产业升级的动力机制体系。本书的研究为后续离岸服务外包产业发展提供了一种系统、可行的分析框架，推动了服务外包理论和动态比较优势理论的发展。

研究观点上，主张离岸服务外包与接包方的技术创新能力是协同互促的关系，提出承接离岸服务外包中高技术势差、低吸收能力、强技术依赖和俘获效应、创新资源挤占等因素，将导致接包方陷入“价值链低端锁定”困境。因此，离岸服务外包产业想要突破困境则需要兼顾内部动力机制和外部环境支撑。其中内部动力是根本驱动，外部环境是有力支撑。新发展格局下，离岸服务外包产业升级的战略制定应围绕要素与技术（内部驱动）、产权与制度（外部支撑）、区域与区域、在岸与离岸等“四个协同”展开。

研究方法上，综合多种分析方法，静态与动态相结合、理论与实证相结合、定性和定量相结合，综合把握联动机制。理论探究方面，第一，将区域创新能力链条化，综合考量创新能力发展的过程和效率，从各阶段纵向测评离岸服务外包的区域创新效应。第二，构建了要素结构高级化演进的数理模型，用理论演绎比较优势演变影响离岸服务外包产业升级的复杂机理。第三，通过解构技术创新的具体动力源，将技术创新拆分为技术创新投入能力、产出能力及技术创新环境支持三个细分动力源，进一步探究支撑服务外包产业升级的多元创新动力。第四，提出制度质量对离岸服务外包产业向全球价值链高端攀升的三重影响机制。实证分析方面，一方面，综合采用多种方法，如静态面板、动态面板和门槛效应的回归模型，灰色关联分析，线性和非线性回归模型等；另一方面，扩大样本容量，以全国首批 21 个服务外包示范城市为基础，并补充 10 个新增服务外包示范城市的面板数据进行对比研究。

2
理论基础与文献回顾

本章系统梳理了离岸服务外包产业升级相关的理论基础及国内外研究文献。其中，理论基础涵盖了动态比较优势理论、企业核心竞争力理论、交易成本理论、全球价值链理论、技术创新理论等；国内外文献回顾部分涉及离岸服务外包的概念、特征与类型，动因研究，经济效应研究，产业升级研究等方面，并进行综合述评。本章是全书的理论依据，为后续理论分析框架的构建、复杂机理的演绎以及实证模型的构建等提供支撑。

2.1 理论基础

2.1.1 比较优势与动态比较优势理论

2.1.1.1 比较优势理论

比较优势理论是国际贸易发展的基础和核心，其经典理论包括古典经济学的亚当·斯密和大卫·李嘉图模型，新古典经济学的赫克歇尔—俄林模型。18世纪，斯密在《国富论》中提出了绝对成本学说(即绝对优势理论)，认为各国生产相同产品时，劳动生产率的绝对差异导致了各国生产优势的不同。李嘉图在其1817年的《政治经济学及赋税原理》中进一步提出比较成本学说(即比较优势理论)，认为一国应集中生产并出口具有“比较优势”的产品，进口具有“比较劣势”的产品，遵循“两利相权取其重，两弊相权取其轻”原则。他们均指出生产技术的差别是国际贸易中比较优势形成的基础。到20世纪初，瑞典经济学家赫克歇尔和贝蒂·俄林在其1933年出版的《地区间贸易和国际贸易》中提出要素禀赋学说(即H-O理论)。该理论假设不同国家同种商品的生产函数相同(即技术水平相同)，而各国生产要素的相对禀赋差异则决定了生产成本的相对差异，因此各国应生产并出口密集使用本国相对充裕要素的产品，进口密集使用本国相对稀缺要素的产品。劳动力并非唯一生产要素，资本、土地等要素也在生产中起到了重要作用。

传统比较优势理论的产生都建立在严格的假设背景之下，商品和要素市场完全竞争、各国生产要素供给基本不变、生产要素在国际不流动，没有从发展、动态的视野考量各国优势条件的演化。一味地遵循静态发展可能使原本就处于落后地位的发展中国家陷入“比较优势陷阱”。因此，日新月异的国际经济环境、国际贸易格局以及贸易秩序呼吁着动态、内生的比较优势理论与之相匹配。

2.1.1.2 动态比较优势理论的内涵及发展

动态比较优势理论是对传统比较优势理论的发展，其核心思想是比较优势可以通过专业化学习、投资创新及经验积累等后天因素人为地创造出来，强调规模报酬递增、不完全竞争、技术创新和经验积累。由于古典经济学中的比较优势理论基于技术差异解释贸易基础和国际分工，而新古典经济学中的比较优势理论建立在要素禀赋差异上，因此，动态比较优势理论的演绎方向也可归为要素禀赋和技术水平两个层面。

要素层面的动态比较优势理论包括基于要素不跨国流动的要素价格均等化理论、雷布津斯基定理、斯托尔帕—萨缪尔森(S-S)定理，以及基于要素跨国流动的蒙代尔“反向贸易效应”和基于产品层面的产品生命周期理论。不同学者基于不同要素种类对比较优势演化进行探究分析。早期研究以对资本和劳动力两大基础生产要素的探讨为主。Oniki 和 Uzawa(1965)认为在开放环境中，随着资本不断积累，资本劳动比(K/L)的提升会改变国际贸易格局，小国的比较优势将动态转移到资本密集型产品上。Ronald(1970)从实物资本出发，强调要素积累会导致各国比较优势以及贸易模式发生动态变化。此外，过往研究还将人口增长和内生的资本积累、人力资本的分配等纳入动态比较优势的相关探讨(Oniki 和 Uzawa,1965)。

技术层面的动态比较优势理论假定技术进步内生化，Redding(1999)研究发现一国当前不具备的比较优势在通过政府政策干预后是可能形成比较优势的。技术进步是相同要素禀赋结构下一国实现高产和增益的决定因素，而技术创新是推动技术进步的重要途径。James 和 Mark(1989)指出技术创新能够提高生产率、优化经济结构，其本质是将生产要素及生产条件的新组合引入生产体系。Grossman 和 Helpman(1991)以产品为研究视角，从水平和垂直层面的创新差异角度探讨了内生动态比较优势的关系，以企业主体所拥有的科研项目数体现其知识资本的累积程度。在长期分析中，国际贸易格局、比较优势随着各国 R&D 投入产出的新技术发展而动态变化。

2.1.2 企业核心竞争力理论

Porter(1980)提出,"企业的核心竞争力来源于企业为顾客带来的远超其投入费用的价值水平"。核心竞争力是隐含在企业核心产品或服务中的知识和技能,指企业在商品开发、技术进步与更新、商品营销等领域,通过企业管理整合而形成的别具一格的能力,不仅能实现客户独特的价值需求,还难以被别的企业学习模仿,从而维持企业长期的竞争优势(王春,2018)。由此可见,企业的核心竞争力具有价值性、延展性、独特性、整合性、持久性等特点,要求企业具有良好的组织能力、管理能力和技术创新能力,是为企业带来比较优势的核心动力源。核心竞争力理论为服务外包的发展提供了重要的依据。由于资源有限,企业在进行战略规划的时候,应该将资源重点用于提高其核心竞争力方面,对于非核心的业务流程,可以将其以外包形式交给外部专业的服务机构或企业来完成,以保障自身能够维持独特的核心竞争力。通过有效整合企业内部与外部的资源,提升工作效益与竞争优势,有助于实现经济效益的最大化。

2.1.3 交易成本理论

Coase(1937)在探讨企业的性质过程中提出了交易成本理论,说明了企业产生的原因以及企业边界存在的问题,并指出了交易费用在资源配置中的重要性。Coase 指出,企业想要获得中间品要么由企业内部自行生产,要么从外部市场进行采购。当企业的交易成本过高时,企业会选择将原本从外部市场获得产品的交易模式转变为由内部自行生产的组织管理模式,将交易成本转化为管理成本,进行内部化生产。而企业内部边际管理成本高于外部边际交易费用时,企业会考虑从外部获得资源,即通过外包的形式进行管理。交易成本理论为分析选择服务外包的原因提供了完美的解释框架。外包模式不仅有利于降低企业间的交易成本,还会在一定程度上减少市场交易引发的风险与矛盾(郑宏博,2016)。服务外包是企业在生产或经营过程中将部分非核心的服务流程交由外部专业服务机构完成的经济活动。在交易成本理论的框架下,现代企业的边界随着服务外包的发展而发生变化。Lewin 和 Peeters(2006)研究发现,企业选择服务外包主要是为了降低成本(这一动因占 97%),其次是增长战略、竞争压力和获得合格的员工。

2.1.4 全球价值链理论

“价值链”的概念由Porter(1980)首次提出，他认为企业是设计、生产、销售、运输和辅助产品生产过程的集合体，通过一连串互不相同但又相互关联的增值活动共同创造利润，从而形成价值链。随后，Kogut(1985)在研究国际战略优势时，突破性地提出“价值增值链”。到20世纪末，Gereffi(1999)针对商品的全球化生产和增值提出了“全球商品链”概念，认为产品从设计生产到销售由世界不同的产业组织协作完成，构成一个完整的全球商品分工体系。2001年，Gereffi和Kaplinsky出版《价值链的价值》(*The Value of Value Chain*)，基本构建了全球价值链理论体系和框架，他们认为全球价值链是在全球范围内参与分工和贸易，创造并实现某种商品或服务的价值而连接生产、销售直至回收处理等全过程的跨企业网络组织，包括所有参与生产销售活动的组织及其价值、利润的分配。2002年，联合国工业发展组织(UNIDO)给出权威定义，即全球价值链是指为实现商品或服务价值而连接生产、销售、回收处理等过程的全球性跨企业网络组织，涉及从原料采购和运输、半成品和成品的生产及分销，直至最终消费和回收处理的整个过程。随着价值链理论的不断完善，学术界逐渐延伸出“价值链治理”等新概念，主要涉及交易费用理论、企业网络理论和企业技术与学习能力理论，已成为许多学者的研究焦点。全球价值链治理是指通过价值链实现公司之间的关系和制度安排，进而实现价值链内部不同经济活动和环节间的协调，在价值链治理关系中，组织与各价值关联方相互制约、相互影响(池仁勇等，2006)。关于全球价值链内涵的相关研究脉络如图2-1所示。

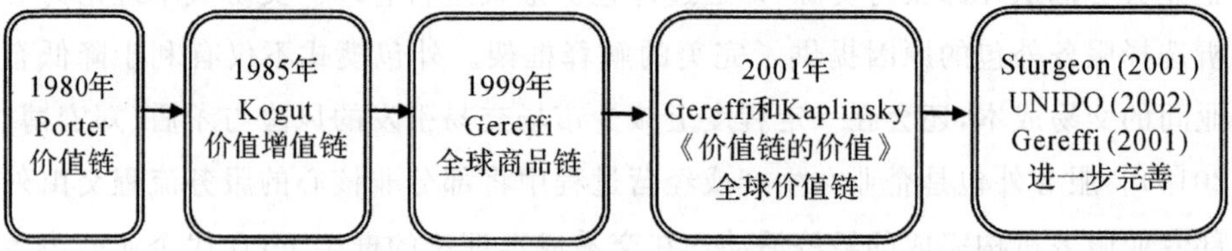

图2-1　全球价值链内涵的研究发展

2.1.5 技术创新理论

创新作为经济学的概念，最早由熊彼特（Joseph Alois Schumpeter）于1912年在《经济发展理论》中提出，其认为创新就是将生产要素和生产条件的新组合引入生产体系，即建立一种新的生产函数，包含生产新产品或提供一种产品新质量，采用新生产方法、新技术或新工艺，开拓新市场，获得原材料或半成品的新供应来源，实行新的企业组织方式或管理方法这五种形式。继熊彼特之后，经济学家在发展创新理论的过程中把创新分为技术创新和制度创新。一些西方学者认为技术进步取决于制度安排，于是便开始探究制度与经济社会发展之间的关系，形成了制度创新理论。其代表人物Douglass（1994）指出技术变革并非西方经济成长的重要原因，有效率的经济组织是经济增长的关键。技术创新是指生产技术的创新，包括开发新技术或将已有的技术进行应用创新。技术创新不是纯技术概念，而属于经济学范畴，指通过新技术改善经济福利的商业行为。技术创新和技术进步两者区别较大。技术进步是指技术所涵盖的各种形式的知识的积累与改进。在开放经济中，技术进步的途径主要包括技术创新、技术扩散和技术转移与引进三个方面。而技术创新则是"生产函数的移动"，是技术进步与应用创新"双螺旋结构"共同作用催生的产物。20世纪80年代，随着知识经济时代的到来，人们日益认识到以知识创新为基础的知识经济对于社会发展及提升综合国力的重要作用。国家创新系统理论正是为适应现代经济社会发展的需要而提出的，其以系统论为分析框架，探讨区域或部门创新体系和全球化背景下国家创新系统运行机制，在理论中更加关注知识及人力资本的作用。

2.2 文献综述

2.2.1 离岸服务外包的概念、特征与类型

2.2.1.1 离岸服务外包的概念

离岸服务外包，追本溯源，是从外包基础上衍生出来的。1990年，加里·哈

尔默(Gary Hamel)和普拉哈拉德(C. K. Prahalad)教授联合发表了《企业的核心竞争力》,第一次提出外包概念。他们指出,外包(outsourcing)是一个企业通过整合、利用外部专业化的资源将企业中的非核心业务承包给其他企业完成,由此达到提高生产效率、降低经营成本、提升资本使用率的目的。他们认为外包交易是一种能让企业最大程度发挥内部核心竞争力的管理和组织决策。

20 世纪 90 年代以来,产品内分工通过改变原有的生产方式,垂直分离了全球价值体系,随着跨国企业战略变革和科技进步,流程分工的逐渐深化,服务外包由此兴起(徐淙红和施凡毅,2014)。不同组织和学者对服务外包进行了相应的定义。根据《中国服务外包发展报告(2010—2011)》,服务外包是指在整个外包经济活动中,企业将价值链中原本由自身负责的基础且非核心性的 IT 业务剥离出来,转包给企业外部更加专业的服务提供商进行的经济行为。卢锋(2007)将服务外包的本质归于企业内部活动转变为企业间的活动,由市场机制进行协调。郑锦荣(2017)认为服务外包的原因来自成本节约,且随着科学技术的发展,服务外包会逐渐成为智力资源整合的重要手段。王晓红(2019)基于企业价值链的角度,指出服务外包作为一种新兴的服务业态,以互联网信息技术为支撑,是企业价值链的重要环节。

根据接包方与发包方所处的地理位置,服务外包可分为在岸服务外包和离岸服务外包。离岸服务外包(offshore service outsourcing)是指跨国企业或组织将非核心业务和部分关键业务剥离到境外的企业行为(王昌林,2013)。通过这种方式,企业可以将自身非核心业务由内转外,保留并巩固内部核心业务,整合利用全球资源及服务,从而达到降低运营成本、提高工作效率和增强核心竞争力的目的。离岸服务外包是国际经济研究的重点领域,推动着新一轮世界经济产业转移,其主要动因是为不同发展水平的国家或地区尽可能多地节约成本或资源。

2.2.1.2 离岸服务外包的特征与类型

根据服务外包的业务性质,2010 年,财政部、商务部及国家税务总局联合发布通知,将服务外包分为信息技术外包(ITO)、业务流程外包(BPO)及知识流程外包(KPO)三种业务方式。借鉴商务部《中国服务外包统计操作指南(2014)》,不同类型的外包业务范围如图 2-2 所示。ITO 指企业将其非核心的与信息技术相关的全部或部分业务外包给专业的信息技术服务提供商，以技术服务为核心，大部分涉及成本与服务。BPO 指企业为缓解业务效率与运作等难题，把非主流的部门，如人事招聘、法律、供应链管理、财务管理等交给第三方企业的行为，偏重业务环节的外包服务。KPO 指服务外包企业通过利用国际数据库等资源，整合各类信息，为发包企业的决策提供更加准确的方向，侧重于业务核心知识研发、咨询等方面的外包，其涵盖业务多属于知识密集型（郑宏博，2016）。

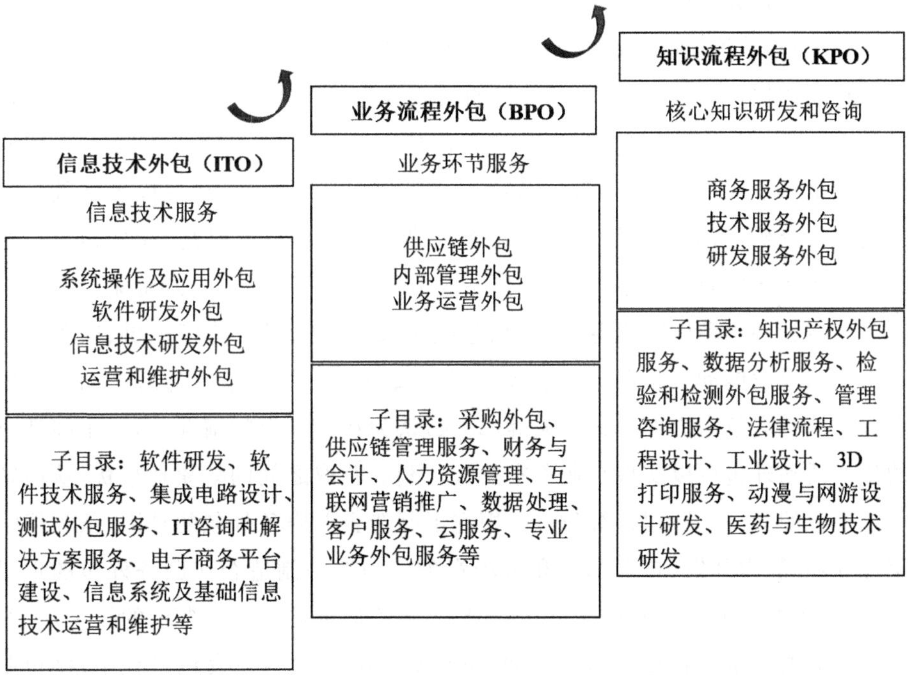

图 2-2　服务外包业务性质分类

资料来源：商务部《中国服务外包统计操作指南（2014）》。

三类服务外包方式中，ITO 发展最早，出现于 1980 年后，集中于劳动密集型产业，关注技术，强调服务及成本；BPO 出现在 20 世纪 90 年代，融合了劳动密集型和知识密集型两大业务，重视业务流程，强调业务运营及效果等问题；而 KPO 则在 21 世纪初得到发展，主营知识密集型业务，通过提供与业务相关的专业知识从而创造客户价值。不难发现，ITO、BPO、KPO 三者的层次是由下至上的，附加值是从低往高发展的。

2.2.2 离岸服务外包的动因研究

关于企业服务外包的动因，已有文献研究较早且主要基于发包方的视角。Loh 和 Venkatraman（1992）分别从宏观经济、行业及企业三个层面建立了服务外包发展的基本框架，认为经济周期和趋势的推动、行业竞争激烈、个体企业追求竞争优势是服务外包的发展动力。Lacity 和 Willcock（1994）认为，服务外包的动因包括财务（增强成本控制力度等）、业务（回归核心竞争力等）、技术（促进技术进步）和政治（证明效率、新资源的正当性等）四个方面。陈菲（2005）以美国的相关数据作为验证，将服务外包的动因分为外部环境动因（技术、经济和市场动因）和内部推动力量（节约成本、关注核心竞争力）两方面。早期的动因研究主要聚焦于成本控制方面，Grossman 和 Helpman（2005）从规模经济效应的角度进行分析，认为个体厂商生产复杂产品的零部件成本过高，而外包可以通过规模经济效应降低成本，从而对交易成本理论进行了补充。郑锦荣（2017）则认为成本套利驱动国际服务转移、信息技术发展推动服务跨境提供、服务贸易自由化加速发展动力是服务外包发展的主要动因。部分学者随后将动因扩展至提升核心竞争力方面。林毅夫等（2004）认为在不确定的情况下，非中间环节的生产活动外包可以实现企业资本投资与利润获取之间的帕累托最优，从而解释了外包的动因。罗建强等（2019）探究了制造企业服务外包的动因，认为战略聚焦、核心能力开发、技术革新和市场竞争力塑造是制造企业服务外包的重要驱动，适当的服务外包有助于缓解制造企业直面异质化客户需求的压力，提升实物产品的销量。在技术因素方面，王小顺（2011）认为在发包过程中，接包服务各方之间的竞争会迫使接包方不断创新技术，进一步带动发包方对接包方的直接投资，增加技术人员的交流，从而产生技术溢出，发包方可以将更多资源用于核心业务，增加科研经费的投入，加速技术的更新换代。尹今格等（2019）则从增加值分解视角，分行业测度了我国对发达国家的发包与接包指标，发现我国对韩国发包最多，而从美国接包最多，这在一定程度上说明了我国对美国存在技术依赖。整体而言，企业在做出外包决策时考虑的因素很多，灵活性大，虽然侧重点有所不同，但基本可以归纳为经济动因、技术动因和政策动因三方面。

2.2.3 离岸服务外包的经济效应研究

关于企业服务外包的经济效应，国内外学者主要从就业效应、技术溢出效应、产业结构效应和贸易效应等方面展开研究，其中基于接包方视角的文献更为丰富。

2.2.3.1 基于发包方视角

(1)就业效应

在就业效应的研究上，国外学者的关注点在于服务发包究竟是有利于增加本国就业还是导致岗位流失。Triplett 和 Bosworth(2004)认为，美国失业率居高不下，尽管政府出台了很多政策来刺激就业，但就业机会并未像预想那样增多，主要原因就是美国将大量 IT 及相关工作通过离岸服务外包的方式转移到发展中国家，导致本国劳动者的就业机会减少。Deborah(2007)分析了 20 世纪末德国低技术、低知识水平的劳动工人群体就业率骤降的原因，指出非核心业务的离岸外包会导致发包方对国内廉价劳动力的需求减少，并实证检验了服务外包离岸程度对德国低技术水平劳动力需求的影响，结果显示，离岸服务外包使得制造业部门对低技术劳动工人的需求每年下降 0.06%～0.16%，从而导致低技术劳动工人就业率下降。而部分学者则持相反观点，认为服务外包能够促进就业，对就业有积极的正效应。Devashoin 和 Priya(2007)通过两部门经济分析认为，离岸服务外包使得发包方的总体工资和收入增加，创造出新的企业和岗位，就业率最终会上升。Amiti 和 Wei(2005)分析了 1992—2000 年的相关数据，得出服务外包对美国制造业生产率的提高有明显的正效应，生产率的提高会促使企业规模扩大，使得对劳动力的需求增加，从而扩大就业规模。

国内学者对于发包的就业效应研究，则更关注于反向发包对就业结构优化的影响。反向外包(reverse outsourcing，RO)指发展中国家作为离岸外包发包方，通过雇佣发达国家技术人员，向发达国家进行技术发包，或者在发达国家建立子公司、离岸中心或并购发达国家企业等一系列外包行为(戴军等，2021)。孟雪(2012)对中国的就业结构进行了定量研究，指出开展技术反向外包贸易是对就业市场资源的一种重新配置，虽然技术反向服务外包并不能使中国的就业总人数大量增加，但高新技术的突破以及高技能人才的增多有利于中国就业结构的优化。此外,尚庆琛(2020)指出跨国发包能够优化国家间的劳动力资源配置方式,实现专业化分工,有效缓解劳动力供求矛盾。刘凤和黎杰(2019)研究发现中国作为服务外包的发包方,其服务外包对行业就业有显著的促进作用,并且对比中国作为接包方承接服务外包对就业的影响发现,服务发包对就业的促进作用大于服务接包。

(2)技术溢出效应

关于发包方的技术溢出效应研究大多从反向发包视角切入。Leonardi 和 Bailey(2006)基于外包过程中的知识转移效应展开研究,认为对在业务转接、拆分过程中其隐性知识如何转变为显性知识及其可行性的分析至关重要。戴军等(2021)指出实施技术反向外包是发展中国家实现技术追赶的重要策略,在这个过程中,发展中国家不但可以获得高质量的商品与服务,还可以通过“技术溢出效应”“投入—产出效应”产生的高技术密集度的生产率来提升红利,以较低的学习成本迅速完成“逆向工程”。Markusen 等(2005)认为发展中国家自力更生发展一些技术需要付出巨大的成本代价时,可以向发达国家购买或咨询技能技术,这样不仅能够直接得到大量的专业知识,还能节约研发成本,获得更大的利益。然而,吴凤羽和唐华明(2015)研究了中国反向服务外包的三种模式对制造业生产率的影响,发现当前反向服务外包对制造业生产率产生了消极影响,并没有对中国的技术进步产生积极的影响。崔南方和李怀玉(2004)认为生产制造企业可以将战略业务外包,从而突破长期处于“价值链低端”的困局。

2.2.3.2 基于接包方视角

(1)就业效应

从接包方视角出发,大部分学者研究认为承接离岸服务外包能够创造更多的就业机会,优化就业结构。国外学者中,Rupa(2010)研究发现印度、中国及东南亚国家都在积极发展离岸服务外包,在这个过程中产生了很多就业机会,加快了劳动力向服务业转移,优化了就业结构。Farrell(2005)指出发展中国家承接离岸服务外包会产生一系列就业扩展效应,不仅有利于企业开发市场,还能促进发展中国家的就业、工资和生产率水平的提升。国内学者中,王晓(2020)认为,一方面,承接服务外包有助于发展中国家参与发达国家高新技术产业的某些环节,服务外包产业规模的不断扩大会创造更多的工作岗位;另一方面,在跨国公司向发展中国家转移更高技术层次业务的过程中，对服务人员的专业素养有较高要求，将倒逼接包方吸纳专业型人才或通过培训提高服务人员的专业素养，从而改善就业质量和就业结构。姜斌(2021)研究了承接离岸服务外包对服务业就业的影响及其传导途径，发现承接离岸服务外包促进了从业规模扩大和就业质量提升，并且其间接影响主要通过技术进步、产业关联和乘数效应实现。李亚成(2017)研究发现承接离岸服务外包可以增加高技术劳动力就业量，缩小中技术劳动力规模，从而优化劳动力市场结构。杨慧梅等(2018)基于2002—2015年的相关数据实证发现离岸服务外包规模与接包方的就业数量显著负相关，但在一定程度上优化了就业结构，促进了高质量就业。赵秀英(2016)认为承接离岸服务外包具有较强的就业吸纳能力，且大部分承接的离岸服务外包业务属于人力资源密集型，能够有效优化接包方的就业结构，提升接包方的人力资源质量。

但也有部分学者研究发现承接离岸服务外包对就业并未产生积极影响。张志明(2016)认为不同专业程度、技能水平的劳动力的就业效果存在异质性。由于服务外包产业具备知识密集型、高技术附加值特征，对中高素质人才的就业呈显著促进作用，反之对低技能劳动力的就业表现为抑制作用。此外，对发达国家的就业效应比对发展中国家的影响效果更显著、作用更大。何均丽(2019)对中国承接离岸服务外包影响制造业就业的效果展开实证研究，结果显示承接离岸服务外包提高了资本和技术密集型行业的劳动力需求弹性，但整体上抑制了我国就业的增长。

(2)技术溢出效应

承接离岸服务外包不仅能根据比较优势产生规模经济，还能在承接高技术含量的业务中获得技术溢出。国内外学者以不同对象、时期的数据为基础对承接服务外包的技术溢出效应进行了大量研究。Vathsala(2015)基于变量的协方差矩阵，调查了斯里兰卡408家离岸软件服务外包企业，发现企业之间的知识转移和传递能够改善接包方的工作流程，提高效率，有利于挖掘新的商业契机，从而对企业创新产生积极影响。Markusen和Rutherford(2004)通过建立模型实证检验了承接离岸服务外包有利于接包方获得技能上的提升，国外专家与接包方劳动力的合作是接包方获取技术的一种快速途径，能够有效获得技术溢出。

黄烨菁和张纪(2011)认为外包是一个"准内部化"的国际化生产形态，对于技术水平差距较大的两个国家来说，外包过程中隐性知识的传递比传统国际贸易更显著，能够更加有效地提高技术外溢效应的转化效率。郎永峰和任志成(2011)认为承接离岸服务外包能够通过示范效应、人力资本效应和产业集聚效应产生技术溢出。郑玉(2015)从直接和间接技术溢出效应两个层面验证了承接服务外包能够促进我国的区域技术创新，直接效应包括产品层面开发投入新服务，企业层面扩大经营范围和规模，生产过程中学习的技术性能指标等产生范围经济而非规模经济，而间接的技术溢出不直接来源于发包方，相比之下，直接效应较间接效应更显著。朱福林等(2017)基于内生增长与制度视角进行补充，认为跨境技术溢出的效用发挥与接包方的政策、经济、法律等制度环境建设密切相关。刘廷宇(2021)通过扩展李嘉图工作任务模型，探究了承接服务外包的技术溢出效应，认为对于发展中国家而言，中间品生产过程的承接不仅为本国创造了一系列岗位，提升本国的就业水平，还能通过技术引进、技术模仿等途径吸收发包方的前沿技术。李庆和张文飞(2020)发现服务外包能够通过知识转移、交互学习、加强区域创新系统的社会根植性来促进区域的技术进步。王晓(2020)指出服务外包的业务双方在对接业务时要进行密切的技术、经验交流，便于承包方积累先进的生产技术、管理经验等，因此服务外包比制造业务外包更容易产生技术外溢效应。

然而，也有学者以发展中国家为研究对象，发现承接价值链中低端的服务外包业务，不仅不能有效地获得技术外溢，并且长期以低成本优势追求业务规模的扩大，会阻碍其技术进步和创新。Dossani 和 Kenney(2007)认为在软件外包产业发展的初始阶段，印度承接的大部分外包业务都是比较低端的，类似数据录入和基础编程等，并不能有效提升技术水平。Parello(2008)分析指出发达国家很注重对知识产权的保护，并且发展中国家的技术吸收能力低，在承接发达国家的服务外包业务过程中，很难获得技术溢出并实现技术进步。王俊(2013)构建了技术"锁定"模型进行研究，认为接包方若过多受制于发包方，缺乏核心技术和自主创新能力，那么在承接离岸服务外包过程中，接包方很可能会被锁定在价值链低端环节，从而难以实现技术进步和创新。

(3)产业结构效应

一方面，服务外包产业的发展扩大了第三产业的比重，国内外学者大多认为承接离岸服务外包能够促进产业结构升级。国外学者中，Amiti 和 Wei (2005)对美国服务外包数据进行研究，发现承接离岸服务外包可以有效优化东道国的产业结构。Feenstra 和 Hanson(2005)同时对发包方和接包方进行研究，发现发达国家通过将低技术水平的非核心业务外包出去，对两者的产业升级均产生了积极影响。国内学者中，李玥(2020)基于国家层面进行研究，指出我国在承接发达国家离岸服务外包的过程中，通过吸收其先进的技术，将其投入高技术含量产品的生产制作，能够更加合理地配置生产要素，从而推动我国产业结构升级。王晓(2020)利用中国制造业细分行业的数据进行研究，发现承接服务外包对我国技术密集型产业结构合理化有显著的促进作用，对其产业结构高度化有一定的促进作用。李惠娟和蔡伟宏(2018)探究了离岸服务外包与产业升级之间的传导机制，认为离岸外包行为通过知识溢出、技术创新和人力资本积累使得东道国经济发展重心由第一产业向第三产业转变升级。郑宏博(2016)基于省级层面进行研究，认为浙江承接离岸服务外包业务能够通过拓展服务业种类、改进管理模式、升级产业链使得产业结构从传统的劳动密集型向资本和技术密集型转变。叶微微(2017)发现承接服务外包有利于通过共享信息、节约成本等形成优势参与国际竞争，能够进一步带动上下游产业的发展，推动产业结构升级。

另一方面，也有学者指出承接服务外包对接包方的产业结构升级并没有产生积极影响。Dossani 和 Panagariya(2005)认为跨国公司外包给东道国的通常是一些低层次的业务环节，不利于东道国实现价值链升级。张珺和张雨露(2012)、徐凉红和施凡毅(2014)均通过实证研究发现中国承接离岸服务外包虽然显著促进了服务业发展，但整体上看对中国产业结构升级的影响不明显。肖志洁(2016)认为经济快速发展的国家开展离岸服务外包业务可以加快推进产业结构由制造业向服务业升级，实现产业升级从量变到质变的目标，转变经济发展模式，然而我国的产业结构效应尚不显著，推动力不足。方慧等(2012)还从需求因素的视角研究发现承接服务外包制约了产业结构升级。

(4)贸易效应

离岸服务外包推动了全球产品、服务以及国与国之间贸易量的增加，有利于最大化不同国家的比较优势，将自身不具有比较优势的业务外包出去，能够增加贸易量，使双方都获益(John，2004)。承接离岸服务外包最直观的影响就是促进了区域经济贸易发展，离岸服务外包不仅能直接扩大服务贸易量，还能通过优化投资环境来间接促进服务贸易发展，可以说，承接离岸服务外包是中国出口新的增长点（刘绍坚，2007；徐建敏和任荣明，2006）。王晓（2020）指出外包业务的扩展会促使产品生产结构转变，当该产品国内需求得到满足时，会大量出口到国际市场，出口结构的转变会促进贸易结构向第三产业倾斜。贺凯莉（2020）通过构建双对数模型进行实证研究，发现中国承接离岸服务外包具有明显的技术溢出效应、就业效应和贸易效应。郑宏博（2016）认为服务业最大的特征就是人力资本的特殊性，离岸服务外包对高技术知识能力和知识协作的要求较高，因此对技术转移、人力资本水平提高的作用更大，可促进经济体在更高水平上优化资源配置，从而改变贸易模式，提升贸易总量和经济水平。顾玲妹和陈永强（2019）则研究了承接"一带一路"沿线国家服务外包对包容性增长的影响机制，发现承接离岸服务外包对经济包容性增长具有积极影响，并主要通过技术进步、产业结构优化、竞争优势增强、人力资本积累等路径实现。

2.2.4 离岸服务外包的产业升级研究

2.2.4.1 离岸服务外包产业升级的内涵

对于服务外包产业升级的内涵，国内学者主要基于价值链视角展开研究。任志成和张二震（2012）从价值链视角分析了全球最大外包承接国印度的软件服务外包产业升级，其具体表现为三个方面：业务范围由维护、测试等初级阶段向方案制定、开发软件应用等高级阶段过渡；业务层次由加工环节的ITO向研发与设计环节的KPO持续提升；产业发展成为全球分工体系的重要组成部分，实现价值链地位攀升。宁靓等（2016）在此基础上拓展了服务外包产业升级的定义和内涵，一方面包含提升高附加值的服务外包业务占比，实现由"量"向"质"转变，另一方面由系统的业务流程和知识管理服务取代零散的订单式开发等服务。王晓红（2019）则指出"十三五"期间，服务外包产业升级表现为从低附加值、劳动密集型的ITO向高附加值、知识密集型的KPO的价值链跃升。

2.2.4.2 离岸服务外包产业升级的可行性探讨

关于服务外包产业升级的路径，已有研究主要从提升国际竞争力、差异化战略和价值链攀升等角度展开分析。提升国际竞争力的相关研究大多基于行业层面展开(尚庆琛,2017;陈荣江,2014;王丽和韩玉军,2016)。尚庆琛(2017)基于我国金融服务外包的发展现状,提出我国服务外包产业升级应从创新金融服务、与新技术融合发展等方面提升国际竞争力。谢荣军和袁永友(2018)认为基于地区间知识、人力资本等生产要素禀赋不同,技术发展水平各异,通过实施差异化战略可以实现湖北服务外包跨越式发展,同时促进区域间要素转移,提高配置效率。邵金菊和姜丽花(2015)基于全球价值链升级路径分析总结了印度服务外包的发展经验,指出应从协调发展在岸外包和离岸外包、加快海外并购步伐、建立海外营运中心、紧跟新兴 IT 技术等方面为中国服务外包产业的创新发展提供建议。

区域分析中以长三角、珠三角和京津冀地区居多。张颖和汪飞燕(2013)综合运用 SPSS 因子分析法和熵值法,对长三角地区 10 个典型城市的服务外包产业进行比较分析,提出应通过"改善服务外包产业宏观环境基本要素—增强服务外包产业环境建设—利用区位优势大力发展服务外包产业—打造地区特色以推动服务外包发展"四阶段路径,实现产业升级。杨学军(2013)对珠三角地区进行比较分析,指出珠三角在承接国际技术服务外包时实施了与其他地区同质化的政策措施,明确了"以 ITO 为核心,BPO 差异性发展"的产业定位和"确保核心、优先基础、适时突破"的产业升级路径。蔡彤娟和郭小静(2019)对京津冀协同发展中的北京服务外包产业进行研究,认为在"十三五"期间应逐步将过剩的、利润空间小的低端外包业务迁往津冀二线城市,腾出空间大力引进高端 KPO 业务,同时充分发掘在岸外包市场的潜力以优化北京服务外包产业结构。

2.2.4.3　动态比较优势与服务外包产业升级

当前基于动态比较优势探究服务外包产业升级的文献甚少,为数不多的研究成果中以理论演绎与政策分析为主(徐姗,2009;霍景东和夏杰长,2010;冉静,2010;陈璐,2011;王昌林,2013;魏思敏,2016)。冉静(2010)根据动态比较优势理论从技术和要素两个视角对大连服务外包产业升级进行理论演绎,通过培育、引进高级要素优化要素质量,在技术层面基于技术外溢、"干中学"等提高技术发展水平,从而实现服务外包比较优势的动态变化。王昌林(2013)确立了"立足现有比较优势,积极创造动态比较优势"的中国离岸服务外包发展总体思路,并针对产业整体发展态势、产业结构布局、人才结构、服务外包平台和企业能力建设等离岸服务外包关键绩效领域提出了产业升级路径和政策建议。魏思敏(2016)基于技术创新视角的动态比较优势分析了云计算、物联网、区块链等技术发展对我国离岸服务外包转型升级的作用机制,强调了运用创新驱动战略,通过扩展业务范围、创新商业模式、衍生新需求等方面实现外包业务的高技术含量、高附加值升级。

2.3 文献评述

已有关于离岸服务外包的研究,为本书的研究视角和思路提供了坚实基础和理论保障。从离岸服务外包的特点与内容出发,核心理论主要包括企业核心竞争力理论、交易成本理论、资源基础理论等,本书研究新发展格局下中国离岸服务外包产业升级的支持理论,包括比较优势与动态比较优势理论、全球价值链理论、技术创新理论。在离岸服务外包产业效应的研究上,国外学者侧重于从发包方视角研究企业离岸服务外包的动因、就业效应及技术溢出效应,而国内学者更多从接包方视角探索承接离岸服务外包的产业结构效应、就业效应、贸易效应等,其中基于接包方视角的文献更为丰富。关于离岸服务外包自身产业升级的研究中,已有文献聚焦于产业升级的内涵界定、升级路径研究、区域对比分析,基于动态比较优势框架的研究文献主要侧重于服务外包产业升级的政策研究。

虽然现有文献提供了较为丰富的研究基础,但也存在一定的局限性,主要体现在四个方面:其一,研究视角集中于服务外包产业的价值贡献和推动作用,忽略了对近年来服务外包产业升级面临的"价值链低端锁定"困境及其成因和表现形式的探讨;其二,对服务外包产业升级的研究相对较少,主要以内涵界定、政策分析居多,缺乏系统的分析框架、完善的理论机制和升级路径探究,导致这方面理论内核支撑不足;其三,离岸服务外包相关实证研究中,检验方法相对单一、变量选取的标准与依据差异较大,导致检验结论不尽相同,如对于投入要素大多以绝对量来检验其影响效果,很难体现要素结构的高级化和合理化,对技术创新的指标选取单一化,缺乏普遍适用的创新能力与服务外包绩效评价体系;其四,研究样本以国别、省际或第一批的 21 个服务外包示范城市居多,缺乏 2016 年新增的 10 个示范城市面板层面的研究。

因此，本书试图在研究深度、广度和研究方法方面进行拓展与完善。本书将在探讨离岸服务外包与技术创新关系的基础上，结合当前中国与全球离岸服务外包的发展现状，系统分析离岸服务外包中“价值链低端锁定”困境的特点与形成原因，进而提出离岸服务外包产业升级的动力机制与优化路径，并对其作用效果进行实证检验。其中，内部动力研究以动态比较优势为理论指导，从要素结构优化和技术创新两个视角构建离岸服务外包产业升级的理论模型，并提出升级路径。外部环境研究则以制度质量和知识产权为切入点，研究外部制度环境影响我国离岸服务外包产业升级及全球价值链地位攀升的理论机制和作用效果。

3 中国离岸服务外包的发展现状及水平测度

中国服务外包的数据统计最早始于2007年商务部服贸司制定并施行的《国际服务贸易统计制度》,随着服务外包产业的持续发展及其概念内涵的拓展外延,学者们除直接采用商务部公示的服务外包执行额之外,还会通过构建评价指标体系对服务外包的发展水平进行测度。本章先从"量"的层面,分别基于规模、结构、市场格局、区域布局、示范城市、新冠疫情应对政策体系等七个方面,刻画并描述我国离岸服务外包产业的发展现状及特点;随后进一步从"质"的层面测度我国离岸服务外包的发展水平。本章的分析对象从全球、中国到具体示范城市,力求全方位、多维度、量质并举地刻画中国承接离岸服务外包的发展轨迹与现状水平。

3.1 中国离岸服务外包的发展现状

中国于2009年批复了第一批服务外包示范城市,2012年正式将服务外包产业发展纳入国家战略。此后,政府不断颁布相关政策,鼓励服务外包产业的发展,凭借劳动力成本低下、政策利好等优势,我国离岸服务外包产业快速发展。即使当前全球经济增长呈现出减缓的趋势,我国离岸服务外包产业经济仍保持快速增长。2020年,新冠疫情的出现使得全球经济一度低迷,但在政府引导和企业积极复工复产的努力下,"中国服务"品牌国际影响力不断提升,离岸服务外包成为我国生产性服务出口的重要部分,带动服务出口提升了3.8%,执行额首次破千亿美元。本节将从中国承接规模、业务结构、市场格局、区域布局、示范城市集聚效应、政策体系,以及新冠疫情下服务外包的发展等方面逐一分析现状。

3.1.1 承接规模持续快速扩大

21世纪初,中国正式加入WTO标志着我国产业发展进入了对外开放的新阶段,离岸服务外包产业开始进军国际市场。在政策支持、经济综合实力不断提升、科技发展的推动下,离岸服务外包产业飞速发展,全球市场份额最高达到33%。

我国离岸服务外包的发展阶段包含了"十一五"的成长、"十二五"的量质齐升和“十三五”的稳量升质三个阶段。虽然我国服务外包产业发展史不长，但把握住了国际产业转移的重要机遇，长期良好的经济发展态势和政治经济环境为我国服务外包业务规模持续扩大提供了资金和政策支持。近年来，全球经济呈现出萎靡发展态势，而中国服务外包产业却一枝独秀，呈现出强劲的发展势头。商务部数据显示，2019 年，我国服务外包执行额首次突破万亿元，再度更新了史上纪录，执行额达 10695.7 亿元，合同额达 15699.1 亿元，同比分别增长了 11.4%和 18.6%。离岸服务外包执行额为 6555.8 亿元，同比提高了 11.7%。2020 年，我国签订的服务外包合同额为 17022.7 亿元，执行额为 12113.2 亿元，分别同比增长 8.4%和 13.3%，增长规模依旧可观。中国 2010—2020 年服务外包产业发展情况如表 3-1 所示。

表 3-1　中国 2010—2020 年服务外包产业发展情况

年份	服务外包执行额/亿元	增速/%	离岸服务外包执行额/亿元	增速/%	在岸服务外包执行额/亿元	增速/%
2010	1279.4	36.5	933.7	36.6	345.7	36.1
2011	2092.0	63.5	1539.1	64.8	552.9	59.9
2012	2939.7	40.5	2123.5	38.0	816.2	47.6
2013	3954.4	34.5	2812.3	32.4	1142.0	39.9
2014	4996.6	26.4	3435.1	22.1	1561.5	36.7
2015	6022.2	20.5	4026.0	17.2	1996.2	27.8
2016	7071.4	17.4	4676.8	16.2	2394.5	20.0
2017	8501.6	20.2	5369.8	14.8	3124.1	30.5
2018	9597.4	12.9	5866.7	9.3	3730.9	19.4
2019	10695.7	11.4	6555.8	11.7	4330.9	16.1
2020	12113.2	13.3	7302.1	11.4	4798.5	10.8

数据来源：商务部网站。

我国离岸服务外包产业的快速发展极大拉动了服务业出口，在服务业出口中的比重逐渐上升。2020 年我国离岸服务外包执行额从 2010 年的 933.7 亿元增长为 7302.1 亿元，年平均增长率为 24.9%，为经济增长做出了重大贡献。由图 3-1可知，2020 年我国离岸服务外包执行额达 1057.8 亿美元，较“十二五”初期翻了两番。2010 至 2020 年离岸服务外包产业规模持续扩大，年均增幅达 26.84%。然而值得注意的是，在规模扩大的同时，增长速率呈下降趋势，尤其是在 2011 至 2015 年期间，趋势线呈 45°向右下方倾斜。由于国际市场竞争日趋激烈、我国劳动力成本优势降低等，我国承接离岸服务外包的优势正在逐渐减弱，2019 年和 2020 年的增长率低于 10%，较“十三五”初期降低 4 个百分点，因此实现服务外包产业升级成为当务之急。

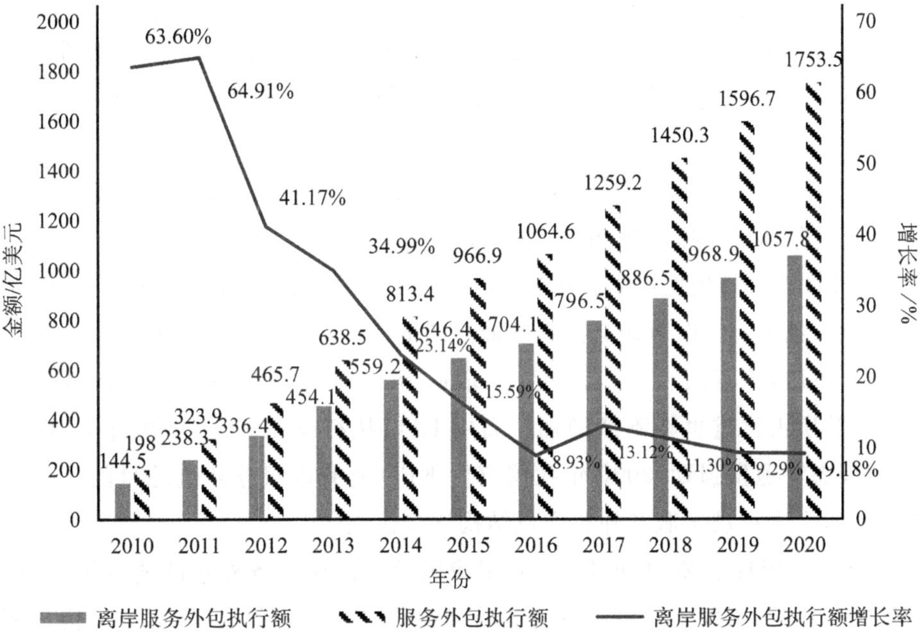

图 3-1　中国 2010—2020 年离岸服务外包承接规模

数据来源：商务部网站。

3.1.2　业务结构明显优化

2010 年以来，我国离岸服务外包产业发展迎来了结构调整关键期，随着新型业务的出现，我国离岸服务外包产业逐渐攀升至价值链高附加值环节，知识和技术密集度更高的知识流程外包(KPO)业务占比不断提升，产业内部结构升级初见成效。商务部数据显示，2010 至 2020 年，我国离岸服务外包执行额结构比例(ITO∶BPO∶KPO)由 64∶20∶16 变化为 44∶16∶40，业务流程外包

(BPO)业务份额变化不大，整体上从由信息技术外包(ITO)主导转变为ITO和KPO并驾齐驱。其中，KPO业务占比上升了23.7个百分点，调整幅度最大，效果显著。究其原因是BPO、KPO业务的快速发展推动了服务外包业务结构的优化升级，其中附加值更高的业务类型，如电子商务平台服务、互联网营销推广服务业务的增长速度相对更快。

从我国最初接触服务外包以来，ITO便是我国服务外包产业的主力军。2020年我国企业承接离岸ITO执行额达3204.1亿元，始终占据最大份额，占服务外包总量的比重达43.9%。近年来，ITO业务中最常见的软件服务外包业务的规模持续扩大，国际市场的竞争力也不断提升。历年来，我国离岸BPO业务占比都不高，并且出现了较大的浮动。离岸BPO在2013年占比最高，达34%，2020年离岸BPO执行额同比下降了0.6%，且相较于ITO和KPO，BPO所占比重整体呈下降趋势，由2010年的20.0%下降至16.4%。但在规模上，离岸BPO执行额呈现持续上升趋势，从2010年的28.9亿美元增长至2020年的173.5亿美元。作为知识密集度最高的KPO，近年来发展迅猛。2020年我国离岸KPO执行额为2921.4亿元，增速为17.9%，是增速最快的服务外包类型，其所占比重也在不断增加。离岸KPO执行额在2011年超过了BPO，其发展态势愈发强劲，2020年我国离岸KPO业务占服务外包总量的比重达39.7%，大大推动了服务外包产业结构逐步优化。

图3-2展现了2010年至2020年我国承接离岸服务外包的业务结构，体现出我国的离岸服务外包正由初期低端业务向高端业务发展，业务结构逐渐合理，可推测离岸KPO业务占比将持续增加，甚至会超过ITO。然而，不可否认的是，当前我国承接的离岸服务外包的业务中，依旧以ITO为主导，服务外包产业结构仍以中低端为主，高附加值代表的KPO业务在2016年至2019年占比浮动不超过2%，KPO业务发展遭遇升级瓶颈。这可能是因为BPO、KPO领域对人才能力、科技水平要求较高，大部分发展中国家人力资源与技术能力受限，所以现阶段服务外包产业的比较优势停留在了ITO低知识技术密集型领域，且各国同质化竞争非常突出，阻碍了我国离岸服务外包产业附加值的进一步提升。

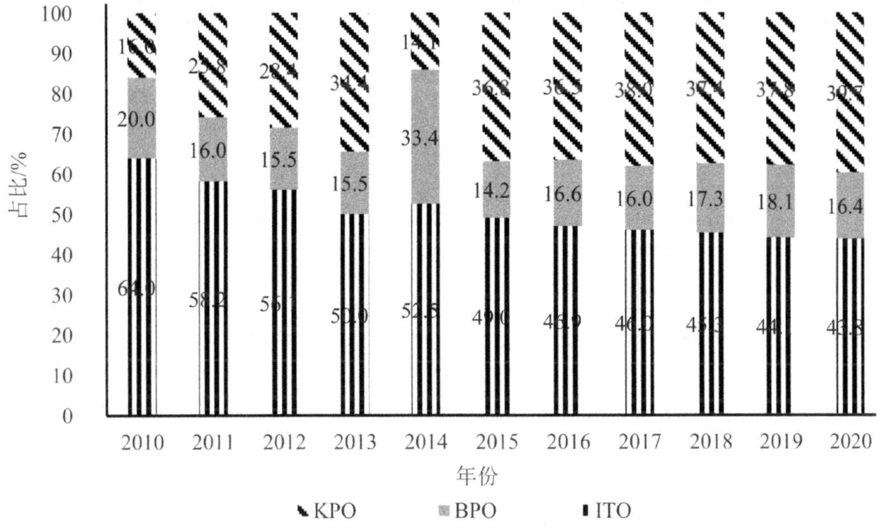

图 3-2　中国 2010—2020 年离岸服务外包业务结构分布变化

数据来源：商务部网站。

3.1.3　市场格局多元化

当前，中国承接离岸服务外包业务的来源方覆盖全球 200 多个国家和地区，美国、欧盟、日本是中国承接离岸服务外包业务的主要来源市场，2010 年以来这三大市场为我国离岸服务外包企业贡献了过半的业务额，表 3-2 汇报了 2010—2020 年我国承接离岸服务外包业务的市场结构。2020 年来自美国、欧盟、日本的合同执行金额分别占比 20.70％、14.73％、8.83％，三大传统市场仍占据主导地位，保持主要发包优势，但业务增速和占比有所下降。其中，承接日本的服务外包业务占比下降幅度最大，从 19.72％(2010 年)下降至 8.83％(2020 年)，美国所占市场份额呈现缓慢减少趋势，但仍然位居第一，欧盟比例变化不大。值得关注的是 2020 年，欧盟市场所占比例出现了下降，并且受中日关系和日元贬值的影响，日本市场逐渐缩减，占比持续下降。

表 3-2　中国 2010—2020 年承接离岸服务外包业务的市场结构　　单位：%

年份	美国	欧盟	日本	三大市场	共建“一带一路”国家或地区
2010	26.37	15.22	19.72	61.31	—
2011	15.08	12.25	12.25	39.58	—
2012	26.58	16.23	14.36	57.17	—
2013	25.88	15.72	11.41	53.01	15.91
2014	22.92	14.90	10.86	48.68	17.61
2015	23.30	15.16	8.48	46.94	18.80
2016	21.91	16.47	8.21	46.59	18.40
2017	23.00	15.20	1.42	39.62	19.20
2018	21.30	16.10	8.10	45.50	19.00
2019	20.20	17.00	8.80	46.00	19.10
2020	20.70	14.73	8.83	44.26	18.63

数据来源：商务部网站。

与此同时，自 2013 年“一带一路”倡议提出以来，我国不断开拓“一带一路”离岸市场，发包需求日益扩大。结合表 3-2 和图 3-3 可见，2013 年至 2019 年，“一带一路”市场的承接规模由 72.2 亿美元上升至 184.7 亿美元，市场份额由 15.91%调整为 19.10%，上升趋势显著，“一带一路”市场的重要性不断提高。目前，美国、欧盟和共建“一带一路”国家或地区已成为我国承接离岸服务外包业务的主要来源地，2020 年，中国承接来自三大发包市场离岸服务外包业务的份额分别为 20.70%、14.73%和 18.63%。其中，共建“一带一路”国家或地区的发包占比逐年赶超除美国以外的其他市场，成为中国承接离岸服务外包业务的第二大发包来源。

此外，新加坡、英国、德国、韩国、荷兰、印度也是我国重点关注的合作国家，2017 年上述国家与我国在离岸服务外包领域的合作金额分别为 33.4 亿美元、

15.6亿美元、20.3亿美元、30.5亿美元、12亿美元、10.2亿美元。而法国、巴基斯坦、尼日利亚等国与我国的合作金额也在逐年增长，有望达成战略伙伴共识。可见，中国离岸外包的承接市场日益多元化、普遍化，市场格局悄然改变。

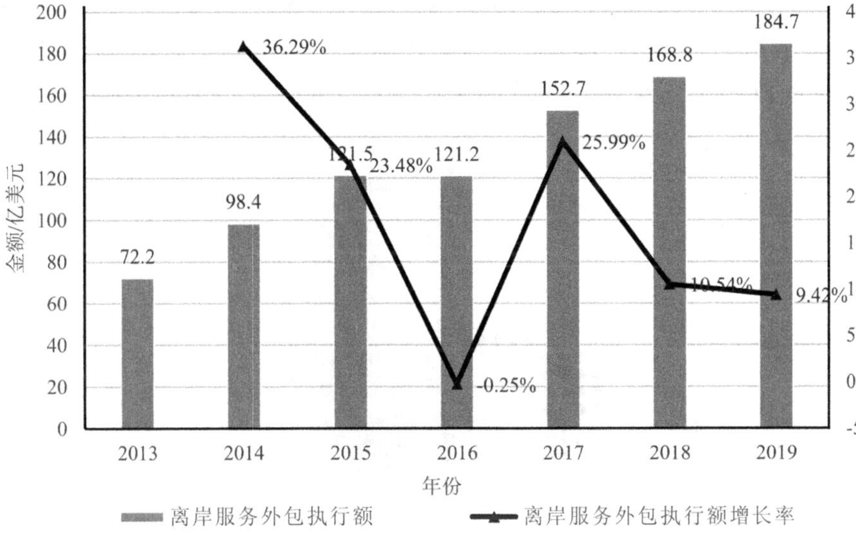

图 3-3　中国承接来自共建"一带一路"沿线国家或地区的离岸服务外包规模

数据来源：商务部网站。

3.1.4　区域布局进一步优化

在区域布局上，我国离岸服务外包表现出以经济特区为划分依据的显著区域特征。由图3-4可知，长三角区域作为服务外包产业的主要集聚区，依托得天独厚的港口区位优势，是我国服务外包产业发展的重要支柱地区，2020年承接规模占全国市场的50.4%，合同执行额达3246.6亿元。粤港澳大湾区是除长三角区域之外业务规模占比最大的，占全国市场的12.6%，而京津冀地区的增长率最高，同比增长26.3%。随着党的十九大报告、商务部等8部门《关于推动服务外包加快转型升级的指导意见(2020)》等支持政策的不断实施，地区分工逐渐清晰，区域差距逐渐缩小，布局进一步优化。

东部地区一直是我国经济发展的中心，离岸服务外包产业的发展也主要由东部地区推动。据统计，我国超过4/5的离岸服务外包业务都是由东部地区的企业承接的，但是随着东部沿海地区的人力成本和综合成本的增加，企业的利润空间正在不断压缩。与此同时，国家对中西部地区的政策扶持力度日渐加大，使其在劳动力、资本等生产要素上具备成本优势，通过加固、完善基础设施建设，提升了产业发展硬实力。近年来，武汉、合肥、郑州等地区服务外包也逐渐显示出一定的后发优势，综合竞争力提升较快，服务外包企业逐渐将交付中心转移至中西部地区，呈现出“一线接单，二三线交付”的产业链新格局。

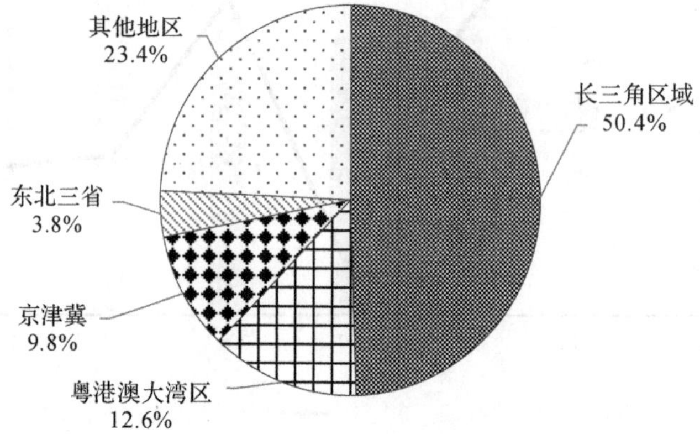

图 3-4　中国 2020 年离岸服务外包承接业务区域布局

数据来源：商务部网站。

3.1.5　示范城市集聚效应显著

服务外包示范城市具有明显的集聚和辐射效应，能够引领全国服务外包产业在制度、技术、产业形态与模式上实现创新突破，带动服务外包产业健康快速发展。截至 2016 年商务部等 9 部门颁布《关于新增中国服务外包示范城市的通知(2016)》，我国认定的 31 个服务外包示范城市遍布全国东、中、西部地区，服务外包示范城市批复情况如表 3-3 所示。其中，南京、深圳、广州、杭州等城市发展优势明显，历年来综合评价得分位列全国前五。此外，中国服务外包产业的区域布局逐渐优化，在总体上以环渤海、长江经济带、珠三角为核心区域，同时鉴于中西部地区综合成本更低，将中低端业务转移至欠发达地区的步伐加快，以促进不同区域间经济协调发展。

表 3-3　中国服务外包示范城市批复情况(2006—2016 年)

时间	新增服务外包示范城市
2006 年 08 月	大连
2006 年 10 月	西安、成都、深圳、上海
2006 年 12 月	北京、杭州、天津、南京、武汉、济南
2009 年 01 月	合肥、长沙、广州、重庆、哈尔滨、大庆、无锡、南昌、苏州、厦门
2016 年 05 月	沈阳、长春、南通、镇江、宁波、福州、青岛、郑州、南宁、乌鲁木齐

资料来源:商务部服贸司。

表 3-4 展示了 2010—2020 年示范城市与非示范城市离岸服务外包规模占比的变化情况。2010 年,服务外包示范城市承接离岸服务外包执行额占全国比重达 94.4%;2020 年,31 个服务外包示范城市承接离岸服务外包执行额 6039.5 亿元,同比增长 8.3%,占全国比重为 82.7%,与 2010 年相比,占比下降了 11.7%,但仍超过 80%,示范城市对培育壮大市场主体仍然具有重要作用。与此同时,非示范城市的发展积极性显著提升,占全国的比重逐年提高,由 2010 年的 5.6%上升至 2020 年的 17.3%。随着相关产业支持政策和产业园区的成功经验在全国范围内的推广,服务外包产业正逐渐扩散至三、四线城市,示范城市通过辐射带动周边非示范城市的服务外包产业发展,效果显著。2020 年非服务外包示范城市承接离岸服务外包执行额达 1263.2 亿元。此外,各示范城市服务外包发展特征显著。北上广深在研发投入、技术创新层面综合能力较强,占据绝对优势;青岛、福州在公共服务平台建设上表现突出;贵阳则强调以数字技术为核心,推动离岸服务外包创新发展。但仍有部分城市存在结构单一、产业融合进程缓慢等问题,离岸服务外包的产业升级仍需努力。

表 3-4　中国 2010—2020 年服务外包示范城市数量及业务规模占比

项目	2010	2011	2012	2013	2014	2015	2016	2017	2018	2019	2020
示范城市数量/个	21	21	21	21	21	21	31	31	31	31	31
示范城市占比/%	94.4	93.3	92.3	91.1	90.4	89.5	93.4	91.6	88.0	85.0	82.7

续表

项目	2010	2011	2012	2013	2014	2015	2016	2017	2018	2019	2020
非示范城市占比/%	5.6	6.7	7.7	8.9	9.6	10.5	6.6	8.4	12.0	15.0	17.3

数据来源:商务部网站。

3.1.6 离岸服务外包在新冠疫情下逆势增长

2020年以来,新冠疫情暴发使全球经济造成严重损失,产业链、供应链面临断裂危机,各国制造业也都遭受了巨大冲击,但全球离岸服务外包产业却保持稳步增长。中国服务外包研究中心测算,2015至2020年,在全球服务出口下降的背景下,全球离岸服务外包执行额逆势增长36.7%,年均增长6.5%。2020年,全球离岸服务外包执行额13875.7亿美元,占全球服务出口的27.8%,比上年提高5.4个百分点。

面对全球新冠疫情的严重冲击,我国离岸服务外包产业逆势上扬,成为中国服务出口增长主引擎。据商务部统计数据,2020年我国承接离岸服务外包合同额9738.9亿元,执行额7302亿元,同比分别增长5.8%和11.4%,如图3-5所示,圆满实现"十三五"发展目标。2021年,我国离岸服务外包产业实现恢复性增长,承接离岸服务外包合同额首次突破万亿元,达到11295亿元,执行额8600亿元,同比分别增长16.0%和17.8%。在新冠疫情严重冲击下,我国服务外包产业展现了强劲发展韧性与活力,实现逆势快速增长。

从业务结构看,ITO、BPO、KPO执行额占比分别为42.2%、15.2%和42.6%,同比分别增长13.3%、11.1%和25.3%。其中,管理咨询服务、工程机械维修维护服务、新能源技术研发服务、电子商务平台服务、信息技术解决方案服务、工业设计服务、医药和生物技术研发服务等离岸服务外包业务增速较快,同比分别增长141.8%、93.9%、90.4%、43.3%、41.2%、37.7%和24.7%,高附加值业务规模不断扩大。新冠疫情带动了远程医疗、供应链服务、在线教育、共享平台、协同办公等的广泛应用,为稳定全球产业链、供应链和推动国际抗疫合作发挥了重要作用。

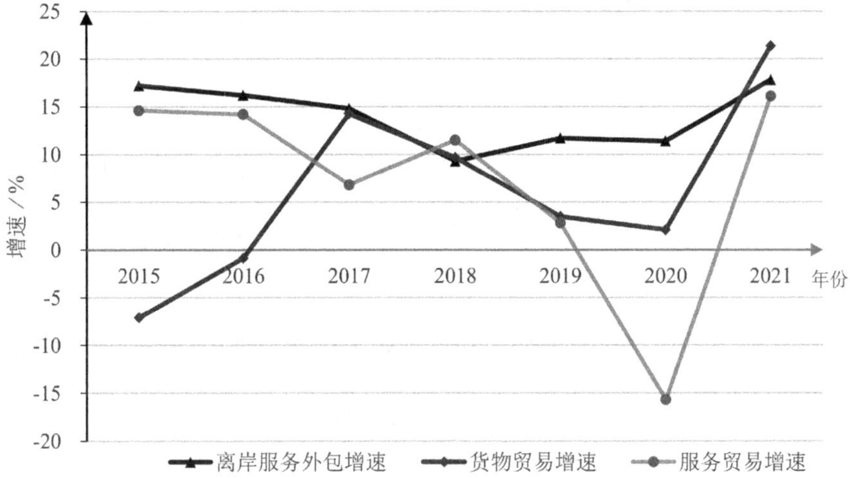

图 3-5　中国 2015—2021 年离岸服务外包、服务贸易和货物贸易的增速对比

数据来源：商务部网站。

3.1.7　服务外包政策供给力度持续加大

我国服务外包产业的快速发展离不开政府出台的系列政策。中国最早接触到的服务外包业务是 1988 年 IBM 公司向中国转移软件时所进行的汉化工作。1991 年，曾培炎作为国家机电部副部长对印度进行了探访，并对我国经济发展提出了深刻建议：建立与印度类似的软件科技园。直到 1999 年这一建议才得到落实，政府开始正式提供无息贷款扶持资金。2003 年，时任国务院副总理吴仪强调了发展服务外包产业对我国的重要性，指出要重视跨国公司内部的服务外包新趋势。2004 年召开的国家级经济技术开发区工作会议，再次提倡中国应积极发展服务外包产业，利用产业集聚的优势，积极承接离岸服务外包，形成服务外包基地。我国服务外包产业发展的政策支持如表 3-5 所示。

表 3-5　不同时期我国服务外包产业的发展

时期及特点	年份	政策/会议/活动名称	核心内容
"十一五"时期：服务外包产业的形成期和高速增长期	2006	第十届全国人大四次会议	提出注重引导跨国公司向我国转移附加值高、技术含量高的加工制造环节、服务外包业务和建立技术研发机构。强调建立服务外包基地，有序承接国际服务业大规模转移
	2006	"中国服务外包基地城市"授牌仪式	成都、西安、上海、深圳和大连成为首批"中国服务外包基地城市"。开启"服务外包基地城市"以及"示范园区"的新兴发展模式
	2006	"千百十工程"	提出在全国建设10个具有一定国际竞争力的服务外包基地城市，推动100家世界著名跨国公司将其服务外包业务转移到中国，培养1000家取得国际资质的大中型服务外包企业。全方位承接国际(离岸)服务外包业务，不断提升服务价值，实现2010年服务外包出口额在2005年基础上翻两番
	2007	《服务贸易发展"十一五"规划纲要》	积极承接信息管理、数据处理、财会核算、技术研发、工业设计等国际服务外包业务。具备条件的沿海地区和城市要根据自身优势，确定服务外包重点发展领域，加快培育一批具备国际资质的服务外包企业，形成一批外包产业基地
	2009	《关于促进服务外包产业发展问题的复函》	批复北京、天津、上海、重庆、广州等20个城市为中国服务外包示范城市，深入开展承接国际服务外包业务

续表

时期及特点	年份	政策/会议/活动名称	核心内容
“十二五”时期：服务外包产业实现量质齐升并形成国际竞争力的时期	2011	第三届中国国际服务外包交易博览会	提出要促进服务外包产业发展，推动中国产业从“中国制造”向“中国服务”转型
	2012	《中国国际服务外包产业发展规划纲要(2011—2015)》	加大对服务外包产业的财税支持、招商引资力度，鼓励企业争取国家、省项目和资金支持，支持企业开拓国内外市场，实施产业化扶持，推进企业资质认证工作，实行建设用地保障等。标志着我国服务外包产业正式纳入国家战略
	2014	《关于促进服务外包产业加快发展的意见》	第一次对服务外包发展做出全面部署，并公布了21个服务外包示范城市。提出推动服务外包发展要从“主要依靠低成本竞争”向“更多以智力投入取胜”转变，形成产业升级新支撑、外贸增长新亮点、现代服务业发展新引擎和扩大就业新渠道，推动“中国服务”走向世界
	2015	《关于构建开放型经济新体制的若干意见》	提出要促进服务外包升级，提升服务跨境交付能力，建设好服务外包示范城市
“十三五”时期：服务外包产业实现高质量发展、攀升全球价值链高端并形成国际竞争新优势的战略机遇期	2016	中国(湖北)服务外包产业发展论坛	明确以新一代信息技术、智慧健康、文化与科技融合三大产业为发展方向
	2017	《关于支持“飞地经济”发展的指导意见》	创新“飞地经济”服务模式：北京、上海等东部发达城市的部分服务外包企业选择在中西部城市设立交付中心，形成“一线接单，二三线交付”的服务外包产业链模式

续表

时期及特点	年份	政策/会议/活动名称	核心内容
“十三五”时期：服务外包产业实现高质量发展、攀升全球价值链高端并形成国际竞争新优势的战略机遇期	2017	《国际服务外包产业发展“十三五”规划》	确定将大数据分析服务、云计算服务等12个领域作为“十三五”期间离岸服务外包产业发展的重点领域，旨在突出关键领域、优势领域和潜力领域，引导发展高技术、高附加值的综合服务解决方案外包业务，促进向产业价值链高端延伸，形成技术引领、跨界融合、创新驱动的新格局
	2017	《服务贸易发展“十三五”规划》	提出要着力健全服务外包创新机制，培育创新环节，建立服务外包企业信用记录和信用评价体系，健全知识产权保护体系，以营造法制化、国际化的营商环境
	2017	京津冀服务外包协同发展论坛	提出北京要按照“四个中心”的发展定位，大力创新，积极发展资本、技术密集型的高端服务外包，努力成为全球的接发包中心；天津应发挥老工业基地积累的制造业优势，大力发展生产性服务外包，打造“中国制造”国家品牌；河北要全面推进知识密集型和劳动密集型业务协同发展，积极承接京津冀地区产业转移等
	2020	《全面深化服务贸易创新发展试点总体方案》	提出扩大对外开放、探索创新发展模式、健全促进体系等8个方面的试点任务，并推出122项具体举措
	2020	《关于推动服务外包加快转型升级的指导意见》	提出到2035年，我国服务外包从业人员年均产值达到世界领先水平，服务外包示范城市的创新引领作用更加突出

续表

时期及特点	年份	政策/会议/活动名称	核心内容
“十四五”时期：由政策驱动向创新引领转变、构建国内国际双循环新发展格局、实现贸易高质量发展的关键时期	2021	《中华人民共和国国民经济和社会发展第十四个五年规划和2035年远景目标纲要》	提出要加快推动京津冀协同发展、全面推动长江经济带发展、积极稳妥推进粤港澳大湾区建设、提升长三角一体化发展水平，建设重大科技创新平台和新增长极。
	2021	《“十四五”服务贸易发展规划》	新模式新业态加快发展，国际服务外包增速快于服务出口增速，着重发展知识密集型服务贸易。推动服务进出口均衡化，优化国内布局，拓展国际市场空间布局
	2021	《关于确定中国服务外包示范城市的通知》	新增徐州、佛山等6个城市为中国服务外包示范城市。至此，我国服务外包示范城市增至37个。指出要立足新发展阶段，高标准建设服务外包示范城市，推进离岸和在岸、接包和发包业务协调发展，加快服务外包技术创新、服务模式创新和体制机制创新，促进服务外包与实体经济深度融合，推动服务外包向高技术、高附加值、高品质和高效益转型升级，服务构建新发展格局

资料来源：根据商务部网站整理。

3.2 中国离岸服务外包产业的全球价值链地位测度

当前我国正处于稳中提质、创新引领、贸易高质量发展的关键时期，服务外包在满足规模良好扩张的同时更要实现质的飞跃。本节将从全球价值链视角出发测度我国离岸服务外包产业的国际地位。

随着国际分工已从产品层次细化到生产环节,全球价值链得到越来越多的学者关注。目前关于全球价值链地位的测度方法大致可以分成以下四种,第一种是 Hummels 等(2001)提出的垂直专业化指标,即一国出口品中包含的进口品份额,进一步得到国外增加值率,用于显示该国在全球生产网络中的参与程度。做类似研究的还有平新乔(2005)以及张少军和刘志彪(2013)等人。第二种方法是采用国际贸易规模以及出口产品行业结构反映一国在全球价值链中的地位(金芳,2008),但随着产品内分工的出现,国际贸易规模被高估,出口产品行业结构也难以反映全球价值链嵌入地位。另一些学者则提出了研发溢出模型,如王俊(2013)及杨连星和牟彦丞(2021)采用国际研发溢出模型来反映全球价值链的嵌入水平。第三种方法是 Koopman 等(2010)提出的国际分工指数(GVC-Position),即将全球价值链地位定义成一国(地区)增加值出口与国外增加值出口的差距,认为当一国为其他国家提供原材料或中间品时处于国际分工的上游环节,而当其使用大量别国的中间产品进行最终产品生产时,则在国际分工中处于下游环节。第四种方法由 Hausmann 等(2005)提出,他们根据贸易结构反映生产结构的逻辑,认为一国的国际分工地位会反映在其生产和出口产品的技术复杂度水平上,出口产品技术复杂度越高,相应的其国际分工地位越高。因此,结合服务外包产业特点的贴合性以及数据的可得性,本书将借鉴 Hausmann 等(2005)的方法测算各个经济体的全球价值链嵌入程度与地位,进一步探讨各国在国际分工中的角色。

3.2.1 测度方法介绍

出口复杂度指数由 Hausmann 等在 2005 年提出,是目前使用范围最为广泛的全球价值链地位测度方法之一。出口复杂度指数是通过分析某一经济体的某产业出口商品的技术结构以衡量该产品在世界出口中地位的综合指标,表征产品在价值链中的竞争力。本书将利用出口复杂度指数衡量一经济体或地区的离岸服务外包产业的全球价值链地位,具体的计算步骤如下:

$$INDUY_k = \sum_j \frac{\left(\frac{N_{jk}}{M_j}\right)}{\sum_j \left(\frac{N_{jk}}{M_j}\right)} Y_j \tag{3.1}$$

$$ESC_j = \sum_k \frac{N_{jk}}{M_j} INDUY_k \tag{3.2}$$

式3.1计算的是离岸服务外包产业中每一个细分行业的技术复杂度（$INDUY$），式3.2以式3.1为基础，计算出每个国家或地区离岸服务外包产业的出口复杂度（ESC）。其中，k 指服务外包产业中一个细分行业，j 指某一个国家或地区，M_j 指 j 国或地区总体服务外包产业的出口额，N_{jk}/M_j 指 j 国或地区服务外包产业 k 行业的出口额在总体服务外包产业出口额中所占的比例，Y_j 为 j 国或地区的人均GDP。该计算过程中所需数据均来自WTO数据库。

由于服务本身存在的无形性和异质性，当前学术界关于离岸服务外包业务的范畴和数据的选择尚未形成一致的看法。本书在参考刘艳（2010）的处理方法的基础上，使用最新的统计口径《国际收支和国际投资头寸手册（第六版）》BPM6，将与商品相关的服务，保险和养老金服务，金融服务，别处未包括的知识产权使用费，电信、计算机和信息服务，其他商务服务，个人、文化和娱乐服务纳入离岸服务外包产业的范畴。

3.2.2 测度结果分析

为了全面系统地了解不同国家离岸服务外包产业的全球价值链地位，对比掌握中国该产业参与国际分工的地位水平及其动态演化过程，本节根据国际货币基金组织（IMF）的 *World Economic Outlook*（*2015*），选择33个国家成员作为测算对象，包括澳大利亚、奥地利、比利时、加拿大、瑞士、塞浦路斯、捷克、德国、丹麦、芬兰、法国、英国、希腊、匈牙利、爱尔兰、意大利、日本、韩国、立陶宛、马耳他、挪威、波兰、斯洛伐克、瑞典、美国、保加利亚、巴西、中国、罗马尼亚、俄罗斯、土耳其、印尼、印度。各国家离岸服务外包产业的全球价值链地位水平如表3-6所示。

表3-6 相应国家2010—2020年离岸服务外包产业全球价值链地位指数的变化情况

国家	2010	2011	2012	2013	2014	2015	2016	2017	2018	2019	2020
澳大利亚	33064	36008	35172	35807	35774	31930	31795	33729	36060	37125	36190
奥地利	32682	35671	34788	34928	34666	30527	30515	32159	34304	35088	35135

续表

国家	2010	2011	2012	2013	2014	2015	2016	2017	2018	2019	2020
比利时	31951	34841	33882	34820	34781	30544	30601	32472	34429	35194	34987
加拿大	32587	35790	34952	35691	35840	31678	31685	33421	35663	36083	36278
瑞士	35174	39139	37944	38559	38364	34335	34968	37026	39396	40025	39765
塞浦路斯	35474	39322	37614	37837	39165	34866	33970	35548	37933	37685	38567
捷克	30512	34163	33013	33445	33371	29228	29164	30744	33042	34587	35098
德国	32782	36228	35153	35807	35573	31595	31770	33460	35720	36704	35143
丹麦	33221	36578	35460	35661	36078	31616	31994	34647	35821	36678	37648
芬兰	32894	37440	36625	36526	36045	31511	31964	33558	35498	36145	35078
法国	32579	35648	34565	35121	34964	30907	31120	32787	34565	33578	34148
英国	34608	37995	36650	37056	36878	33268	33242	35081	37198	38009	38576
希腊	31171	34249	33214	34017	34276	29866	30149	31768	33679	35478	34879
匈牙利	32587	35786	34526	34928	34753	30204	30502	32101	34265	35167	35789
爱尔兰	32561	35954	34883	35755	36102	32106	31857	33507	35859	37098	38243
意大利	32067	35627	34790	35182	35183	31073	31295	33107	35082	36457	35237
日本	36716	40572	41256	40888	40399	36325	36519	38378	40701	38975	37621
韩国	32790	36548	35157	35477	35567	31828	32126	34162	36299	37122	36213
立陶宛	26173	31376	30593	33169	32628	28636	28167	30150	32209	33356	31334
马耳他	33615	36039	34268	34890	34749	30078	30402	32208	34008	35673	36131
挪威	32343	34946	34375	34685	34740	30876	30937	32836	35077	33798	33123
波兰	30463	33085	32303	32560	32601	28707	28688	30465	32647	33728	34135
斯洛伐克	29001	32014	31809	33124	33479	29513	29349	31082	33169	34256	35135
瑞典	33598	36895	36329	36876	37390	33114	32768	34371	36459	37897	38135

续表

国家	2010	2011	2012	2013	2014	2015	2016	2017	2018	2019	2020
美国	36024	40263	39083	39521	39493	35226	35309	37152	39215	42876	41352
保加利亚	27518	32674	31715	32671	33431	29329	29766	31264	33256	34589	33251
巴西	31944	34567	33775	34258	34296	30144	30282	31889	34101	35647	36131
中国	24003	32153	31384	32644	33057	28726	28822	31016	33346	34778	35156
罗马尼亚	29287	32058	31801	31709	31969	28081	28128	29874	32399	33456	33789
俄罗斯	30045	33473	32870	33563	33759	29801	29478	31236	33640	34134	33139
土耳其	30205	32004	30804	32500	32305	28081	29286	31108	33262	34354	33153
印尼	32372	33692	33574	33830	33776	29388	29427	31598	33489	34356	33876
印度	31988	35034	33866	34579	34759	30398	30233	31744	33940	35098	34786

根据表 3-6，总体来看，在全球经济增长和技术进步的影响下，2010—2020 年间各国家离岸服务外包产业全球价值链地位指数整体呈现递增趋势，原因在于随着各国家离岸服务外包的高速发展，服务产品整体质量均有所提升。可以预见的是，随着未来新一轮的信息技术革命和数字经济贸易的深度渗透，离岸服务外包还有很大的发展潜力。

在 2010—2020 年间，中国的离岸服务外包产业水平呈现长期增长趋势。从增长速度来看，在样本时间范围内，2010—2014 年为高速增长期，随着中国经济的快速发展，大批量的跨国企业来华投资，这些跨国企业利用国内的成本和政策优势，大力发展离岸服务外包，从而带动了中国离岸服务外包的快速发展。2014—2020 年则呈现先降低后增长的态势，这是因为受国内宏观经济的影响，中国经济进入新常态后的调整时期，产业发展增速也由过去的高速转为中高速。

中国与德国、法国、英国、日本、美国离岸服务外包产业的全球价值链地位指数如图 3-6 所示。由图可见，中国与世界主要发达国家相比仍有一定的差距，在考察时间范围中，始终落后于大部分的发达国家，这也从另一个层面说明中国仍有较大的发展空间，需要进一步提升离岸服务外包产业的附加值水平。另外，2018 年之前日本的离岸服务外包产业价值链地位在六国中最高，而 2018—2020 年，美国赶超日本成为六国中离岸服务外包产业的领先者。

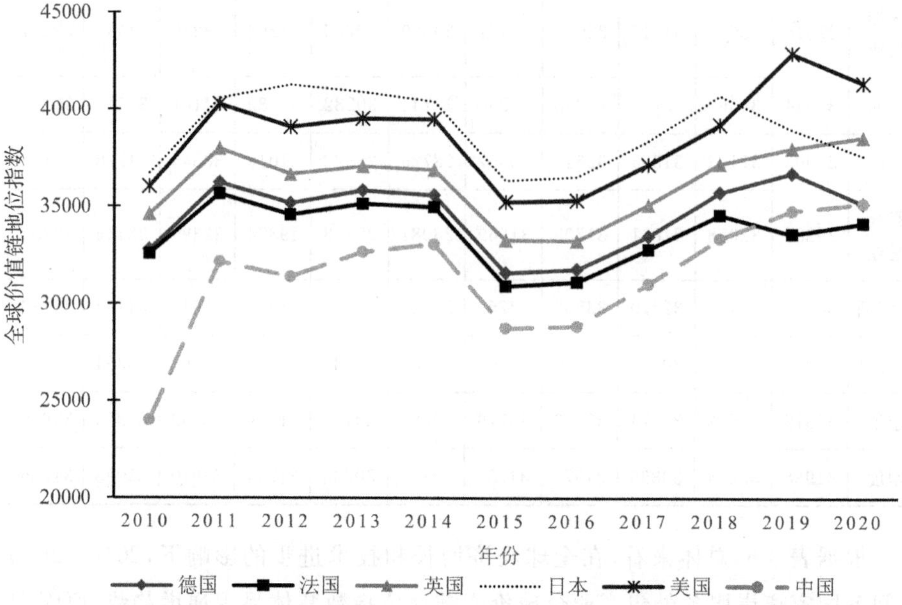

图 3-6　中国与主要发达国家离岸服务外包产业的全球价值链地位比较

数据来源：WTO 数据库

图 3-7 是中国与其他金砖国家离岸服务外包产业全球价值链地位的对比（受数据限制，此处未包含南非的数据）。从 2020 年数据来看，金砖国家中该产业的全球价值链地位由高到低依次是巴西、中国、印度、俄罗斯，但差距并不明显。四个国家的整体变化走势大体保持一致，并均呈现上升趋势。其中，中国承接离岸服务外包规模保持快速增长，但并未领先。近年来，印度发展成为承接离岸服务外包较为成熟的国家，但随着其成本优势逐渐削弱，众多跨国公司开始偏向于向其他新兴的国家进行发包。面对着良好的发展机遇，中国以及其他发展中国家也越发重视离岸服务外包的发展。

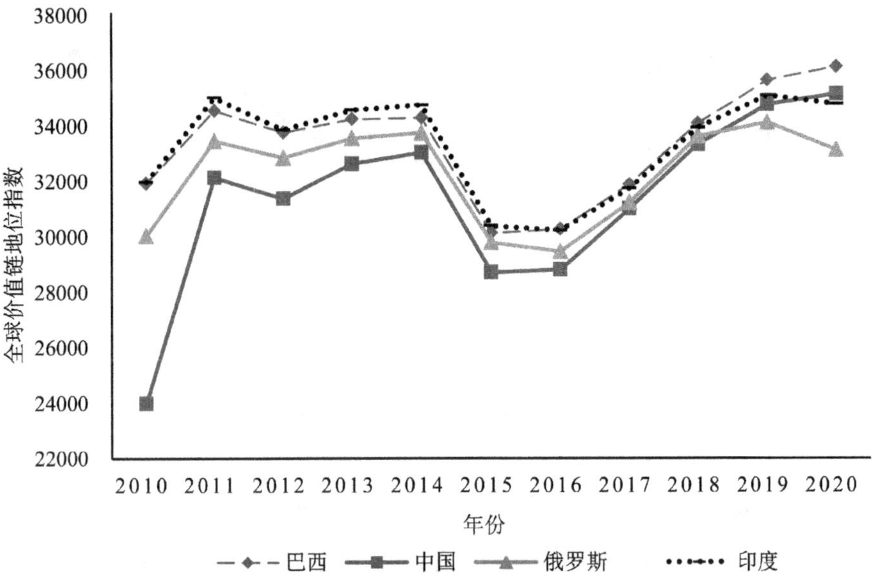

图 3-7　中国与部分金砖国家离岸服务外包产业价值链地位变化

数据来源:WTO 数据库

图 3-8 展示了发达经济体、发展中国家和新兴经济体以及中国 2010—2020 年离岸服务外包产业价值链地位的变化趋势。尽管发达经济体、发展中国家和新兴经济体在离岸服务外包产业价值链地位上的差距缩小了近 1/3，但 2020 年两者的差距还是达到了 2035,发展中国家和新兴经济体的离岸服务外包产业价值链地位和发达经济体相比仍然存在着一定的差距。可能的逻辑在于,相较于发达国家,发展中国家掌握的技术和资源较少,离岸服务外包起步较晚,在平台和技术方面有所限制,其资源获取和技术攀升的阻碍也会更大。而发达国家拥有更先进的技术、更充裕的资金支持以及更完整的产业链,更加依赖于本土的技术创新能力,且服务外包产业也已发展到较高的水平,所以相较于发展中国家,发达国家的离岸服务外包的产业价值链地位也相对较高。

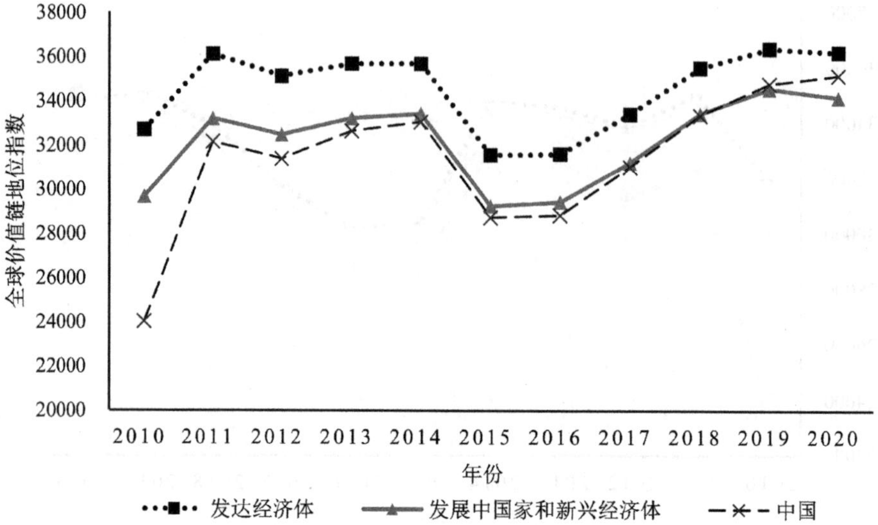

图 3-8　发达经济体、发展中国家和新兴经济体以及中国离岸服务外包产业价值链地位变化

数据来源：WTO 数据库

3.3　中国承接离岸服务外包的效率测度及其时空特征

基于服务外包产业的低能耗和高知识密集性特征，承接离岸服务外包为广大发展中国家实现经济转型提供了有效途径。近十年来，党中央先后出台了若干促进服务外包产业发展的政策措施，逐渐在全国范围内形成了较为完善的服务外包产业生态体系。受益于各种政策叠加的红利，示范城市作为中国服务外包产业发展的制高点，发挥了极大的规模拉动作用，然而与此同时，随着世界经济与贸易形势愈发复杂，中国服务外包发展的短板也日益凸显：服务外包增速放缓、劳动力红利边际递减、服务外包区域间发展失衡等。因此，中国服务外包规模扩张的背后是否存在无效率的问题？服务外包示范城市承接外包的效率是否存在一定的时空演变规律？基于对这两个问题的思考，本节将对服务外包示范城市的运行效率进行测评，并深入分析其时空演变特征。

3.3.1 文献回顾

以接包方为视角，现有研究大多集中在服务外包的经济效应、创新效应、竞争力影响因素及宏观政策等方面，而较少研究涉及示范城市承接服务外包的效率评价。设立服务外包示范城市的初衷就是以点及面地带动全国服务外包产业的整体发展，因而对其的研究既有必要性，也有典型性。王晓红和谢兰兰(2018)认为服务外包示范城市是服务外包产业制度与政策创新的高地，引领作用显著，已然成为中国进一步开放服务业的有力助推。而李爱民(2017)在肯定示范城市的引领作用之余，提出了辐射作用的重要性，并测算出31个示范城市的服务外包辐射带动率只有6.5%，说明带动发挥作用并不明显。因此，新常态下，中国服务外包产业发展的关键是有效强化示范城市的带动作用，提升服务生产效率。

服务外包承接效率是衡量一个地区资源配置效率、服务外包承接能力以及对发包方吸引力的关键指标。当前为数不多的涉及服务外包承接效率的文献，主要集中在特定区域，或是软件外包领域。周启红和汪生金(2010)认为竞争力的实质就是效率，并对北京、武汉等有代表性的城市承接服务外包的相对效率进行测算，结果发现中国整体效率低下，同质化竞争严重，各城市潜力挖掘不够。谭速和胡晓(2008)定量研究了中部六省份承接服务外包的发展水平与优化成效，并对中部地区通过承接服务外包实现崛起提出了建议。何有世和秦勇(2009)、田剑和刘琴(2013)、戴军和严世清(2018)均对江苏省内各城市承接离岸服务外包的相对效率进行了测算和对比，结果显示出区域内服务外包效率的不均衡性和要素比例的不合理性。何有世和刘旭(2011)选取了14个城市，针对其承接软件外包的效率进行了评价，并根据结果将主要城市分为三类。刘丙泉等(2016)则将软件承接区域的范围扩大至19个副省级城市，并对影响其效率的主要因素进行检验，认为人才竞争能有效驱动当地承接软件外包的效率。测算方法方面，学者们大多采用的都是数据包络分析法(DEA)或超效率数据包络分析法(SE-DEA)。

纵观以上，不难发现，当前对承接服务外包效率评价的研究相对较少，现有研究的局限性主要表现为：研究对象的选择范围相对狭隘，尚未有研究涵盖所有示范城市；研究方法比较单一，评价指标体系差异较大；效率评价大多基于横截面数据，很少采用面板数据，虽然结果反映了中国发展服务外包的区域不平衡性，但未能做进一步的趋势和规律分析。鉴于此，本节以 20 个服务外包示范城市为研究对象，基于 DEA-Malmquist 指数法构建离岸服务外包承接效率的评价指标体系，并对 2010—2017 年间各示范城市承接服务外包的相对效率进行测算和分解，进而从时间和空间的维度深入分析其演变特征。本节的研究旨在进一步丰富现有成果，同时为新常态下中国全面提升服务外包竞争力提供决策参考。

3.3.2 测度方法与模型

Malmquist 指数法最初是由瑞典经济学家 Sten Malmquist(1993)提出，是基于缩放因子概念构造的消费数量指数。Caves 等(1982)首次将该指数的思想应用于生产分析，其后 Fare 等(1994)进一步通过实证方法测算了 Malmquist 指数并将其分解为技术效率变动、技术进步和规模效率变动。通过与 DEA 相结合，Malmquist 指数法被广泛应用于经济与管理等学科领域。与传统的 DEA 或者 SE-DEA 方法相比，Malmquist 指数法的优势体现在不仅可以测算出不同时期的效率演化，而且可以将效率进一步分解，尤其是能将技术进步从中剥离。据此，本节将使用 Malmquist 指数法作为效率测度的首要方法，并采用随机前沿分析法(stochastic frontier analysis，SFA)模型测算的效率作为稳健性结果。

基于 t 和 $t+1$ 期的规模效率不变(CRS)的 Malmquist 指数模型构造如下：

$$M_{i,t+1}(x_i^{t+1},y_i^{t+1},x_i^t,y_i^t)=\left[\frac{D_i^t(x_i^{t+1},y_i^{t+1})}{D_i^t(x_i^t,y_i^t)}\times\frac{D_i^{t+1}(x_i^{t+1},y_i^{t+1})}{D_i^{t+1}(x_i^t,y_i^t)}\right]^{\frac{1}{2}} \tag{3.3}$$

$$M_{i,t+1}(x_i^{t+1},y_i^{t+1},x_i^t,y_i^t)=EC\times TC \tag{3.4}$$

$$EC=\frac{D_i^{t+1}(x_i^{t+1},y_i^{t+1})}{D_i^t(x_i^t,y_i^t)} \tag{3.5}$$

$$TC=\left[\frac{D_i^t(x_i^{t+1},y_i^{t+1})}{D_i^{t+1}(x_i^{t+1},y_i^{t+1})}\times\frac{D_i^t(x_i^t,y_i^t)}{D_i^{t+1}(x_i^t,y_i^t)}\right]^{\frac{1}{2}} \tag{3.6}$$

$$\begin{aligned}EC&=\frac{D_i^{t+1}(x_i^{t+1},y_i^{t+1})}{D_i^t(x_i^t,y_i^t)}=PTC\times SEC\\&=\frac{D_i^{t+1}(x_i^{t+1},y_i^{t+1}|v)}{D_i^t(x_i^t,y_i^t|v)}\times\frac{Se_i^{t+1}(x_i^{t+1},y_i^{t+1})}{Se_i^t(x_i^t,y_i^t)}\end{aligned} \tag{3.7}$$

Malmquist 指数涉及两个单期距离函数$D_i^t(x_i^t, y_i^t)$和$D_i^{t+1}(x_i^{t+1}, y_i^{t+1})$，以及两个跨期距离函数$D_i^t(x_i^{t+1}, y_i^{t+1})$和$D_i^{t+1}(x_i^t, y_i^t)$。根据 Fare 等学者的做法，Malmquist 指数可被分解为两个指数的乘积：技术效率变化指数（EC）和技术进步指数（TC），如式 3.4。其中，EC 反映了两个时期内相对技术效率的变化（如式 3.5），而 TC 反映了两个时期内生产前沿面的移动，即技术是否出现了进步（如式 3.6）。当 $EC>1$ 时，相对技术效率得到提升；当 $TC>1$ 时，技术出现了进步。在可变规模报酬（VRS）情形下，EC 又可进一步被分解为纯技术效率变化（PTC）与规模效率变化（SEC），如式 3.7。

本节的稳健性测算方法选用由 Aigner 等（1977）提出、由 Coelli 和 Battese（1995）改进的随机前沿分析法（SFA），此方法也是前沿分析中参数方法的典型代表。与以 DEA 为代表的非参数方法相比，SFA 最大的优点就在于考虑了随机因素对于产出的影响。不仅如此，SFA 方法还适用于面板样本分析，模型的基本构成如式 3.10 所示。

$$\ln y_{it} = \ln f(x_{it}, \beta) + v_{it} - \mu_{it} \tag{3.8}$$

$$\mu_{it} = \delta(t)\mu_v \delta(t) = \exp(\eta(T-t)) \tag{3.9}$$

$$TE_{it} = E(\exp(-\mu_{it})\varepsilon_{it}) \tag{3.10}$$

其中，i 表示截面（本节中为 20 个示范城市），t 表示时间（本节中为 2010—2017，$T=2017$），y 是产出向量，x 是投入向量，v_{it} 是随机扰动项，μ_{it} 是技术无效率项，$\delta(t)$ 表示技术效率的变化趋势，其最终取决于 η 的正负号。

3.3.3 评价指标体系构建

使用 DEA-Malmquist 指数法测算效率的重要前提是选取适合的投入与产出变量。本节要研究的是中国服务外包示范城市的承接服务外包效率，根据指标选取原则，共计选择了 3 个投入维度的指标和 3 个产出维度的指标，其中投入和产出指标的具体内容、测算方法和数据来源如表 3-7 所示。

在投入维度方面，基于示范城市在服务外包活动中的劳动和资本投入，并充分考虑服务外包行业的特异性——服务外包行业中人力资本的投入对服务外包效率提升、技术进步具有重要影响（李惠娟和蔡伟宏，2018；宁靓等，2016），本节最终选取新增的服务外包企业数和新增服务外包从业人员数作为劳动投入，服务外包行业的平均工资作为资本投入。此外，考虑到有示范城市在若干年度的新增服务外包企业数和新增服务外包从业人员数为负数,为了能够执行效率测算,本节将采用存量方法,并以 2010 年作为研究基准年度。在产出维度方面,除测算承接服务外包的整体效率之外,由于稳健性测算还试图进一步测算示范城市承接离岸服务外包的效率表现,因此最终指标中包括了承接离岸服务外包比重这一指标。

表 3-7 DEA-Malmquist 指数法的投入产出指标体系

指标名称		测算方法/数据来源①
投入指标	新增服务外包企业数存量	以 2010 年为基准年度,计算每年新增服务外包企业数的存量,数据来源于《中国服务外包产业十年发展报告(2006—2015)》
	新增服务外包从业人员存量	以 2010 年为基准年度,计算每年新增服务外包从业人员的存量,数据来源于《中国服务外包产业十年发展报告(2006—2015)》
	服务外包行业平均工资	考虑到数据可得性,以信息传输、计算机服务和软件行业平均工资为替代指标,数据来源于历年《中国城市统计年鉴》
产出指标	承接离岸服务外包执行额	数据来源于《中国服务外包产业十年发展报告(2006—2015)》
	承接在岸服务外包执行额	数据来源于《中国服务外包产业十年发展报告(2006—2015)》
	承接离岸服务外包比重(非预期产出)	承接离岸服务外包执行额/(承接离岸服务外包执行额+承接在岸服务外包执行额)

① 2016 年和 2017 年数据主要来自各示范城市的商务厅(局)网站和相关媒体报道,未公开数据采用趋势外推法进行补全。

3.3.4 实证结果分析

3.3.4.1 服务外包效率的测算结果

基于数据连贯性和广泛性的综合考虑，本节选择国务院 2006—2011 年期间公布的服务外包示范城市（剔除数据不全的大庆市后总计 20 个）作为研究对象。运用 DEAP 2.1 软件并采用产出导向方法，最终得到全部示范城市承接服务外包效率的测算结果（表 3-8）。根据式 3.3～3.7 得知，*TFP* 为全要素生产率，技术效率变化指数（*EC*）和技术进步指数（*TC*）是 *TFP* 的拆解项。以 2010 年至 2017 年为研究周期，所有示范城市的效率呈现如下特征：

根据技术效率变化指数（*EC*）的测算结果，2010—2017 年平均技术效率变化排名前五的城市分别为西安（1.216）、武汉（1.188）、重庆（1.141）、成都（1.135）和济南（1.125）。所有 20 个示范城市中，*EC* 平均值不小于 1 的城市总共有 13 个，说明大多数城市承接服务外包都发生了相对技术效率的提升。

根据技术进步指数（*TC*）的测算结果，2010—2017 年平均技术进步排名前五的城市分别为苏州（1.323）、广州（1.315）、杭州（1.244）、深圳（1.220）和上海（1.193）。在此基础上，仅大连（0.940）的 *TC* 均值小于 1，其余城市均大于 1。这表明 20 个示范城市中有 19 个都产生了显著的技术进步。

对照技术效率变化（*EC*）与技术进步（*TC*）的排名结果，两者之间并无明显重合的示范城市。其中中部地区，如西安、武汉和重庆等地在相对技术效率提升方面表现突出，而长三角地区，如苏州、杭州和上海等地则在承接服务外包的技术进步效率方面表现更加突出。

将技术效率变化指数（*EC*）与技术进步指数（*TC*）相乘得到的全要素生产率（*TFP*）反映了 20 个示范城市承接服务外包的整体效率。根据表 3-8，年均效率值排名靠前的地区分别是苏州（1.380）、杭州（1.353）、广州（1.328）、成都（1.263）、西安（1.262）、上海（1.242）、武汉（1.227）、合肥（1.185）、重庆（1.185）、济南（1.165）、南京（1.145）、深圳（1.075）、哈尔滨（1.058）、无锡（1.057）和南昌（1.046）。这些地区 2010—2017 年间全要素生产率变化均大于 1，服务外包承接效率显著提升。而排名靠后的大连（0.867）、天津（0.916）、厦门(0.967)、北京(0.972)和长沙(0.988)则没有达到有效水平。从个别城市来看，苏州在2010—2013年期间承接服务外包效率强势领先，分别位居第3、第2和第1位，但2013年后有明显下降，后面又回到前5。北京前面几年排名一直靠后，但近两年跃居第6，成都、南昌、武汉和合肥7年期间承接效率排名震荡剧烈，极不稳定。杭州与广州总体排名稳步上升，2017年杭州更是位居所有示范城市第一，而天津和大连则长期处于"队尾"行列。

表3-8 基于DEA-Malmquist方法的示范城市的服务外包效率测算(2010—2017年)

年份	城市	*EC*	*TC*	*TFP*	排名	城市	*EC*	*TC*	*TFP*	排名
2010—2011	北京	1.000	0.899	0.899	15	成都	1.121	1.362	1.526	4
2011—2012		1.000	1.011	1.011	16		1.294	1.099	1.421	5
2012—2013		1.000	1.054	1.054	13		0.784	1.155	0.905	18
2013—2014		0.986	0.871	0.859	19		0.839	1.085	0.911	15
2014—2015		0.603	1.264	0.762	19		0.999	1.264	1.262	4
2015—2016		0.888	0.960	0.852	19		1.788	0.938	1.677	4
2016—2017		1.332	1.026	1.367	6		1.123	1.016	1.141	12
平均		0.973	1.012	0.972	17		1.135	1.131	1.263	4
2010—2011	大连	1.000	0.808	0.808	16	南昌	1.155	1.042	1.203	8
2011—2012		1.000	1.064	1.064	12		0.395	1.399	0.552	20
2012—2013		0.972	0.830	0.807	19		0.901	1.356	1.221	5
2013—2014		0.901	0.998	0.899	17		1.055	1.189	1.254	3
2014—2015		0.583	1.264	0.737	20		1.018	0.946	0.963	15
2015—2016		1.226	0.805	0.987	14		1.513	0.907	1.372	7
2016—2017		0.946	0.813	0.769	19		0.760	1.001	0.760	20
平均		0.947	0.940	0.867	20		0.971	1.120	1.046	15

续表

年份	城市	EC	TC	TFP	排名	城市	EC	TC	TFP	排名
2010—2011	哈尔滨	0.466	0.993	0.463	19	武汉	1.358	0.955	1.297	6
2011—2012		1.608	1.039	1.671	1		1.035	1.001	1.036	14
2012—2013		0.872	1.128	0.984	16		1.129	1.026	1.158	9
2013—2014		0.875	1.025	0.897	18		0.888	1.142	1.014	12
2014—2015		0.670	1.264	0.847	18		1.114	1.302	1.451	2
2015—2016		1.437	0.882	1.267	8		1.122	0.910	1.021	13
2016—2017		1.499	0.852	1.277	9		1.672	0.966	1.615	2
平均		1.061	1.026	1.058	13		1.188	1.043	1.227	7
2010—2011	杭州	0.755	1.479	1.117	10	西安	1.543	0.741	1.144	9
2011—2012		1.294	1.111	1.438	4		1.001	0.890	0.891	18
2012—2013		1.027	1.174	1.205	7		1.051	1.051	1.105	12
2013—2014		0.825	1.296	1.070	11		0.685	1.226	0.840	20
2014—2015		0.981	1.173	1.151	7		1.589	1.316	2.091	1
2015—2016		1.031	1.459	1.504	5		1.650	0.900	1.485	6
2016—2017		1.950	1.019	1.986	1		0.996	1.285	1.280	8
平均		1.123	1.244	1.353	2		1.216	1.058	1.262	5
2010—2011	济南	1.132	1.106	1.252	7	长沙	0.277	1.007	0.279	20
2011—2012		1.240	1.087	1.347	6		1.139	0.999	1.138	10
2012—2013		1.053	1.144	1.204	8		0.901	1.039	0.937	17
2013—2014		1.154	1.181	1.363	2		1.139	1.235	1.407	1
2014—2015		0.955	1.173	1.120	9		0.866	1.224	1.059	11
2015—2016		1.367	0.654	0.894	18		1.039	0.926	0.962	15
2016—2017		0.974	1.004	0.978	16		1.145	0.990	1.134	13
平均		1.125	1.050	1.165	10		0.929	1.060	0.988	16

续表

年份	城市	*EC*	*TC*	*TFP*	排名	城市	*EC*	*TC*	*TFP*	排名
2010—2011	南京	1.000	0.951	0.951	14	合肥	0.913	1.048	0.957	13
2011—2012		1.000	1.201	1.201	8		1.523	0.973	1.482	3
2012—2013		1.000	1.247	1.247	4		1.312	0.996	1.307	3
2013—2014		1.000	1.139	1.139	8		0.829	1.191	0.988	13
2014—2015		1.000	0.972	0.972	13		0.975	1.302	1.270	3
2015—2016		1.086	0.998	1.084	11		1.265	0.855	1.082	12
2016—2017		1.369	1.040	1.424	4		0.908	1.328	1.206	11
平均		1.065	1.078	1.145	11		1.104	1.099	1.185	8
2010—2011	上海	1.000	1.438	1.438	5	广州	1.073	1.474	1.581	2
2011—2012		1.000	1.039	1.039	13		1.077	1.140	1.228	7
2012—2013		0.958	1.163	1.114	10		1.040	1.174	1.221	5
2013—2014		0.949	1.287	1.222	4		0.899	1.324	1.190	6
2014—2015		0.761	1.173	0.892	16		0.878	1.168	1.025	12
2015—2016		1.694	1.040	1.762	2		1.576	1.120	1.765	1
2016—2017		1.013	1.212	1.228	10		0.713	1.805	1.287	7
平均		1.054	1.193	1.242	6		1.037	1.315	1.328	3
2010—2011	苏州	0.959	1.618	1.553	3	深圳	0.750	1.060	0.795	17
2011—2012		1.339	1.121	1.501	2		0.934	1.051	0.981	17
2012—2013		1.136	1.244	1.414	1		0.950	1.095	1.040	14
2013—2014		0.917	1.238	1.135	9		0.983	0.997	0.980	14
2014—2015		0.822	1.173	0.965	14		0.898	1.264	1.135	8
2015—2016		1.284	1.311	1.683	3		1.028	1.122	1.153	10
2016—2017		0.906	1.556	1.410	5		0.738	1.953	1.441	3
平均		1.052	1.323	1.380	1		0.897	1.220	1.075	12

续表

年份	城市	EC	TC	TFP	排名	城市	EC	TC	TFP	排名
2010—2011	天津	0.789	0.907	0.715	18	厦门	1.000	1.055	1.055	11
2011—2012		1.109	0.965	1.070	11		1.000	0.825	0.825	19
2012—2013		1.007	1.008	1.014	15		0.402	0.899	0.361	20
2013—2014		0.730	1.248	0.911	15		0.989	1.135	1.122	10
2014—2015		0.807	1.335	1.078	10		0.920	1.280	1.178	6
2015—2016		0.855	0.895	0.765	20		1.297	0.902	1.170	9
2016—2017		1.112	0.762	0.847	18		1.157	0.913	1.056	14
平均		0.914	1.017	0.916	19		0.966	1.001	0.967	18
2010—2011	无锡	1.000	1.031	1.031	12	重庆	1.837	0.962	1.768	1
2011—2012		1.000	1.028	1.028	15		1.161	1.017	1.181	9
2012—2013		1.000	1.108	1.108	11		1.203	1.164	1.401	2
2013—2014		1.000	1.212	1.212	5		0.892	1.288	1.149	7
2014—2015		1.000	1.252	1.252	5		0.723	1.173	0.848	17
2015—2016		1.000	0.916	0.916	17		0.896	1.041	0.933	16
2016—2017		1.000	0.849	0.849	17		1.276	0.795	1.014	15
平均		1.000	1.057	1.057	14		1.141	1.063	1.185	9

3.3.4.2 稳健性检验

由于服务外包根据承接来源分为在岸服务外包与离岸服务外包，为了厘清示范城市承接离岸服务外包效率是否具有差异，本节进一步采用随机前沿分析法(SFA)进行了稳健性的测算。基于 Stata 14.0 软件中对面板数据的 SFA 模型处理方法，结果如表 3-9。其中，如果 *TE* 效率数值<1，则表示无效率，记为"○"；*TE* 效率数值=1，则表示有效率，记为"●"。

表 3-9 基于 SFA 方法测算的 20 个示范城市承接离岸服务外包的效率(稳健性检验)

城市	年份	效率	年份	效率	年份	效率	年份	效率	年份	效率	年份	效率	年份	效率	年份	效率
北京	2010	○	2011	●	2012	○	2013	●	2014	●	2015	●	2016	○	2017	●

续表

城市	年份	效率	年份	效率	年份	效率	年份	效率	年份	效率	年份	效率	年份	效率	年份	效率
天津	2010	○	2011	●	2012	○	2013	●	2014	●	2015	●	2016	○	2017	○
大连	2010	○	2011	●	2012	○	2013	●	2014	●	2015	●	2016	○	2017	○
哈尔滨	2010	○	2011	●	2012	○	2013	●	2014	●	2015	●	2016	●	2017	●
上海	2010	○	2011	○	2012	○	2013	●	2014	●	2015	●	2016	●	2017	●
南京	2010	○	2011	○	2012	○	2013	●	2014	●	2015	●	2016	●	2017	●
无锡	2010	●	2011	○	2012	○	2013	●	2014	●	2015	●	2016	●	2017	○
苏州	2010	●	2011	○	2012	○	2013	●	2014	●	2015	●	2016	●	2017	●
杭州	2010	●	2011	○	2012	●	2013	●	2014	●	2015	○	2016	●	2017	●
合肥	2010	●	2011	○	2012	●	2013	●	2014	●	2015	○	2016	○	2017	●
厦门	2010	●	2011	●	2012	●	2013	●	2014	●	2015	○	2016	●	2017	●
南昌	2010	●	2011	●	2012	●	2013	●	2014	●	2015	●	2016	●	2017	○
济南	2010	●	2011	●	2012	●	2013	○	2014	●	2015	●	2016	●	2017	●
武汉	2010	●	2011	●	2012	●	2013	●	2014	●	2015	●	2016	●	2017	●
长沙	2010	●	2011	●	2012	●	2013	●	2014	●	2015	●	2016	○	2017	●
广州	2010	●	2011	●	2012	●	2013	●	2014	●	2015	●	2016	●	2017	●
深圳	2010	●	2011	○	2012	●	2013	●	2014	●	2015	●	2016	●	2017	●
重庆	2010	●	2011	○	2012	●	2013	●	2014	●	2015	●	2016	○	2017	○
成都	2010	●	2011	○	2012	●	2013	●	2014	●	2015	●	2016	●	2017	○
西安	2010	●	2011	○	2012	●	2013	●	2014	●	2015	●	2016	●	2017	○

根据表 3-9，中国首批 20 个示范城市承接离岸服务外包整体呈现出从无效率逐步向有效率转化的良好趋势。从时间层面看，2010 年共计 6 个城市无效率，2011 年无效率城市数进一步达到了 10 个，而 2014 年 20 个城市全部为有效

率，2017 年有 7 个城市为无效率，但其 *TE* 效率数值均大于 0.9998；从地区层面看，承接离岸服务外包有效水平较高的地区包括武汉、广州等地，这些城市在观测期内承接离岸服务外包均为有效率。

3.3.5 承接服务外包效率的时空演变特征

3.3.5.1 基于时间维度的效率演变

基于 DEA-Malmquist 指数法测算的示范城市承接服务外包效率的时间趋势变化如图 3-9 所示。其中，全要素生产率（*TFP*）震荡向下：2011—2012 年和 2013—2014 年分别达到两个高值，2015 后趋于平稳。尽管如此，所有示范城市的 *TFP* 均明显大于 1，表明示范城市承接服务外包的效率普遍有效。技术效率变化指数（*EC*）则随时间发展呈震荡上升趋势，2012—2013 年期间以及 2015—2016 年期间到达两个峰值，技术效率变化逐渐显露。技术进步指数（*TC*）的时间演化则与技术效率变化指数（*EC*）刚好相反，*EC* 的两个峰值正好对应 *TC* 的

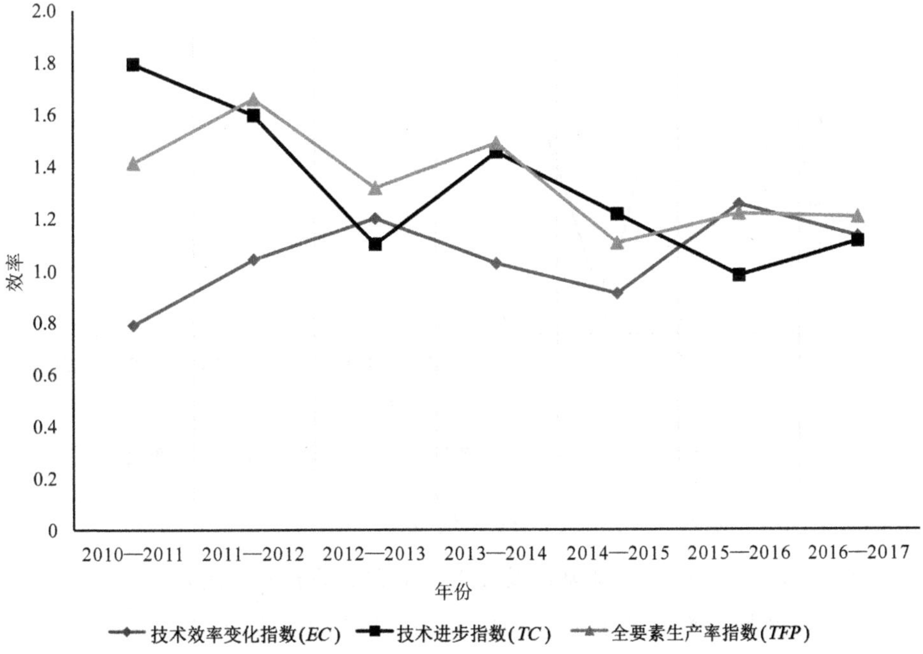

图 3-9 基于 DEA-Malmquist 指数法测算的示范城市承接服务外包效率与分解变化趋势

两个低谷,*TC* 从 2010—2011 年的 1.8 一直波动向下降到 2016—2017 的 1.2,然而,除 2012—2013 年期间以外,其他均在 1 以上,说明观测期内技术进步拉动效应普遍显著。因此,综合 *TFP*、*TC* 及 *EC* 的变化趋势不难发现,现阶段中国示范城市承接服务外包的整体效率提升主要还是依赖技术进步,而效率上升趋缓主要是受到技术效率较低的阻碍。

关于示范城市承接离岸服务外包效率的变化,图 3-10 在稳健性检验结果的基础上,展现了基于随机前沿分析法(SFA)测算的效率均值随时间发展趋势。在 2010—2017 年的观测期内,示范城市承接离岸服务外包的效率均值呈现先降后升再趋于稳定的演化特征。2011 年,20 个示范城市承接离岸服务外包的效率均值为六年内最低,仅为 0.9144,而 2011 年之后,承接离岸服务外包的效率逐步回升,于 2013 年后均达到了有效水平。

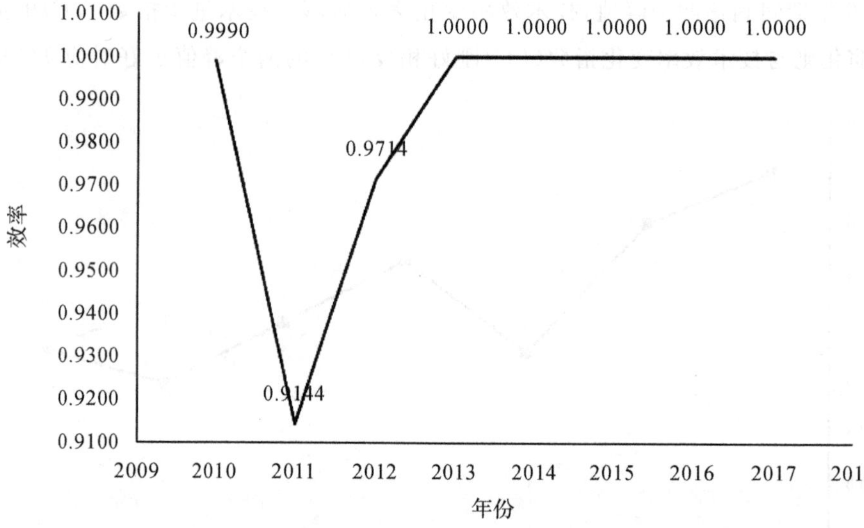

图 3-10　基于 SFA 法测算的 20 个示范城市承接离岸服务外包效率变化趋势

3.3.5.2　基于空间维度的效率演变

各示范城市在区位、产业基础及技术水平方面的异质性决定了服务外包承接效率的空间异质性。基于 DEA-Malmquist 指数法计算了 2010—2017 年首批 20 个服务外包示范城市的全要素生产率(*TFP*)后(见图 3-11),依据 *TFP* 的均值,此时可将示范城市分为两个梯队:第一梯队是 *TFP* 均值大于(或等于)

1 的示范城市，包括哈尔滨、杭州、济南、南京、上海、苏州、无锡、成都、南昌、武汉、西安、合肥、广州、深圳和重庆，这些示范城市承接服务外包均表现出有效水平；第二梯队是 *TFP* 均值小于 1 的示范城市，包括北京、大连、天津、长沙和厦门，这些城市承接服务外包的效率还有待进一步提升。

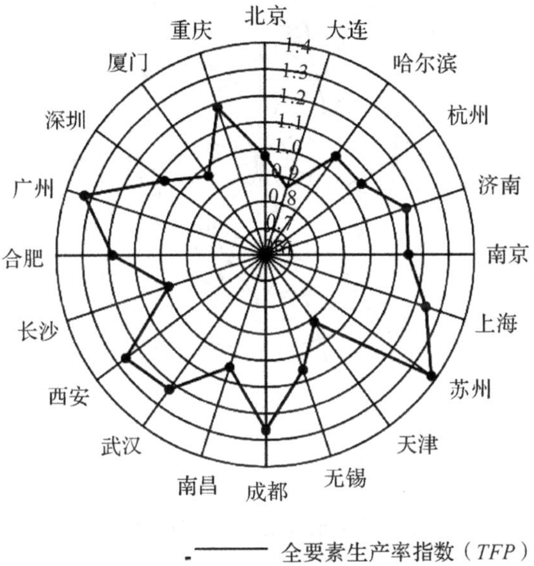

图 3-11　20 个示范城市承接服务外包效率均值分布

进一步分解 *TFP* 发现，示范城市承接服务外包的技术效率变化指数（*EC*）和技术进步指数（*TC*）也存在着显著差异。如图 3-12 所示，技术效率变化指数（*EC*）均值大于 1 的示范城市有哈尔滨、杭州、济南、南京、上海、苏州、无锡、成都、武汉、西安、合肥、广州和重庆，它们的 *TFP* 均值也都大于 1，据此可以推断，示范城市承接服务外包的效率表现与技术效率变化的表现相关度更高。而除大连之外的 19 个服务外包示范城市的技术进步指数（*TC*）均值大于 1，说明绝大多数示范城市在承接服务外包过程中都得到了技术层面的实质性提升，从而驱动了技术进步。

此外，观测期内 20 个服务外包示范城市中大部分实现了技术效率变化指数（*EC*）和技术进步指数（*TC*）均超过 1 的“双高”要求，这也解释了其全要素生产率（*TFP*）位于第一梯队的原因。而处于第二梯队的示范城市则表现为技术效率变化指数（*EC*）和技术进步指数（*TC*）“低—高”的情形，说明整体效率提升主要受制于技术效率变化，大连甚至出现“双低”的局面，即技术效率变化和技术进步均未获得有效的提升，收敛态势明显。

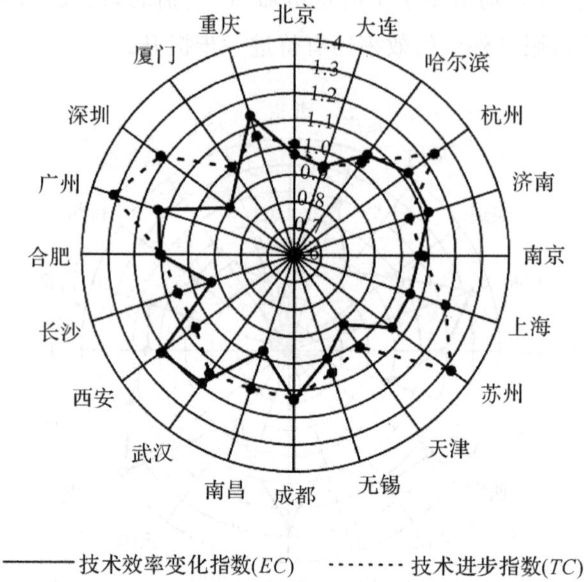

图 3-12　20 个示范城市承接服务外包效率指数分解均值分布

3.3.5.3　基于时空双重维度的分城市效率演变

综合时间与空间的双重维度，基于 DEA-Malmquist 指数法，2010—2017 年期间各城市承接服务外包的全要素生产率（*TFP*）变化趋势如图 3-13 所示。从不同区域发展视角来看，东部地区的多数示范城市（包括大连、上海、无锡、苏州、厦门、济南和广州等地）在观测期内承接服务外包的效率变化呈现下跌趋势，只有北京、南京、杭州、深圳等城市的效率变化依然呈上升态势；中西部地区的示范城市大多表现出“探头”之势，尤其以武汉、长沙最为显著，重庆逐渐有起色。进一步测算各城市离岸服务外包效率发现，中部地区的三个示范城市——武汉、成都、西安，在承接离岸服务外包方面基本持续有效率，东部地区仅有杭州、广州等地始终有效率。

综合以上，无论是承接服务外包，还是承接离岸服务外包，中国整体效率都表现出“东部地区衰弱趋势初显，中西部地区崛起势头强劲”的特征。这一趋势却与当前各示范城市的综合竞争力与服务外包承接规模出现了偏离。从服务

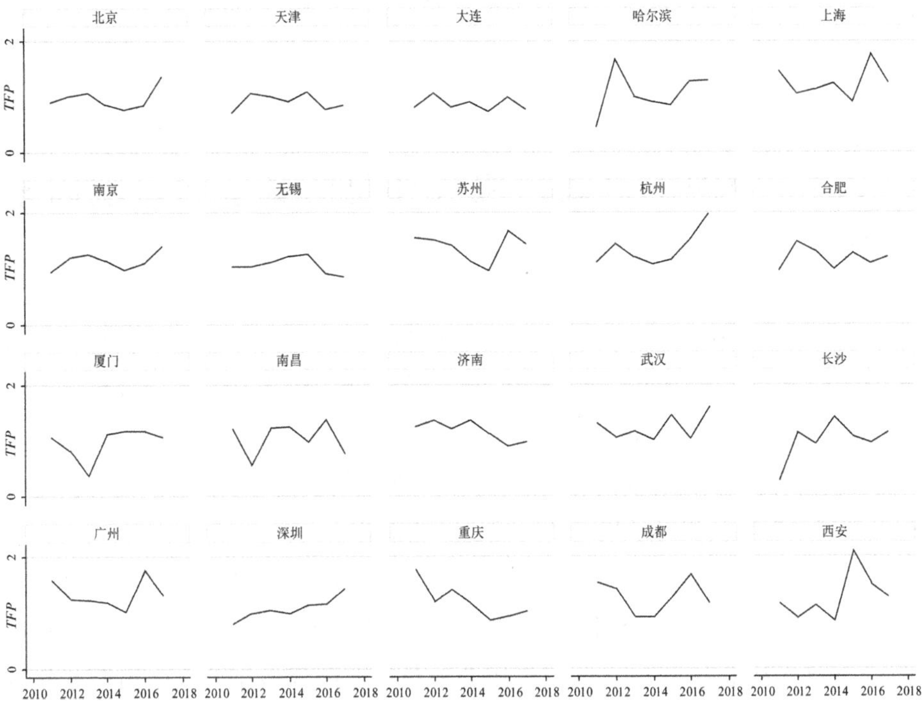

图 3-13　20 个示范城市承接服务外包的效率变化趋势

外包的执行额来看，位于长三角地区的示范城市始终占据了全国规模的一半以上，其次是珠三角和京津冀地区，而成渝和长江中游地区示范城市的占比相加不超过 15%。服务外包示范城市综合效率与整体实力背离，既受外部经济环境的影响，也有发展动力不足的内生原因，主要表现在：

(1)起步早、基础好的东部地区劳动力红利边际收益递减，依靠规模很难拉动服务外包的效率提升，服务成本拉高，出现“鲍莫尔”成本病，这在图 3-13 中大连、上海、无锡、苏州、广州等地的效率变化趋势上得到印证；(2)受益于中央和地方的政策激励和经验累积，服务贸易基础相对较弱的中西部地区，近年来承接来自发达国家的离岸服务外包和东部地区的在岸服务外包逐渐增多，尚处于规模拉动效率的起步阶段，如图 3-13 中的长沙、武汉、西安等地的效率变化趋势；(3)服务外包产业的内部结构低端化限制了服务外包整体效率的提升，虽然中国服务外包产业结构逐渐优化，但位于价值链相对低端的信息技术外包(ITO)依旧占据了 50%的比例，高知识密集型的业务流程外包(BPO)和知识流程外包(KPO)依旧占比不足,有陷入"价值链低端锁定"困境的风险。

3.4 中国承接离岸服务外包的竞争力影响因素分析

回顾现有文献,国内外学者总结了许多影响离岸服务外包发展的重要因素,但并非所有因素都能实现服务外包"质"的提升。本节通过因子分析法构建承接离岸服务外包的竞争力评价指标体系,以国内服务外包发展较好的长三角地区代表性城市为研究对象,为具有不同发展特征的服务外包城市突破"价值链低端锁定"困境、提升承接竞争力提供经验借鉴。

长三角地区以江、浙、沪两省一市为核心,依托良好的区位优势、人力资本和行业政策,形成了设施齐全、产业集聚的服务外包核心园区。其中,浦东软件园、常熟高新技术产业开发区、滨海服务外包产业园等多年入选中国服务外包十强园区。根据2018年商务部发布的《2016年中国服务外包示范城市综合评价得分情况》,长三角地区6个示范城市中上海、杭州、南京位列前5,苏州、无锡挤进十强,新增服务外包城市宁波也排进了前15。因此,本节选取离岸服务外包发展基础较好的长三角地区进行研究,具体以上海、苏州、南京、杭州、宁波5个最具代表性的服务外包示范城市为研究对象,通过因子分析法分析影响长三角地区承接离岸服务外包竞争力的关键因素及其贡献率,进而对各城市的竞争力水平进行测度与对比。

3.4.1 文献回顾

2010年以来,越来越多的国内学者开始关注我国服务外包产业的国际竞争力,研究主题涉及竞争力评价体系的构建、竞争力的比较(国家之间、国内城市之间)以及影响因素的实证检验。

3.4.1.1 承接离岸服务外包的竞争力评价

关于竞争力的评价,管理咨询公司相继提出了各种评价指数为发包方提供决策参考，如 IDC 公司的全球交付指数(GDI)，具体衡量指标包括资源与技能、基础设施、政治因素/风险、交易达成关键因素等 4 类；Gartner(1985)的评价体系包括 5 项因素，即政府支持、基础设施、劳动力素质、创立新业务的成本、文化兼容性等；Kearney(2007)提出的全球服务地理指数(GSLI)则是对接包方财务的吸引力、人力资源及供给和整体商业环境三方面做出评估。我国也有部分学者在前期研究的基础上，运用因子分析测算我国服务外包的竞争力。朱福林等(2015)从宏观国家因素层面，选取了 20 个细化指标，通过主成分法提取公共因子，测算中国 1996—2012 年的生产性离岸服务外包竞争力指数，得出结论为 17 年间竞争力提升了 1.88 倍。沈鹏熠(2013)基于微观企业视角，通过访谈和调研，构建了承接企业服务外包竞争力评价体系，并对 7 个指标权重进行测算，对东部、中部和西部的竞争力进行排名。张宇卓和丁晓松(2015)则用云模型和熵权系数法提出了一个六要素承接能力评估模型。戴军和严世清(2018)结合 PEST 经济模型和多维超体积生态理论，构建了 4 个生态维度的竞争生态评价指标体系，对 2010—2015 年江苏承接“一带一路”共建国家离岸服务外包的竞争力进行生态测度和趋势分析。

3.4.1.2 承接离岸服务外包的竞争力的比较

这方面的研究分为国际比较、国内示范基地间比较，以及经济区域带之间的比较。与东亚区域内的经济体相比，无论是从整体还是从分行业角度，我国生产性服务出口的主要问题依然表现为快速的增长与较低的竞争力(王荣艳，2010)。金砖五国中，中国承接离岸服务外包的竞争力与印度仍有较大差距，总量上虽然多于俄罗斯、巴西，但显性比较优势指数却相差不大(施锦芳和闫飞虎，2016)。即使在国内，由于东部、中部、西部地区的发展不均衡，各地承接离岸服务外包的竞争力也有明显的区域性差异。东部地区的竞争力明显高于中部和西部地区，中部和西部竞争力较为接近，但又各有优劣(沈鹏熠和王昌林，2012)。何青青(2017)横向对比了合肥与其他服务外包示范城市间的竞争力差距，发现尽管合肥拥有丰富的人力资源和相关产业支持，但没有有效加以利用，薄弱的基础设施和经济基础使得其服务外包竞争力水平严重低于周边示范城市的平均水平，示范城市间竞争力发展失衡。戴军和韩振(2016)将中国八大经济带承接“一带一路”共建国家离岸服务外包的竞争力进行对比，发现区域经济增长不存在“俱乐部收敛”现象,因此应该注重区域间国际接包的资源协同。

3.4.1.3 承接离岸服务外包的竞争力因素分析

关于影响因素,定性研究方面大多基于钻石模型的六要素展开(刘柏霞和魏晨,2014;苏娜,2013;李容柔和徐姗,2017),定量研究则是在钻石模型和各种竞争力评价体系的指标中,选取主要因素进行实证检验。薛莲和黄永明(2011)运用11个OECD国家的投入产出表的数据检验了制造业和服务业的生产性服务中间投入对服务贸易竞争力的影响,发现生产性服务中间投入对制造业的影响比对服务业的影响更显著,劳动力成本和信息技术水平也很重要。霍景东和夏杰长(2013)运用2000—2009年20国面板数据检验影响服务外包规模的主要因素,结果证明高水平的人力资本比低劳动力成本更重要,和降低成本相比,提升竞争力更重要的是人才专用化和提供良好的商务环境。戴军等(2015)以21个服务外包示范基地为对象,发现劳动力成本和大学生人力资源与服务外包率显著负相关,说明当前我国BPO和KPO的规模不够,高端服务外包人才缺乏。张卫山(2016)选取了服务业发展水平、信息技术发展水平、基础设施、经济规模等8个具体指标,通过灰色关联和主成分法分析了上海金融服务外包影响因素,结果显示基础设施、金融机构数量的影响最为显著。王斐兰(2019)基于“一带一路”研究背景,归纳了影响离岸服务外包竞争力的11个因素,发现沿线多数共建国家属于转型经济体和发展中国家,经济水平偏低、基础设施不完善、法律法规不健全、人才储备和技术水平偏低,虽然有巨大的合作潜力,但是风险不可忽视。

已有研究的局限性主要体现在:(1)研究视角以国家层面的国际比较、国内示范城市间的比较及微观企业间的比较为主,缺乏对具体承接区域的影响因素和竞争力的研究,地域特性不明显;(2)数据样本大多是城市层面的横截面数据,缺乏连续而全面的面板数据。本节将在归纳前期指标体系构建的基础上,运用2010—2018年5个城市的面板数据重点检验影响长三角地区承接离岸服务外包产业竞争力的决定性因素,并进行竞争力测算对比。

3.4.2 基于因子分析的定量研究

因子分析是研究从变量群中提取共性因子的统计方法,分为探索性和验证性两类。探索性因子分析预先假定因子与测度项之间的关系是未知的,其典型方法是主成分分析和共因子分析。本节将运用 SPSS 25.0 软件从数据获取、指标变量确定、因子分析评估和具体城市竞争力测算四个部分展开长三角地区承接离岸服务外包的竞争力研究。

3.4.2.1 数据获取与指标变量确定

(1)指标变量选取

虽然目前国内对于服务外包产业竞争力的影响因素和评价体系有一定的研究,因素的选取也有一定的相似之处,然而尚无定论。根据长三角地区服务外包发展的实际情况,本节将在总结相关理论和实证研究的基础上,结合全球著名管理咨询公司科尔尼咨询公司(Kearney)提出的评价指标(包括财务成本、人力资源、商务环境)和翰威特咨询公司(Hewitt)提出的"五要素评估模型"(包括人才、基础设施、外部运营环境、配套机制、产业效应),借鉴中国服务外包研究中心发布的"中国服务外包承接地综合评价体系",选取基础设施建设、人力资源、经济环境、综合创新能力、产业发展水平、开放度水平、政策支持 7 方面的 12 个指标,利用 2010—2018 年长三角地区 5 个国家级服务外包示范城市上海、杭州、宁波、苏州、南京的面板数据,试图构建影响长三角地区承接离岸服务外包竞争力的指标体系,具体指标如表 3-10 所示。本节从多层次多维度的面板数据中进行城市竞争力影响因素的提取,该研究适用于多变量的因子分析法,从丰富的变量数据中将众多指标归纳为若干综合指标,使结果更为客观。

表 3-10 长三角地区承接离岸服务外包的影响因素指标选取

一级指标	二级指标	单位
基础设施建设	宽带接入用户 城市基础设施投资额	万户 亿元
人力资源	新增就业人员	万人
经济环境	城市 GDP 服务业占比	亿元 %
综合创新能力	专利申请量 科技期刊论文	件 篇

续表

一级指标	二级指标	单位
产业发展水平	离岸执行额 离岸执行额增长率	亿美元 %
开放度水平	对外贸易依存度 进出口总额	/ 亿元
政策支持	地方性服务外包法规数量占比	%

(2)数据来源

鉴于各省市大致于2008年后逐步确定开展服务外包，时间较短，数据统计体系尚不完善，根据数据可获性，本节选取了2010—2018年5大城市12个指标的面板数据进行因子分析和指标体系构建。数据来源于中国服务外包官网、各市国民经济和社会发展统计公报、教育事业发展统计公报、国家知识产权局官网、北大法宝网等，其中人民币兑美元汇率为历年国家外汇管理局提供的每日汇价加权平均计算所得的平均汇价。表3-11展示了所有二级指标的样本数量、平均值、标准差、最小值、最大值的描述性统计。

表3-11　变量的描述性统计

变量	数量	平均值	标准差	最小值	中位数	最大值
宽带接入用户/万户	45	389.80	193.32	147.75	329.19	916.40
城市基础设施投资额/亿元	45	1060.05	409.93	488.50	970.73	1980.20
新增就业人员/万人	45	29.02	16.67	14.20	22.42	64.16
城市GDP/亿元	45	12793.27	6814.52	5010.36	10503.02	32679.87
服务业占比/%	45	0.53	0.08	0.40	0.52	0.71
专利申请量/件	45	77220.47	31615.88	19275.00	73647.00	150233.00
科技期刊论文/篇	45	17.29	13.00	1.00	14.00	53.00

续表

变量	数量	平均值	标准差	最小值	中位数	最大值
离岸执行额/亿美元	45	39.26	23.55	2.00	36.78	88.91
离岸执行额增长率/%	45	0.33	0.29	−0.21	0.26	1.39
对外贸易依存度	45	0.90	0.45	0.32	0.85	2.02
进出口总额/亿元	45	1954.44	1582.38	456.01	4176.98	5139.47
地方性服务外包法规数量占比/%	45	0.06	0.07	0.00	0.05	0.21

3.4.2.2 因子分析评估

(1)KMO 和 Bartlett 球形假设检验取值

运用 KMO 检验和 Bartlett 球形检验法对调查数据进行探索性因子分析的适当性考察。KMO 值越接近 1,越适合进行因子分析。常用的 KMO 度量标准:0.9～1,非常适合;0.8～0.9,很适合;0.7～0.8,适合;0.6～0.7,不太适合;小于 0.5,极不适合。球形假设检验若是被拒绝则说明适合开展因子分析。

对所选 5 个服务外包示范城市的指标进行标准化后,进行 KMO 和 Bartlett 球形假设检验,KMO 测度值为 0.745,大于可接受的标准 0.7,Bartlett 球形检验值为 735.774,显著性概率为 0(见表 3-12),说明适合进行因子分析。此外,12 个变量的公因子方差分析提取度基本在 80%以上(见表 3-13),提取的因子对于原始变量的代表性和解释率较高。由此可判断用所选 12 个指标进行因子分析切实可行,本节采用主成分分析法进行因子分析。

表 3-12　KMO 和 Bartlett 球形假设的值

KMO 取样适切性量数		0.745
Bartlett 球形检验	近似卡方	735.774
	自由度	66
	显著性	0.000

表 3-13　公因子方差分析

变量	初始	提取
宽带接入用户	1.000	0.951
城市基础设施投资额	1.000	0.777
城市 GDP	1.000	0.967
服务业占比	1.000	0.927
离岸执行额	1.000	0.863
地方性服务外包法规数量占比	1.000	0.864
离岸执行额增长率	1.000	0.821
对外贸易依存度	1.000	0.957
科技期刊论文	1.000	0.916
进出口总额	1.000	0.967
专利申请量	1.000	0.944
新增就业人员	1.000	0.971

(2)主因子提取及载荷矩阵分析

碎石图分析方法通常包含拐点观测法和特征值法两种。由图 3-14 可知，碎石图曲线平滑、拐点较为模糊，单从拐点观测无法直接判断公因子个数。根据特征值法，通常运用特征值大于 1 的原则提取因子数量，因此可将 12 个指标变量归为 4 个公因子。结合表 3-13，4 个因子累计方差贡献率高达 91.043%，说明所提取的主因子已经包含了指标变量的大部分信息，具备较强解释力，使结果更加客观科学。

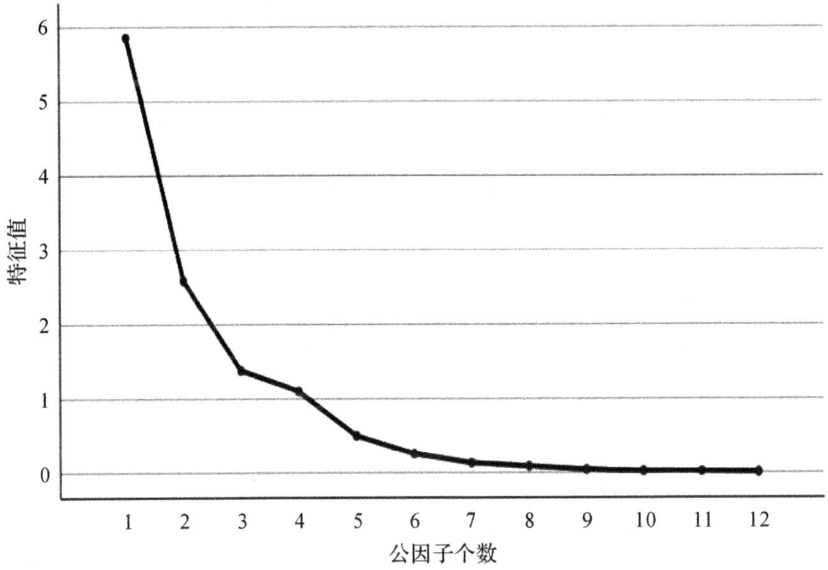

图 3-14 碎石图分析方法

表 3-14 反映了旋转后的因子载荷矩阵及其贡献率情况。结合所提因子及旋转后的载荷矩阵可对各主因子进行命名:公因子 1 解释了 30.548%的总体方差,是相对主要的评判因子,包含新增就业人员、服务业占比、宽带接入用户、城市基础设施投资额、城市 GDP,反映了城市的人力资源水平、服务业发展程度、基础设施建设及经济活力,可将其定义为商务经济环境;公因子 2 解释了 25.312%的方差,包含对外贸易依存度、进出口总额及专利申请量,反映了城市的开放水平和创新能力,在开放过程中通过更好的“引进来”政策来提升自主创新能力,故将其定义为开放创新水平;公因子 3 解释了 21.763%的总体方差,与公因子 2 解释力相当,包含离岸服务外包执行额增长率及离岸服务外包执行额,反映了城市服务外包产业的发展情况,故将其定义为产业竞争力;公因子 4 解释了 13.420%的方差,解释力度稍弱,包含地方性服务外包法规数量占比及科技期刊论文,反映了城市的政策支持情况及产业研究状况,政策法规可以在一定程度上提高其政治关注度以促进产业研究,因此将公因子 4 定义为政策环境。总结来说,商务经济环境是构成服务外包承接竞争力的重要因素,开放创新水平和产业竞争力是关键,而政策环境也起到了一定的支持作用。

表 3-14　旋转后的因子载荷矩阵及其贡献率

因子编号	因子名称	因素名称	主因子			
			F_1	F_2	F_3	F_4
1	商务经济环境	新增就业人员	0.915			
		服务业占比	0.831			
		宽带接入用户	0.759			
		城市基础设施投资额	0.696			
		城市 GDP	0.692			
2	开放创新水平	专利申请量		0.794		
		对外贸易依存度		0.921		
		进出口总额		0.813		
3	产业竞争力	离岸服务外包执行额增长率			−0.888	
		离岸服务外包执行额			0.806	
4	政策环境	地方性服务外包法规数量占比				0.895
		科技期刊论文				0.559
方差贡献率/%			30.548	25.312	21.763	13.420
累计方差贡献率/%			30.548	55.860	77.623	91.043

3.4.2.3　长三角地区承接离岸服务外包竞争力的因子得分

采用回归的方法对因子的得分进行计算，可以得到用各因子的方差贡献率所表示的因子权数，加权汇总可计算出综合因子得分。由此可得影响长三角地区承接离岸服务外包的竞争力指标体系：

$$F=0.3355\,F_1+0.2780\,F_2+0.2390\,F_3+0.1474\,F_4 \tag{3.11}$$

其中，F 为综合得分，F_i 代表各公因子得分，$i=1,2,3,4$。

图 3-15 为各市历年因子得分趋势图，5 个示范城市承接离岸服务外包的竞争力均呈现逐渐增长的态势。上海市承接离岸服务外包的竞争力总体保持增长趋势，年均增长率达到 7.78%。2014 年是其竞争力发展的关键转折点，此前因子得分增速平稳，竞争力变化微弱，2014 年后得分骤增，竞争力发展势头迅

猛，2018 年最高达到 88.75，超过杭州、宁波的两倍。目前上海市拥有 5 个服务外包示范区和 12 个服务外包专业园区，具备辐射内外两个市场的优势，作为国际化的长三角龙头，享有地理区位、产业基础、开放创新及人力资源上的独特优势，良好的商务经济环境及产业竞争力对其提升承接离岸服务外包的竞争力起到了关键作用。

苏州市历年因子得分也维持在较高水平，年均增长率达 6.12%。其中，2012 年(69.03)和 2013 年(69.85)是苏州竞争力发展的顶峰期，得分甚至超过了同时期上海的竞争力水平，此后竞争力得分有所回落，直到 2018 年重新回升至顶峰水平。这与苏州较大的开放创新力度有关，2018 年苏州进出口总额再创新高，外贸总值位居全国第四，综合排名第二，体现了公因子 2 开放创新水平对于承接离岸服务外包的重要性。

南京市是 5 个城市中唯一一个九年来竞争力持续增长的城市，年均增长率达 19.58%。其中，2018 年其因子得分(47.05)是 2010 年初因子得分(11.25)的 4.2 倍。自南京入选离岸服务外包示范城市以来，南京市政府一直将发展服务贸易、服务外包作为全市产业升级、优化对外贸易结构的重要抓手，政策支持力度较大，离岸服务外包产业规模增长态势迅猛，优越的政策环境发挥了强有力的助推作用。

杭州市与宁波市作为浙江省承接离岸服务外包的先驱，2010—2018 年分别实现了 12.10%和 12.88%的年均增长率。其中，杭州市 2014 年承接离岸服务外包的竞争力发展经历了一个低谷，因子得分下降，较前一年降低了 11.9%。杭州凭借独有的产业优势在较高起点上稳中求进，服务外包产业整体发展较好，但是在离岸业务上缺乏一定优势，排名靠后。宁波市由于基数较小，竞争力变化起伏较大，2010—2013 年其竞争力得分直线上升，但 2014 年下降明显，随后又波动上升，2018 年综合得分 34.99。宁波市充分发挥其出色的港口优势，成为 2016 年新增国家级服务外包示范城市。虽然由于服务外包业务起步较晚，产业基础薄弱，排名靠后，但是宁波发展潜力巨大。

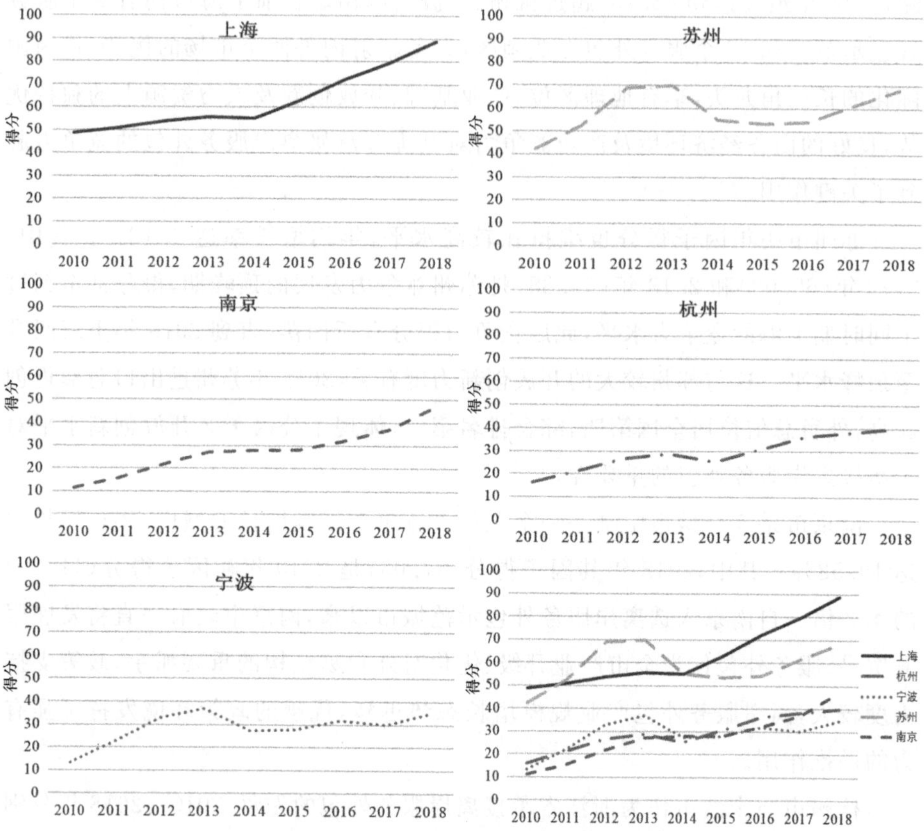

图 3-15　长三角地区 2010—2018 年服务外包示范城市因子得分趋势①

根据叠加效果图，上海和苏州的整体竞争力主导优势显著，历年来以较高得分遥遥领先于其他城市；杭州、宁波、南京竞争力得分相近，平均分差不超过 5 分，并且差距逐渐缩小，但是相较上海和苏州，还有悬殊差距，杭州、宁波、南京 2018 年综合得分仅与上海、苏州 2010 年的综合得分相当，地区间竞争力发展不均衡。

表 3-15 为 5 个示范城市承接离岸服务外包的竞争力水平排名，进一步展示了按时间轴发展的各城市竞争力综合得分和排名变化情况。2010 年至 2018 年各城市竞争力排名稍有变动。2018 年 5 个城市承接离岸服务外包竞争力的综

① 注：图中各横坐标均为“年份”，纵坐标均为“各城市承接离岸服务外包的竞争力分值”。

合得分排序由高至低分别为上海(88.75)、苏州(68.12)、南京(47.05)、杭州(40.01)、宁波(34.99),上海和苏州一直排名前二,稳居霸主地位,其中2011年至2013年期间苏州曾经反超上海,位居第一。和2010年水平相比,上海市的竞争力增长幅度最大,而宁波最小。处于后三名的三个城市,各年排名也存在波动,相较而言,南京市的竞争力综合上升趋势明显,而宁波市的竞争力提升空间最大。

表3-15 5个示范城市2010—2018年承接离岸服务外包竞争力的因子得分及排名情况

城市	2010年	2011年	2012年	2013年	2014年	2015年	2016年	2017年	2018年
上海	48.74 (1)	50.83 (2)	53.67 (2)	55.68 (2)	55.10 (1)	62.93 (1)	72.24 (1)	79.54 (1)	88.75 (1)
苏州	42.36 (2)	52.37 (1)	69.03 (1)	69.85 (1)	55.04 (2)	53.52 (2)	54.34 (2)	61.49 (2)	68.12 (2)
南京	11.25 (5)	15.52 (5)	21.77 (5)	27.06 (5)	27.81 (3)	28.04 (4)	32.16 (4)	37.12 (4)	47.05 (3)
杭州	16.06 (3)	21.19 (4)	26.63 (4)	28.75 (4)	25.32 (5)	30.70 (3)	36.50 (3)	38.22 (3)	40.01 (4)
宁波	13.27 (4)	22.19 (3)	32.90 (3)	37.01 (3)	27.36 (4)	27.81 (5)	31.89 (5)	30.09 (5)	34.99 (5)

3.5 本章小结

本章是全书研究的现实背景与基础,分别从“量”和“质”两个层面分析中国承接离岸服务外包的发展现状与水平。一方面,通过现实数据描述并刻画中国承接离岸服务外包的发展趋势与发展特点,包括承接规模、业务结构、国际市场来源、区域布局、示范城市集聚效应、新冠疫情影响以及政策支持的演变等方面。另一方面,通过测度全球33个国家的离岸服务外包产业全球价值链水平、中国服务外包示范城市的承接效率,以及长三角地区示范城市承接离岸服务外包的国际竞争力,全面掌握当前我国离岸服务外包产业在全球分工的地位、产

业发展的"质",以及区域的异质性。本章的主要观点与结论如下:

(1)总体而言,我国离岸服务外包产业经历了"十一五"的成长期,"十二五"的量质齐升,一直到"十三五"的稳量升质三个阶段,发展态势稳中有进,承接规模持续快速扩大,即使在新冠疫情冲击下,仍然展现出强劲的韧性与发展活力,实现逆势增长,带动服务出口提升3.8%;国际市场多元化分布发展的同时,我国离岸服务外包所占全球份额逐步扩大,最高达33%;结构高端化态势日趋明显,KPO占比显著提高,业务结构逐渐合理,国际市场竞争力不断提升;区域间发展差距逐渐缩小,服务外包示范城市的集聚和辐射效应进一步加强。

(2)发展中经济体和新兴经济体的离岸服务外包产业价值链地位明显低于发达经济体。中国离岸服务外包产业的全球价值链地位的增长速度虽有所放缓,但整体呈现逐年提升且产业规模持续扩大态势,对经济发展的贡献度也在逐年提高。相较于主要发达国家来说,中国离岸服务外包价值链在一定程度上处于落后地位,但近年提升速度明显增快,并于2019年赶超法国。与其他金砖国家相比,中国的指数从低排名快速提升至目前的第二名,依然还有较大空间。

(3)大部分示范城市承接离岸服务外包均实现了综合效率提升,示范城市承接服务外包的全要素生产率提升主要得益于技术进步,而提升幅度不大主要受到技术效率较低的制约。若根据效率变化均值将示范城市分为两个梯队,只有第一梯队中的13个城市实现了技术效率变化指数和技术进步指数的"双高"。从效率演变趋势来看,东部地区示范城市的服务外包产业优势明显,但其承接效率趋于收敛,下滑迹象初显,而中西部地区正处于规模拉动效率的上升期,发展势头强劲。

(4)商务经济环境、开放创新水平、产业竞争力以及政策环境是影响各地区承接离岸服务外包的最关键因素。不同城市的服务外包竞争力发展不均衡,关键影响因素存在一定的异质性。以长三角地区为例,上海和苏州竞争力优势显著,远高于杭州、宁波和南京。南京是5个城市中唯一一个九年来竞争力持续增长的城市。杭州服务外包产业整体发展较好,但是在离岸业务上缺乏一定优势,排名靠后。宁波由于服务外包业务起步较晚,产业基础薄弱,竞争力变化起伏较大所以排名靠后,但是发展潜力巨大。

4 离岸服务外包产业升级的困境与创新效应

离岸服务外包一直是发展中国家重点发展的产业之一，尤其是高技术、高附加值、位于价值链高端地位的知识密集型服务外包。对于广大发展中国家而言，通过承接离岸服务外包可以参与全球价值链、获得技术和经验积累，从而提高自主创新能力。然而，也有实践经验表明，承接离岸服务外包也可能抑制承接方的技术创新能力提升，由此陷入“价值链低端锁定”困境。本章首先结合已有研究，从理论层面分析承接离岸服务外包与技术创新的关系，探讨承接离岸服务外包如何影响承接方的创新能力，以及“困境”产生的原因。进一步地，从区域创新能力和全要素生产率两个层面，实证检验我国承接离岸服务外包的创新效应。

4.1 离岸服务外包与技术创新的关系

4.1.1 承接离岸服务外包对承接方创新能力影响的“促进论”

多数研究结果倾向于“技术促进论”，即离岸服务外包确实促进了承接方的技术创新水平提升。从国别层面来看，印度和爱尔兰等国通过承接国际服务外包的ITO和BPO业务，催化了相关企业的有效重组，提升了软件产业的整体竞争力和产品附加值，并越来越多地接触跨国公司的先进技术，从而实现了从低端的代工业务升级到高端的研发咨询业务（Farrell 和 Mavonda，2004；Arora 和 Gambardella，2005；Dossani 和 Kenney，2007）。突尼斯的企业通过承接国际服务外包实现了服务质量优化和技术水平提升（Sdiri 和 Ayadi，2016）。基于我国数据，许多研究同样也得出了“促进论”结论（鲁海帆，2022；黄烨菁和张纪，2011；陈启斐等，2015；郑玉，2015）。姚星等（2015）采用系统广义矩估计法估计了四种服务外包的全要素生产率效应，发现离岸接包对我国服务业的纯技术进步具有显著正向影响。崔萍和邓可斌（2013）、李钧和黄琴琴（2015）通过分析服务外包示范城市相关数据，证实服务外包对区域技术创新的促进作用，认为承接服务外包加强了创新体系与外界高级要素之间的交流，加速了技术扩散。

从行业和企业层面来看，Girma 和 Görg（2004）以及 Amiti 和 Wei（2009）肯

定了服务外包对行业间生产率的激励效应,认为承接服务外包可以获取更多的创新资源,进而提升技术水平。Bertschek 等(2017)发现 IT 服务外包可以显著促进企业流程的创新。侯欢(2020)、郎永峰和任志成(2011)也以软件行业和 IT 企业为例,检验了我国承接软件外包的技术效应,结果表明,软件外包可以通过示范效应和人力资本优化来提升本土软件研发能力,同时承接服务外包的企业的创新能力要高于未承接服务外包的企业。王晓红(2008)对中国承接国际设计服务外包的技术效应进行检验,发现我国承接设计外包有利于提高国内设计公司的创新能力,开拓国际市场,创建自主品牌,延伸和提升设计产业链与价值链。

4.1.2 承接离岸服务外包对承接方创新能力影响的"抑制论"

虽然已有学者从理论和实证研究方面肯定了离岸服务外包过程能够促进接包方的技术创新,然而和发达国家相比,我国离岸服务外包还处于价值链的中低端环节,低层次的服务外包不仅不利于技术外溢与接包方创新能力的提高,还可能导致接包方陷入"价值链低端锁定"陷阱。

王俊(2013)研究发现跨国外包会给接包方带来一定程度的负面影响。在跨国服务外包体系中,接包方对国外市场与技术的依赖难以改变产业结构低端化的格局,最终可能陷入"悲惨增长"的境地。胡水晶和余祥(2009)以软件行业为例,认为软件编码等低层次的服务外包不利于东道国的软件产业的发展,甚至承接研发离岸外包也有可能会对我国的技术创新产生负面影响。由于跨国公司在服务外包过程中转移的是和发包任务密切相关的片段化知识,接包方若只重复低端环节的业务环节,发展常规性技术能力,将被锁定在"价值链低端",对服务外包产生路径依赖,最终很有可能陷入跟随式陷阱(尚庆琛,2021;王昌林,2013)。王永贵等(2015)在采用 MOA 框架(动机、机会、能力)探讨服务外包对接包方创新能力的提升机制时发现,来自世界各地的发包方如果只通过网络提供与业务相关的显性知识,必然会弱化面对面沟通和参与过程中隐性知识的转移效果。李平和杨慧梅(2017)基于发包方和接包方的双重视角,运用制造业细分行业的面板数据检验了国际服务外包对我国全要素生产率的影响,结果却发现承接服务外包对劳动和技术密集型行业的全要素生产率有显著抑制作用,而对资本密集型行业无明显作用。邓春平(2011)研究发现,在全球服务外包网络价值链分工中，处于价值链主导地位的发达国家发包方，一方面通过外包低成本要素实现战略目的，另一方面则设法利用自身的技术、品牌和市场等优势，设计各种技术、质量、交付、流程标准、承包商竞争等策略来控制发展中国家接包方在价值链体系的地位，阻碍其技术赶超和价值链攀升进程，从而把作为接包方的企业锁定在价值链的低端。

4.2 "价值链低端锁定"困境

4.2.1 困境的特点

服务外包活动是一种价值链的整合重组过程，其实质是以接包方的价值活动来替代发包方原有的价值活动。离岸服务外包过程中，跨国企业的价值链在不断地分解和重组，从而在全球范围内形成一个庞大复杂的全球外包价值链网络。然而，离岸服务外包可能发生于价值链的任何层次，其中包括低技术、低附加值的劳动密集型服务。根据前文已有的关于离岸服务外包是否促进技术创新的争议来看，对接包方而言，如果长期承接价值链低端的服务外包业务，极有可能产生技术俘获、自主创新动力不足等负面影响，从而陷入"价值链低端锁定"困境。本书认为，离岸服务外包的"价值链低端锁定"困境主要表现出以下几个特点：

从企业层面来看，"价值链低端锁定"意味着企业陷入技术锁定，造成企业内生性知识积累路径弱化甚至消失，最终导致其创新动力不足、出口竞争优势和经济报酬降低。虽然离岸服务外包推动了接包方的生产率提升和技术进步，但这并非意味着促进了技术创新。离岸服务外包为企业提供了外部创新网络成员和实现技术溢出及转移的机会，但跨国公司的技术扩散的是片段化、显性化的知识，隐性知识的价值必须通过显性知识的转化来实现。陷入"价值链低端锁定"困境的接包方则无法完成显性知识的隐性化和内部化过程，因此只能保持常规技术和重复作业，无法实现关键技术的突破创新。

从产业层面来看，"价值链低端锁定"将制约我国现代服务业和现代产业体系向更高水平和更高质量迈进。低端锁定阻碍了本土服务业在研发设计、人力资源、品牌和营销等方面的功能升级，尤其是在文化创意、广播影视、专业咨询、知识产权等现代服务业领域，阻碍我国服务业向数字化、融合化、品质化、绿色化升级。同时，进一步导致我国产业结构低端固化，甚至国内的部分产业从高技术、高附加值产业退出，向低技术含量的产业集中。其中，中高技术行业面临的“锁定”效应更为明显，制造业的服务化进程也将受阻。

从国家层面而言，服务外包的“价值链低端锁定”很可能会表现出“贫困增长”、新“依附经济”的趋势、就业结构低级化等现象。离岸服务外包对经济社会发展的贡献巨大，对于吸纳就业、优化产业结构、扩大高水平对外开放具有重要意义。“价值链低端锁定”将导致离岸服务外包无法实现其所带来的经济、就业和贸易效应，容易造成服务贸易出口贸易结构、就业结构失衡，导致全球价值链分工的固化格局，进一步削弱一国或地区的综合竞争力。

4.2.2 困境形成的原因

根据既往研究和历史实践经验，本书将“价值链低端锁定”的形成原因归纳为“高技术势差”“低吸收能力”“强技术依赖和俘获效应”“创新资源挤占”等四个方面（见图 4-1）。对这四个方面展开分析，有助于进一步厘清承接离岸服务外包与接包方创新能力之间的关系，为后续实证检验提供理论支撑，也为接包方如何规避困境提供重要启示。

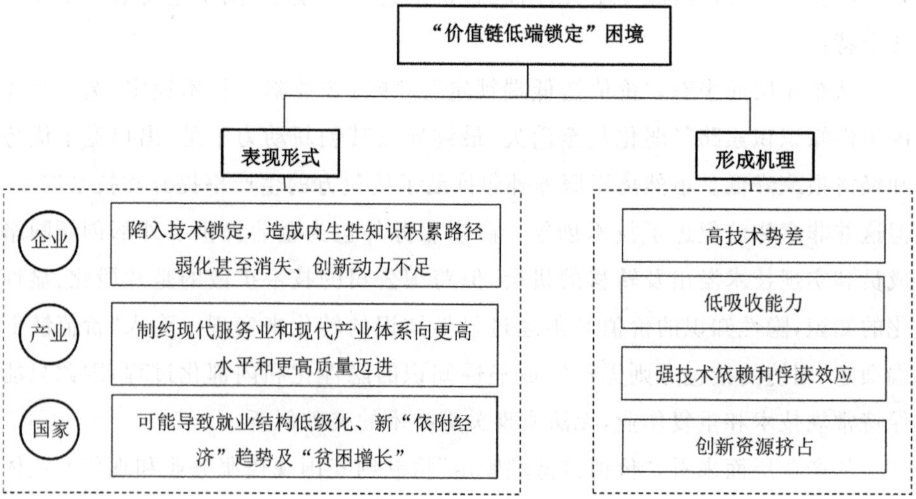

图 4-1 “价值链低端锁定”困境的表现形式和形成机理

首先，过大的技术势差和较低的企业吸收能力会对接包方接受新技术造成障碍。服务外包是一个知识型密集外包产业，由于技术势差的存在，显性和隐性的知识在外包的过程中会通过各种途径由上游到下游流动，产生技术扩散。然而，如果双方技术势差过大，该企业在参与全球价值链分工时则难以将产业内的技术外溢转化为有效的生产力，当接包方整体技术竞争优势处于低位，企业技术难以达到吸收高端技术的有效门槛，将进一步导致企业无法将外溢技术转化为生产力，从而形成“低端锁定”的恶性循环。即使可供接包方学习模仿技术的机会很多，但是其依旧无法凭借自身的能力（主要体现在人力资本和知识存量）进行接受与消化。过高的技术势差还会使得接包方的技术创新成为一种“模仿性”创新，不能从根本意义上推动自主创新。此外，如果两国技术势差较大，接包方在研发投入后只可能导致产出一些发达国家已有的成果与专利，会造成大量资金的浪费。

其次，强技术依赖对离岸服务外包的技术扩散具有抑制作用。技术依赖的根源包括两个方面：一方面，由服务外包接包方主观导致。在全球价值链分工中，企业可通过较低成本享受高质量、高技术的进口中间品，可能陷入过度依赖全球价值链分工的舒适圈，从而削弱企业自主研发动力，导致自主研发和创新能力处于停滞状态。另一方面，由发包方人为控制导致，即“俘获效应”。“俘获效应”是指发达国家在发展中国家价值链升级阶段进行的阻击和控制行为。当发展中国家向全球价值链高端攀升时，会面临与发达国家从互补合作转向同台竞争的局面，发达国家受到竞争威胁，可能会对发展中国家采取技术封锁、市场打压等行动。为防止技术扩散效应的发生，发包方选择将其价值链中“非核心”的环节进行外包，而将核心的环节牢牢控制。有些服务发包方为阻碍接包方进入价值链高端环节，甚至通过设置技术学习壁垒、加大技术干预、快速升级迭代产品等手段，有意让接包方对其产生技术依赖，使得接包方不断进行“量”的积累，却无法完成“质”的突破，从而遏制了发展中国家的技术发展，使其被迫锁定在“低端”环节，难以实现价值链或产业结构的升级。

最后，创新资源挤占也有可能抑制服务外包过程中的技术扩散。企业用于开展创新活动的资源是有限的。基于发包方视角，开展服务外包的初衷就是降低成本，提高利润水平，因此一定会寻找成本最低的供应商进行外包。在竞争之下，本土的接包方利润在某种意义上一定会被压低，尤其是低端的ITO业务，其利润一定更为稀薄。在此情形下，承接低端业务的企业没有充足的资源和能力可以投入研发，继而导致企业创新能力严重不足。

因此，本章后续将进一步检验我国承接离岸服务外包的创新效果，确定现阶段的中国是否陷入了“价值链低端锁定”困境。第三节和第四节将分别基于全要素生产率以及区域创新链两个视角展开实证分析。

4.3 承接离岸服务外包对全要素生产率的影响分析

全要素生产率作为衡量区域经济高质量发展的重要指标，是促进经济增长及可持续发展的源泉，也是体现区域创新能力的重要指标。服务外包作为国际分工深入演进的产物，不仅是新兴服务贸易发展的主要方式，更推动着服务全球化和产业的价值链攀升。随着数字经济和服务贸易在全球范围内的快速发展，对发展中国家来说，承接服务外包已然成为其融入全球分工和参与国际竞争的一大契机，并与一国全要素生产率的联系越来越紧密（李平和杨慧梅，2017）。

“十三五”以来，我国服务外包产业步入了高质量发展、形成国际竞争新优势的战略机遇期（王晓红，2019）。根据商务部数据，2011—2018年我国服务外包执行额年均增长率为59.8%。商务部副部长钱克明在2019年于武汉举办的全球服务外包大会上指出，“当前，服务外包已成为中国开放经济的一大亮点”，并且党中央、国务院高度重视服务外包的发展，强调要推动服务外包加快转型升级，推进贸易高质量发展。2020年国务院常务会议上，李克强总理进一步强调，“要加快服务外包转型升级，推动服务业优结构上水平”。

随着近年来全球价值链重构，全球市场竞争愈发激烈，逆全球化和贸易保护主义、就业压力增大等使得发达国家开始限制服务业离岸，服务外包呈现“回流”趋势。当前，全球范围内在岸服务外包的规模远大于离岸服务外包，在岸服务外包的重要性日益上升。然而中国承接离岸服务外包的规模仍大于在岸服务外包。对中国来说，汇率波动及综合成本上升等因素给服务外包产业发展带来了巨大的压力和挑战，我国在岸服务外包规模逐年扩大，但其占比仍低于离岸服务外包。由此，如何协调在岸与离岸服务外包的发展成为产业升级的关键所在。

结合前文对离岸服务外包产业升级所存在的困境的分析，本节以全要素生产率作为衡量技术创新的单一指标，进一步探索承接离岸服务外包对全要素生产率的影响机制，并利用中国服务外包示范城市的面板数据，一方面，对承接离岸与在岸服务外包影响全要素生产率的差异化效果进行对比，另一方面，采用中介效应分析法，检验离岸服务外包对全要素生产率的影响机制。

4.3.1 承接离岸服务外包影响全要素生产率的机制分析

承接离岸服务外包虽然一方面能够在国外发包方的严格要求和技术交流转移中提升生产效率，但另一方面，由于过于追求承接规模化的离岸服务外包，加上发达国家对高端技术的封锁，发展中国家很可能会落入“比较优势陷阱”，被锁定在低附加值环节，形成俘获型网络治理关系，导致整体竞争力较弱，无法促进全要素生产率的有效提升（金龙布，2019）。本节将从人力资本优化、外资优化、技术进步、产业结构升级这四个角度来探讨承接离岸服务外包对全要素生产率的影响机制（见图 4-2）。

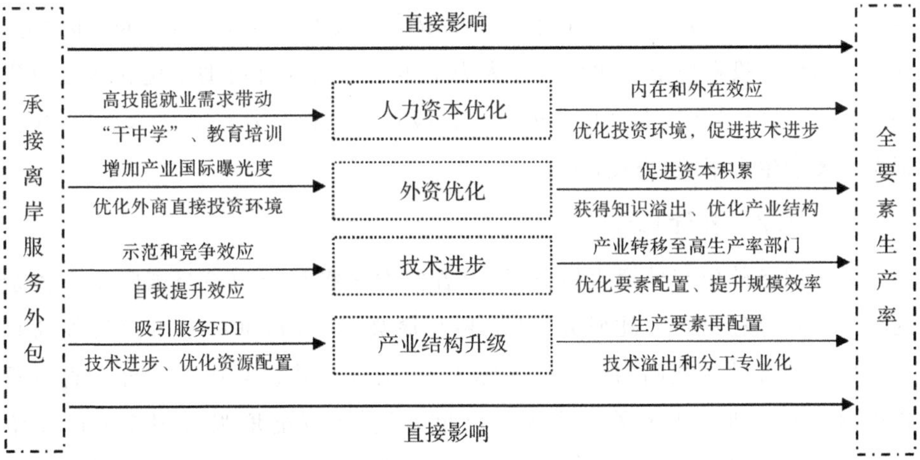

图 4-2　承接离岸服务外包对全要素生产率的影响机制

4.3.1.1 人力资本优化

承接离岸服务外包对人力资本的优化作用主要有三：其一，高技能就业需求带动效应。由于服务外包产业的知识和技术含量越来越高，对从事服务外包人员的素质要求也越来越高，使得高技能岗位的用工需求增加，促使接包方的人力资本存量和质量不断提高（Horgos，2010）。其二，"干中学"效应。承接离岸服务外包过程中，往往伴随着发包方的技术顾问及对接包方的员工培训，其间发包方会将先进技术、优秀的管理经验以及研发理念和成果等知识间接或直接地转移给接包方，帮助企业积累经验，提升人力资本水平（李平和杨慧梅，2017；吴幼华和乔红芳，2018）。其三，教育培训。服务外包产业的发展需要大量高科技人才，东道国通过教育培训，尤其是对大学服务外包人才的培养，不仅能影响其就业观念、创新创业水平，还能提高本国人力资源素质和劳动者技术水平（李惠娟和蔡伟宏，2018）。

而人力资本优化对全要素生产率的驱动作用已在众多学者的研究中达成共识。首先，内在和外在效应。一方面，人力资本投资能够使自身收益得以递增，实现其内在效应，另一方面，人力资本可以通过作用于其他生产要素获得收益递增来产生外在效应，从而综合促进全要素生产率水平提升（杜伟等，2014）。其次，技术进步效应。技术进步和创新是促进地区全要素生产率增长的主要因素，而对先进技术的吸收和转化能力主要取决于人力资本存量和质量（邓翔等，2017）。最后，投资环境优化效应。人力资本水平的提升有助于优化区域投资环境，可通过吸引高技术含量的外商直接投资来获得高水平的技术溢出，从而提升全要素生产率（赵秀英，2016）。

4.3.1.2 外资优化

关于服务外包与外商直接投资，学者们大多将其作为参与国际生产体系的两种微观路径进行对比研究（韩沈超和徐姗，2021），鲜有学者探讨外商直接投资与服务外包之间的联系。实际上，中国服务外包与服务业外商直接投资能够互补互进。服务外包产业的高度发展，不仅能增强微观企业的竞争力，还能促进区域的经济结构、就业结构升级，优化投资环境，从而吸引国际服务商的进驻，促使大量的外资流入，承接离岸服务外包还可在此基础上增加相关产业的国际曝光度，延长产业链，获得更多的商机，进一步通过低成本吸引外资，不断地提高利用外资的水平，由此提升全要素生产率（徐建敏和任荣明，2006）。

关于外商直接投资与全要素生产率的关系，大部分研究发现前者带来的资本要素能够促进后者的提升（李晓钟和王倩倩，2014；丁晓慧，2020）。外商直接投资的增加不仅能解决资金的短缺问题，有效地提高接包方的资本积累，为接包方的产业结构升级提供物质支持，还能更进一步引入国外先进的管理理念和技术水平，获得知识溢出，推动全要素生产率水平的提升（林桂凯，2018；陈启裴和巫强，2018；赵楠，2007）。但也有学者对"污染避难所"这一论点进行探讨研究，发现外商直接投资会抑制绿色全要素生产率水平的提升（李光龙和范贤贤，2019；杨雅丽，2018）。

4.3.1.3 技术进步

基于承接离岸服务外包的技术溢出的途径主要有三条：第一，示范效应。为保证接包方的产品或服务符合既定的标准，发包方的管理人员和技术人员向接包方分享他们的知识和技能，为接包方提供必要的技术支持和高级设备，接包方通过学习有关生产、管理、工艺流程等来改善自身技术（刘绍坚，2008）。第二，自我提升效应。由于发包方对技术水平、专业能力等的要求，接包方必须采取更有效的生产和经营方式，提升自我的专业技术水平（李平和杨慧梅，2017）。第三，竞争效应。为应对国际市场竞争，扩大承接规模，接包方会致力于增强其接包能力，提升自我的核心竞争力（李元旭和潭云清，2010）。此外，承接服务外包过程中某一接包方获得的技术进步还能对前后向企业产生纵向波及效应，克服单个企业生产效率低下的局限，促进区域全要素生产率水平的提升（刘奕辰等，2020）。

一直以来，技术进步作为经济发展的内生动力，被认为是影响全要素生产率的重要因素之一（佘硕等，2020；唐未兵等，2014）。涂正革和陈立（2019）研究发现偏向资本的技术进步能够推动产业转移至高生产率部门，有利于全要素生产率水平的提升。钟世川和毛艳华（2017）以多要素 CES 函数为基础，构建中性和偏向型技术进步影响全要素生产率增长的框架，发现中国的技术进步偏向资本，导致全要素生产率增长放缓，因此中国应尽快转到依赖技术进步提升全要素生产率的轨道上。刘祎等（2020）则认为技术进步可以通过提升生产技术水平和规模效率、促进知识溢出和优化要素配置来实现全要素生产率的提升。

4.3.1.4 产业结构升级

服务外包业务多属于资本密集型产业，能够在一定程度上优化城市传统粗放型的产业结构，综合提升城市全要素生产率。首先，承接离岸服务外包不仅能够引进服务业外商直接投资，还能将国内资本引至服务业，为产业结构升级提供物质支持（赵秀英，2016）。其次，发展中国家或地区通过承接发达国家或地区先进领域的业务，可以促进资源再分配至生产率高的技术和资本密集型产业，优化产业结构（吕延方和王冬，2010）。再次，离岸服务外包产业的发展会加大高技能人才需求，增加东道国的人力资本积累，从而促进东道国产业结构升级（李惠娟和蔡伟宏，2018）。最后，通过员工培训或承接科技含量较高的中间环节等方法，承接离岸服务外包有助于企业吸收国外先进技术，从而促进产业结构升级（顾玲妹和陈永强，2019）。

与此同时，产业结构升级又是提高全要素生产率水平的重要因素（于斌斌，2015；刘赢时等，2018；韩晶等，2019）。佘硕等（2020）指出在经济新常态下，"结构红利"是提升我国绿色全要素生产率水平的关键所在。余泳泽等（2016）认为产业结构升级会通过促进技术进步、生产要素再配置和分工专业化来提升全要素生产率，并通过实证研究发现我国三次产业结构升级能够显著促进全要素生产率水平的增长。Bosworth 和 Collins（2008）的实证研究结果表明产业结构升级和生产要素的重新配置对生产率增长具有积极影响。

4.3.2 承接在岸与离岸服务外包对全要素生产率的差异化影响检验

中国服务外包示范城市相较于其他城市而言，服务外包产业发展更为成熟，相关数据统计较为全面，因此，以服务外包示范城市为研究对象更具有典型性，能更好地发挥服务外包示范城市的辐射和带动作用。目前，中国已批复 37 个服务外包示范城市，但由于数据可得性的限制，为保证研究数据的连续性，本节选取了其中 22 个服务外包示范城市[①] 2011—2019 年的面板数据进行实证

---

① 选取的 22 个服务外包示范城市包括：北京、天津、上海、重庆、大连、深圳、广州、武汉、哈尔滨、成都、南京、西安、济南、杭州、合肥、南昌、长沙、苏州、无锡、厦门、青岛、宁波。

研究。

4.3.2.1 模型、样本及变量与数据说明

为比较中国服务外包示范城市承接在岸和离岸服务外包对区域全要素生产率产生的影响，本节构建了以下基准模型：

$$TFP_{i,t}=c+\alpha \ln OFFS_{i,t}+\gamma contr_{i,t}+\varepsilon_{i,t} \tag{4.1}$$

$$TFP_{i,t}=c+\beta \ln ONS_{i,t}+\gamma contr_{i,t}+\varepsilon_{i,t} \tag{4.2}$$

其中，i 对应于各服务外包示范城市，t 对应于时间序列上的年份，TFP 表示全要素生产率，$OFFS$ 表示离岸服务外包执行额，ONS 表示在岸服务外包执行额，$contr$ 为一系列控制变量，c 为包含截距项和误差项的系数，ε 表示随机扰动项，α、β、γ 为相应变量的系数。

实证检验过程中选取的各变量的测度方法及说明如表 4-1 所示。

表 4-1 各变量测度方法及说明

变量类型	变量名称	符号	测度方法
被解释变量	全要素生产率	*TFP*	采用索洛余值法测度
核心解释变量	离岸服务外包	*OFFS*	以各服务外包示范城市离岸服务外包执行额来衡量，并取对数
	在岸服务外包	*ONS*	以各服务外包示范城市在岸服务外包执行额来衡量，并取对数
控制变量	平均工资	*WAGE*	以各城市年末平均工资来衡量，并取对数
	政府干预程度	*GOV*	以政府财政支出占地区生产总值的比重来衡量
	信息基础建设水平	*INT*	以国际互联网接入户数来表示，并取对数
	城市化水平	*CITY*	以年末城镇人口占总人口的比重来衡量
	研发投入强度	*RDD*	以研发经费内部支出占 GDP 的比重来衡量
	对外开放度	*OPEN*	以进出口总额占 GDP 的比重来衡量

核心解释变量的原始数据来源于《中国服务外包十年发展报告(2006—2015)》、商务部、中国服务外包网，部分缺损数据采用加权平均的方式进行补值。各控制变量的原始数据来源于各城市历年统计年鉴以及统计局和政府官

网等公开渠道。各变量的描述性统计如表 4-2 所示。

表 4-2 各变量描述性统计

变量名称	指标	样本数	均值	标准差	最小值	最大值
全要素生产率	ln*TFP*	198	1.786	0.411	0.914	3.015
劳动投入/万人	ln*L*	198	6.254	0.704	4.578	7.449
资本投入/亿元	ln*K*	198	9.851	0.604	8.571	11.100
离岸服务外包/亿元	ln*OFFS*	198	4.600	1.450	6.483	1.061
在岸服务外包/亿元	ln*ONS*	198	3.208	−2.776	6.696	2.024
平均工资/万元	ln*WAGE*	198	7.513	1.920	17.321	2.387
政府干预程度	*GOV*	198	0.147	0.859	0.258	0.451
信息基础建设水平/万户	ln*INT*	198	5.717	4.292	7.094	0.585
城市化水平	*CITY*	198	0.710	0.361	1.000	0.156
研发投入强度	*RDD*	198	0.026	0.007	0.063	0.011
对外开放度	*OPEN*	198	0.074	0.014	0.046	0.114

此外，对研究涉及的所有自变量进行相关系数分析，得到变量间相关系数最大为 0.687，大部分小于 0.50，由此，可认为所建模型在回归过程中不存在严重的多重共线性问题。

4.3.2.2 基准回归结果及分析

为避免出现伪回归，首先对各变量进行了单位根检验，ADF 和 PP 检验结果显示，各变量在一阶差分后均平稳，因此在进行回归时，首先对变量进行了一阶差分处理。具体检验结果如表 4-3 所示。

表 4-3 单位根检验结果

阶数\变量	ln*TFP*	ln*OFFS*	ln*ONS*	ln*WAGE*	*GOV*	ln*INT*	*CITY*	*RDD*	*OPEN*
ADF 零阶	Y	Y	Y	N	N	N	Y	N	N
ADF 一阶	Y	Y	Y	Y	Y	Y	Y	Y	Y
ADF 二阶	Y	Y	Y	Y	Y	Y	Y	Y	Y

续表

阶数\变量	ln*TFP*	ln*OFFS*	ln*ONS*	ln*WAGE*	*GOV*	ln*INT*	*CITY*	*RDD*	*OPEN*
PP 零阶	Y	Y	Y	Y	N	N	Y	Y	N
PP 一阶	Y	Y	Y	Y	Y	Y	Y	Y	Y
PP 二阶	Y	Y	Y	Y	Y	Y	Y	Y	Y

注：Y 表示平稳，N 表示不平稳。

考虑到个体效应的存在可能会使模型回归产生偏误，因此对模型进行了 Hausman 检验，结果显示方程应采取固定效应模型，又由于样本的截面个数大于时序个数，存在城市异质性，因此为获得相对稳健的参数估计，本节在采用固定效应模型进行回归的基础上，对截面进行加权，并借鉴 Beck 和 Katz(1995)的做法，通过引入面板校正标准误(PCSE)的途径来消除同步相关、异方差等面板误差结构的影响，最后再以 ln*TFP* 为被解释变量进行最小二乘法(OLS)回归。

检验结果如表 4-4 所示。第(1)列显示，承接离岸服务外包增加 1%，全要素生产率水平显著提高 0.229%；由第(2)列知，承接在岸服务外包增加 1%，全要素生产率水平将提升 0.052%，两者均对全要素生产率水平的提升起到了显著的促进作用。第(3)和(4)列结果表明，加入控制变量后，模型拟合度大大提高，虽然承接离岸和在岸服务外包对全要素生产率的作用系数均变小，但其影响方向仍为正，对比这两列的结果可见，承接离岸服务外包对全要素生产率的促进作用显著强于在岸服务外包。就控制变量而言，工资水平(*WAGE*)、城市化水平(*CITY*)和对外开放程度(*OPEN*)均对全要素生产率产生了显著的积极影响；政府干预程度(*GOV*)和研发投入强度(*RDD*)则均起到了消极作用，信息基础建设(*INT*)的作用系数方向不一，仍有待考究。

表 4-4　承接离岸与在岸服务外包影响全要素生产率的检验结果

变量	(1)	(2)	(3)	(4)
ln*OFFS*	0.229*** (14.018)		0.079*** (5.090)	
ln*ONS*		0.052*** (4.515)		0.010*** (2.354)

续表

变量	(1)	(2)	(3)	(4)
ln*WAGE*			0.830*** (11.000)	0.063*** (19.279)
GOV			−0.012** (−4.145)	−0.016*** (−6.783)
ln*INT*			−0.071** (−2.569)	0.107*** (7.535)
CITY			0.007*** (7.585)	0.002*** (1.938)
RDD			−7.964** (−6.548)	−0.314 (−0.380)
OPEN			0.185*** (8.130)	0.028** (2.118)
c	0.769** (9.987)	1.653*** (37.897)	0.984*** (8.130)	0.589*** (4.872)
R^2	0.501	0.394	0.795	0.977
F-test	196.492***	20.383***	105.339***	790.141***

注：10%、5%和1%水平上显著分别以*、**和***来表示，括号中汇报的是t统计量。本章下同。

4.3.2.3 区域异质性检验结果及分析

由于地理位置、政策导向、经济基础等多方面因素，中国承接服务外包的地域分布很不均匀，为了检验承接离岸和在岸服务外包影响全要素生产率的区域异质性，本节进一步将22个示范城市分为东部与中西部①两个样本进行研究。

① 依据民政部关于行政区划的具体管理，将总样本划分为东部和中西部城市，其中东部城市包括北京、天津、上海、深圳、广州、南京、济南、杭州、苏州、无锡、厦门、青岛、宁波等13个城市；中西部城市包括重庆、大连、武汉、哈尔滨、成都、西安、合肥、南昌、长沙等9个城市。

区域异质性检验结果如表4-5所示。根据第(1)和(3)列，东部和中西部城市承接离岸服务外包增加1%，全要素生产率水平将分别提升0.047%和0.236%，说明中西部城市承接离岸服务外包对全要素生产率的促进作用显著强于东部城市。第(2)和(4)列的回归结果显示，东部城市承接在岸服务外包对全要素生产率的提升产生了显著的积极影响，其影响系数为0.021，中西部城市承接在岸服务外包对全要素生产率的影响系数为0.008，并不显著。另外值得关注的是，分别对比第(1)和(2)列以及第(3)和(4)列的结果可见，无论是东部城市还是中西部城市，承接离岸服务外包对全要素生产率的影响均强于承接在岸服务外包，与全样本回归的检验结论一致。

表4-5 区域异质性检验回归结果

变量	东部		中西部	
	(1)	(2)	(3)	(4)
ln*OFFS*	0.047*** (2.370)		0.236*** (4.982)	
ln*ONS*		0.021*** (3.537)		0.008 (0.943)
ln*WAGE*	0.052*** (6.550)	0.056*** (8.894)	0.059*** (3.742)	0.063*** (6.678)
GOV	−0.005 (−1.059)	−0.006* (−1.599)	−0.037*** (−5.223)	−0.021*** (−4.619)
ln*INT*	−0.061** (−1.962)	−0.034 (−1.204)	−0.194*** (−4.082)	0.135*** (4.168)
CITY	0.006*** (6.739)	0.006*** (7.565)	0.013*** (5.886)	0.001 (0.783)
RDD	−4.441*** (−3.151)	−1.741* (−1.294)	−12.800*** (−6.801)	0.655 (0.360)
OPEN	0.79*** (5.160)	0.069*** (4.777)	0.113*** (4.141)	0.030** (2.175)

续表

变量	东部		中西部	
	(1)	(2)	(3)	(4)
c	0.701*** (4.775)	0.697*** (5.232)	−0.643** (3.487)	0.388** (1.872)
R^2	0.779	0.787	0.773	0.926
F-test	54.217	57.570	35.565	131.298

4.3.3 承接离岸服务外包对全要素生产率的影响机制检验

鉴于当前中国承接离岸服务外包的规模仍然远大于在岸服务外包，是国际上第二大服务外包承接国，且经过前文实证发现承接离岸服务外包对全要素生产率的影响显著大于承接在岸服务外包，本节将重点对中国承接离岸服务外包影响全要素生产率的机制进行检验。

4.3.3.1 中介效应模型构建

中介效应是指自变量经由一个或多个变量(M)来间接作用于因变量。Baron 和 Kenny(1986)指出中介变量是一种内部机制，自变量通过这种内部机制对因变量发生影响。变量间的中介关系用以下三个回归方程表示：

$$Y=cX+e_1 \tag{4.3}$$

$$M=aX+e_2 \tag{4.4}$$

$$Y=c'X+bM+e_3 \tag{4.5}$$

其中，式 4.3 表示 X 对 Y 的直接影响，c 表示为 X 对 Y 产生的总效应。式 4.4和式 4.5 表示 X 经过变量 M 对 Y 产生影响，a、b 表示中介效应，c' 为直接效应。中介效应路径分析如图 4-3 所示。

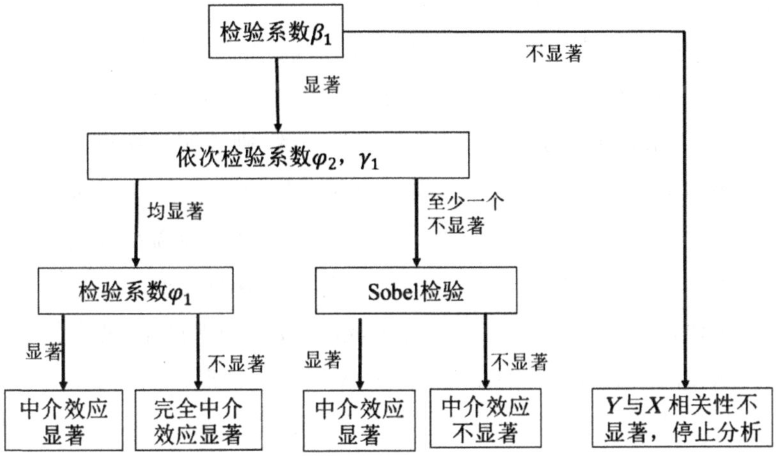

图 4-3　中介效应路径分析

本节根据中介效应路径分析方法，并借鉴 Baron 和 Kenny(1986)以及李政和杨思莹(2018)的做法构建中介效应模型，步骤如下：

首先，采用最小二乘法对承接离岸服务外包影响全要素生产率的直接效应进行评估，将全要素生产率作为被解释变量，承接离岸服务外包作为核心解释变量，并加入其他控制变量，设定的计量模型如下：

$$\ln TFP_{i,t}=\beta_0+\beta_1\ln OFFS_{i,t}+\beta_2 contr_{i,t}+v_i+\omega_i+\varepsilon_{i,t} \tag{4.6}$$

式 4.6 中，i 表示城市，t 表示年份，TFP 为全要素生产率；$OFFS$ 代表离岸服务接包，v 为国家固定效应，ω 为年份固定效应，$contr$ 表示一系列控制变量，β_0 为常数项，ε 表示随机扰动项。

其次，为检验承接离岸服务外包对全要素生产率各影响路径的作用效果，运用分步回归法：第一步，以全要素生产率（TFP）为被解释变量，分别以人力资本优化（HC）、外资优化（FDI）、技术进步（P）、产业结构升级（H）为核心解释变量，并加入一系列控制变量进行回归，以检验这四个变量对全要素生产率的影响；第二步，分别以人力资本优化、外资优化、技术进步、产业结构升级为被解释变量，以离岸服务外包为核心解释变量，分别检验承接离岸服务外包对城市人力资本优化、外资优化、技术进步、产业结构升级的影响。具体模型如下：

$$\ln TFP_{i,t}=\alpha_0+\alpha_1 Mn_{i,t}+\alpha_2 contr_{i,t}+\varepsilon_{i,t} \tag{4.7}$$

$$Mn_{i,t}=\gamma_0+\gamma_1\ln OFFS_{i,t}+\varepsilon_{i,t} \tag{4.8}$$

式4.7和式4.8中$Mn(n=1,2,3,4)$依次代表人力资本优化(HC)、外资优化(FDI)、技术进步(P)、产业结构升级(H)这四个中介变量，如果承接离岸服务外包通过影响其中某个路径从而影响全要素生产率，那么待估系数α_1和γ_1均应显著，并且如果α_1和γ_1与式4.6中β_1的符号一致，则表明承接离岸服务外包通过该路径影响全要素生产率的中介效应为两系数的乘积$\alpha_1\gamma_1$。若$\alpha_1\gamma_1$与β_1的符号相反，则该路径可能起到的间接作用会在一定程度上掩盖承接离岸服务外包对全要素生产率的实际影响，其遮掩效应也为两系数的乘积。

进一步地，为检验中介效应是否完全，继续设定如下模型，考察控制四个中介变量后承接离岸服务外包对全要素生产率的影响情况。

$$\ln TFP_{i,t}=\varphi_0+\varphi_1\ln OFFS_{i,t}+\varphi_2 Mn_{i,t}+\varphi_3 contr_{i,t}+\varepsilon_{i,t} \tag{4.9}$$

若承接离岸服务外包对全要素生产率既存在直接影响，又存在通过人力资本优化、外资优化、技术进步、产业结构升级进而影响全要素生产率的间接影响，则式4.9中的系数φ_1和φ_2均应通过显著性检验，在承接离岸服务外包直接影响全要素生产率的前提下，中介变量产生的间接效应为$\gamma_1\varphi_2$。如果承接离岸服务外包对全要素生产率的影响仅体现在间接效应上，那么φ_1不显著，φ_2显著，这种情况下，人力资本优化、外资优化、技术进步、产业结构升级就是完全的中介变量。对应的中介效应检验程序如图4-4所示。

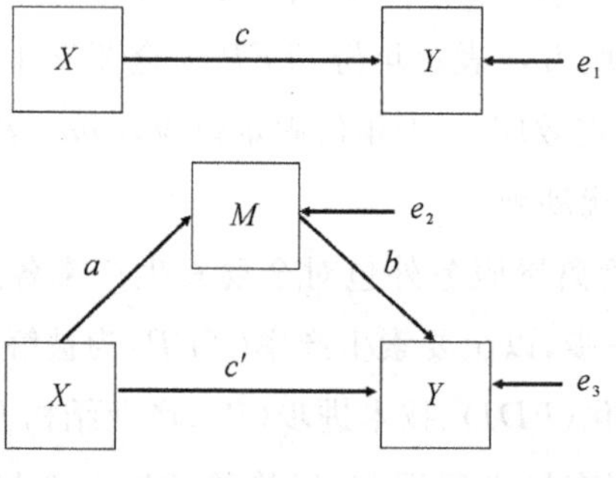

图4-4　中介效应检验程序

4.3.3.2　中介变量选取及数据说明

根据第3章提出的影响机制，本节选取人力资本优化(HC)、外资优化(FDI)、技术进步(P)和产业结构升级(H)为中介变量，变量说明和具体测度方法如表4-6所示。

表 4-6　各中介变量说明及测度方法

变量名	符号	指标	度量方法
人力资本优化	*HC*	*HC*	教育成本法：按各层次受教育人口的教育支出比例（小学：初中：高中：大专及以上 = 1：1.7：4：22），对各层次受教育人口数量和教育支出进行加权平均（许和连等，2015）
外资优化	*FDI*	ln*FDI*	实际利用外资额
技术进步	*P*	*P*	$P = (Y_t/L_t) \times (L_t/K_t)^{\alpha}$，其中$(Y_t/L_t)$为人均产出，即国内生产总值 / 就业总人数，$(L_t/K_t)$为劳动与资本投入比，即就业总人数 / 全社会固定资产投资额，据中国目前发展情况 α 取 0.2（刘星等，2007）
产业结构升级	*H*	*H*	参照何娣和邹璇（2013）的做法，用各产业劳动生产率加权表示。 $H_i = \sqrt{S_i / L_i}$，H_i为第 i 产业的产业水平系数，S_i为第 i 产业的产值，L_i为第 i 产业的就业人数； 将各产业结构系数的产值比重加权得总产业结构水平： $H = \sum_{i=1}^{3} H_i \times \frac{S_i}{GDP}$ 将 H_i 代入得 $H = \sum_{i=1}^{3} \frac{S_i}{GDP} \times \sqrt{\frac{S_i}{L_i}}$

原始数据来源于《中国服务外包十年发展报告(2006—2015)》、各服务外包示范城市商务厅、《中国城市统计年鉴》、各城市历年统计年鉴以及统计局和政府官网等公开渠道。中介变量的描述性统计如表 4-7 所示。

表 4-7　中介变量描述性统计

变量	平均值	最小值	最大值	标准差	方差	观测数
HC	7.082	5.803	8.102	0.599	0.358	198
FDI	5.679	3.154	7.404	0.803	0.645	198
P	3.781	1.282	14.017	1.884	3.550	198
H	4.251	2.884	7.229	0.703	0.494	198

此外，对研究涉及的所有自变量进行相关系数分析，可得变量间相关系数最大为 0.66，大部分小于 0.50，由此，可认为所建模型在回归过程中不存在严

重的多重共线性问题。

4.3.3.3 基准回归结果及其稳健性检验

考虑到面板数据中，个体效应的存在可能会使模型回归产生偏误，因此本节首先对基准回归模型进行了 Hausman 检验，结果显示 p 值为 0，因此拒绝原假设，选择固定效应模型，并且同样对截面进行加权，引入面板校正标准误(PCSE)方法来消除同步相关、异方差等面板误差结构的影响，提高参数估计的稳健性，采用最小二乘法进行回归。

表 4-8 中汇报了基准模型回归及其稳健性检验结果。根据第(1)至(3)列，无论是否选取控制变量，检验结果均表明承接离岸服务外包能够显著促进全要素生产率水平的提升。第(1)列为承接离岸服务外包对全要素生产率的单独回归，显示承接离岸服务外包能够显著促进全要素生产率水平的提升。第(2)列加入控制变量后，显示虽然承接离岸服务外包对全要素生产率的影响系数变小，但依然显著，且承接离岸服务外包每增加 1%，能够显著推动全要素生产率水平提升 0.079%。第(3)列将所有中介变量共同纳入模型以检验中介效应是否完全，结果显示承接离岸服务外包(*OFFS*)以及各中介变量的系数均显著，可初步判断承接离岸服务外包对全要素生产率既存在直接影响，又存在间接影响，即四个中介变量在承接离岸服务外包影响全要素生产率的过程中起到了不完全的中介效应。

从各控制变量来看，平均工资(*WAGE*)、信息基础建设(*INT*)、城市化水平(*CITY*)、研发投入强度(*RDD*)对全要素生产率水平提升起到了显著的积极作用；政府干预程度(*GOV*)起到了显著的消极影响；对外开放度(*OPEN*)的影响作用不显著。

虽然采用固定效应模型可以在一定程度上缓解遗漏变量产生的内生性问题，但仍可能遗漏其他不可观测因素。因此，本节采用工具变量进行回归作为稳健性检验，使用离岸服务外包执行额的滞后一阶、滞后二阶作为模型中 *OFFS* 的工具变量。检验结果如表 4-8 所示，第(4)列为将 *OFFS* 滞后一阶作为其工具变量的检验结果，第(5)列加入了 *OFFS* 滞后二阶作为工具变量，第(6)列是将两者都作为工具变量的估计结果。结果显示，加入工具变量后，承接离岸服务外包(*OFFS*)的系数均显著为正，进一步验证了承接离岸服务外包对全要素生产率会产生积极影响，基准回归估计结果可靠。

表 4-8　基准模型回归及其稳健性检验结果(被解释变量：*TFP*)

变量	基准回归			工具变量(稳健性检验)		
	(1)	(2)	(3)	(4)	(5)	(6)
OFFS	0.229*** (14.018)	0.079*** (5.090)	0.027*** (2.471)	0.090** (1.733)	0.099*** (2.380)	0.115*** (2.421)
HC			0.027* (0.699)	−0.100*** (−2.560)	−0.094*** (−2.403)	−0.094*** (−4.693)
FDI			0.038*** (2.716)	−0.013 (−0.515)	−0.007 (−0.246)	−0.007 (−0.363)
P			0.071*** (8.823)	0.049*** (4.422)	0.048*** (4.590)	0.048*** (7.456)
H			0.079*** (5.669)	0.046* (1.631)	0.045* (1.569)	0.046** (2.184)
WAGE		0.830*** (11.000)	0.025*** (4.983)	0.045*** (5.114)	0.046*** (5.035)	0.046*** (7.116)
GOV		−0.012** (−4.146)	−0.008** (−2.965)	−0.009*** (−2.152)	−0.008** (−1.863)	−0.008*** (−3.161)
INT		−0.071** (−2.569)	0.066*** (4.436)	0.054 (1.456)	0.035 (0.989)	0.035 (1.308)
CITY		0.008*** (7.585)	0.001 (0.320)	0.007*** (4.712)	0.007*** (4.722)	0.007*** (9.118)
RDD		−7.964** (−6.548)	1.900** (2.270)	−5.087** (−1.859)	−5.202** (−1.956)	−5.194*** (−5.273)
OPEN		0.185*** (8.130)	0.013 (0.946)	0.051** (2.103)	0.047** (1.925)	0.047*** (3.152)
c	0.769*** (9.987)	0.984*** (8.130)	0.070 (0.254)	0.789*** (2.748)	0.800*** (2.662)	0.797*** (4.658)
R^2	0.501	0.795	0.987	0.913	0.914	0.914

续表

变量	基准回归			工具变量(稳健性检验)		
	(1)	(2)	(3)	(4)	(5)	(6)
F/AR(1)	196.492	105.34	376.949	0.166	—	0.569
Obs/AR(2)	198	198	198	—	0.068	0.252

4.3.3.4 独立中介效应检验结果

在进行中介效应分析前，为检验中介变量的稳健性，分别对四个中介变量进行了基本回归，结果如表 4-9 所示。回归模型的可决系数 R^2 均大于 0.8，表明四个中介变量在回归中的拟合度较好，可以在很大程度上解释全要素生产率水平的变动，且均通过显著性 t 检验，说明中介变量的稳健性高，适合做中介效应检验。

表 4-9 中介变量稳健性检验(被解释变量：*TFP*)

X-Var	R^2	F	Coe	t	S. E.	稳健与否
HC	0.811	34.199***	0.631***	6.582	0.096	是
FDI	0.812	34.422***	0.257***	6.669	0.038	是
P	0.937	123.781***	0.171***	22.522	0.008	是
H	0.898	70.337***	0.311***	15.181	0.021	是

为检验承接离岸服务外包对全要素生产率的影响路径的作用效果，运用分步回归法进行了独立中介效应检验，结果如表 4-10 所示。表中第(1)、(3)、(5)、(7)列分别表示以人力资本优化(*HC*)、外资优化(*FDI*)、技术进步(*P*)、产业结构升级(*H*)这四个中介变量为被解释变量，以离岸服务外包(*OFFS*)为核心解释变量的估计结果，对应中介效应模型中的式 4.8；第(2)、(4)、(6)、(8)列表示以全要素生产率(*TFP*)为被解释变量，以离岸服务外包为核心解释变量，并分别加入人力资本优化(*HC*)、外资优化(*FDI*)、技术进步(*P*)、产业结构升级(*H*)的回归结果，对应中介效应模型中的式 4.9。以下将根据表 4-10 对各路径的独立中介效应进行具体分析。

(1)人力资本优化(*HC*)

第(1)列显示了以人力资本优化为被解释变量，承接离岸服务外包(*OFFS*)

为核心解释变量的回归结果，承接离岸服务外包的系数为 0.101，且在 5%的置信水平下显著，表明承接离岸服务外包对人力资本优化产生了显著的积极影响；第(2)列同时纳入承接离岸服务外包和人力资本优化对全要素生产率（*TFP*）进行回归，结果显示人力资本优化对全要素生产率水平的提升也产生了显著的积极影响，在其他变量保持不变的前提下，人力资本水平每提升 1%，全要素生产率水平将上升 0.154%，表明当前中国人力资本优化对全要素生产率产生了正向影响，这可能是由于教育资源的投入与教育水平的提升起到了良好的产出效应，学生步入社会后能够将其在校内所学运用到社会工作中，教育支出产生了一定的社会效益，从而对全要素生产率水平提升起到了促进作用。整体而言，人力资本优化在承接离岸服务外包促进全要素生产率水平提升过程中起到了积极的中介作用，中介效应值为 0.016，占总效应的 19.7%。

(2)外资优化(*FDI*)

第(3)列结果表明，承接离岸服务外包规模每增加 1%，将促进外商直接投资增加 0.297%，第(4)列中外商直接投资的系数显著为负，说明其对全要素生产率的提升起到了显著的消极影响，这在一定程度上说明了虽然当前承接离岸服务外包能够大大提高区域外商直接投资水平，但外商直接投资却可能会对区域产业进行低端锁定，容易使之陷入“比较优势陷阱”，从而抑制全要素生产率的提升。整体而言，外资优化在承接离岸服务外包影响全要素生产率的过程中起到了遮掩效应，其遮掩作用($\gamma_1\varphi_2$)为－0.021，占总效应的－27.1%。

(3)技术进步(*P*)

根据第(5)和第(6)列，承接离岸服务外包对技术进步的影响系数为 0.588，技术进步对全要素生产率的影响系数为 0.068，且均在 1%的置信水平下显著。技术进步的中介效应值($\gamma_1\varphi_2$)为 0.040，占总效应的 50.6%。说明服务外包作为智慧型产业，其发展会刺激相关市场主体提升其技术水平，能够有力推动科技发展和自主创新能力提升，推动科技生产力发展，从而在承接离岸服务外包影响全要素生产率的过程中起到重要的中介作用。

(4)产业结构升级(*H*)

根据第(7)、(8)列的估计结果，承接离岸服务外包能够显著推动产业结构升级，其影响系数为 0.317，同时，产业结构升级能显著促进全要素生产率水平的提升，影响系数为 0.139。不难发现，产业结构升级在承接离岸服务外包影响全要素生产率的过程中起到的中介效应最强，为0.044，占总效应的55.8%。通过承接离岸服务外包，不仅可以突破服务外包产业空间布局的限制，促进服务业融入全球价值链，还可以提升服务业占比，推动产业结构升级，进而提高全要素生产率水平。

表4-10　中介效应模型估计结果

中介效应	人力资本优化		外资优化		技术进步		产业结构升级	
变量	(1) *HC*	(2) *TFP*	(3) *FDI*	(4) *TFP*	(5) *P*	(6) *TFP*	(7) *H*	(8) *TFP*
OFFS	0.101** (2.556)	0.042*** (2.767)	0.297*** (5.968)	0.042*** (2.558)	0.588*** (4.913)	0.036*** (2.940)	0.317*** (7.634)	0.035*** (2.521)
M		0.154*** (7.759)		−0.072*** (−3.323)		0.068*** (10.458)		0.139*** (6.115)
控制变量	控制	控制	控制	控制	控制	控制	控制	控制
R^2	0.032	0.839	0.154	0.815	0.109	0.895	0.229	0.851
Obs	198	198	198	198	198	198	198	198
总效应系数	0.079***							
中介效应($\gamma_1\varphi_2$)	0.016		−0.021		0.040		0.044	
中介效应/总效应	0.197		−0.271		0.506		0.558	

4.3.3.5　链式中介效应检验

根据对承接离岸服务外包影响全要素生产率的机制分析，可以看出人力资本优化、外资优化、技术进步、产业结构升级这四个影响机制之间可能存在联系：离岸服务外包产业的发展会促使承包方重视人才培养，不断提高人力资本的存量和质量，人力资本的积累不仅有利于推动技术进步和产业结构优化升级，还能吸引更多且更优质的外商直接投资。外资的流入一方面能有效提高东道国产业资本积累，为东道国产业结构升级提供物质支持，另一方面，可以通过引进、消化和吸收国外先进技术，推动本土技术进步，提升经营管理及接包能力，以承接价值链高端的服务外包业务。技术进步可渗透到生产中或者转化为商品，接包方通过吸收发达国家带来的先进技术，可以生产出更多高科技产品，从而使生产要素配置更加合理，推动产业结构升级，最终促进全要素生产率水平的提升。

因此为进一步检验这四条路径之间是否存在链式中介效应，在对各变量进行独立中介效应检验后，利用 SPSS 的 Process 插件进行链式中介效应检验，结果见表 4-11。承接离岸服务外包对全要素生产率的总效应系数为 0.069，直接效应系数为 0.030，两者均在 1%置信水平下显著，与表 4-10 中的原系数 β_1 和直接效应系数 φ_1 相差不大，增强了承接离岸服务外包能够提升全要素生产率的可信度。第(1)条路径的检验结果显示，承接离岸服务外包可通过优化人力资本推动技术进步来提升全要素生产率，这一链式中介效应值为 0.003，占总效应的 4.3%。第(2)条路径显示，技术进步和产业结构升级在承接离岸服务外包促进全要素生产率水平提升过程中，产生的链式中介效应为 0.004。第(3)条路径中，人力资本优化通过促进技术进步推动产业结构升级，由此来实现承接离岸服务外包提升全要素生产率的中介作用，其链式中介效应为 0.001。第(4)条路径则显示承接离岸服务外包可通过优化人力资本来促进外商直接投资，外资优化可推动技术进步，从而升级产业结构，最终提升全要素生产率水平。

表 4-11 链式中介效应检验结果

序号	链式中介路径	中介效应	总效应系数	直接效应系数
(1)	$OS \rightarrow HC \rightarrow P \rightarrow TFP$	0.003	0.069*** (4.367)	0.030*** (2.662)
(2)	$OS \rightarrow P \rightarrow H \rightarrow TFP$	0.004		
(3)	$OS \rightarrow HC \rightarrow P \rightarrow H \rightarrow TFP$	0.001		
(4)	$OS \rightarrow HC \rightarrow FDI \rightarrow P \rightarrow H \rightarrow TFP$	0.001		

注：表格仅汇报了 15 条可能的链式中介检验结果中显著的 4 条。

综合链式中介效应检验结果及前文对承接离岸服务外包影响全要素生产率的机制的分析可见，承接离岸服务外包能够刺激接包方更加重视人才培养，设法提高本国的人力资本存量和质量，因为这不仅能优化外商直接投资环境，吸引更多的外商直接投资，还为技术进步提供了智力和知识支持，进而提升全要素生产率水平。在外商直接投资过程中，接包方可以进一步获得技术溢出，推动本土技术进步。技术进步可渗透到生产中或者转化为商品，不仅能使接包方生产出更多高科技产品，还能使生产要素配置更加合理，推动产业结构升级，最终促进全要素生产率水平的提升。

4.3.3.6　区域异质性检验

为考察不同地区承接离岸服务外包对全要素生产率的影响机制是否具有异质性，本部分进一步将22个样本城市分为13个东部城市和9个中西部城市，划分方式与4.3.2.3一致。分区域的中介效应检验结果如表4-12所示。

表4-12　分区域的中介效应检验结果

样本	中介变量	原系数	中介效应检验过程系数			检验结果		
		β_1	γ_1	φ_2	Z	中介效应（$\gamma_1\varphi_2$）	直接效应（φ_1）	中介效应/总效应
东部城市	HC	0.047***	0.079***	−0.131***	—	−0.010	0.046***	−0.220
	FDI		0.207***	−0.162*	—	−0.034	0.072***	−0.713
	P		1.024***	0.077***	—	0.079	0.044***	1.678
	H		0.566***	−0.016***	—	−0.009	0.050***	−0.193
中西部城市	HC	0.236***	−0.110***	−0.391***	—	0.043	0.154***	0.182
	FDI		0.342***	−0.062*	—	−0.021	0.208***	−0.090
	P		1.109***	0.081***	—	0.090	0.027*	0.381
	H		0.537***	0.202***	—	0.108	0.092***	0.460

东部和中西部城市的总效应系数β_1均显著为正。但对东部城市而言，技术进步所起到的中介效应值为0.079，远高于承接离岸服务外包对全要素生产率产生的总效应0.047，为总效应的1.68倍；与此同时，产业结构升级、人力资本优化和外资优化均在不同程度上起到了遮掩效应，其中外资优化起到的遮掩效应最强，为0.034。中西部城市的中介效应检验结果与全样本检验结果相近，产业结构升级起到的中介效应最大，为0.108，占总效应的46.0%，技术进步和人力资本优化均发挥了积极的中介效应，而外资优化在承接离岸服务外包提升全要素生产率水平过程中产生了一定的遮掩效应，占总效应的0.9%。因此，从具

体的中介效应检验结果来看，我国承接离岸服务外包影响全要素生产率的作用路径还是存在一定的区域异质性的。

4.4 承接离岸服务外包对区域创新链的影响分析

由于发包方与接包方往往同处某一产品或服务价值链的不同区域，互补性强于竞争性，外包服务更有利于知识和技术从价值链上游向下游转移（Pack 和 Saggi，2001；Ernst 和 Kim，2002；杨蕙馨和陈庆江，2012；苗翠芬等，2021）。所以承接国际服务外包不仅能为发展中国家带来硬件设备和履行合同的业务技术，还能带来诸如管理经验、市场信息等软技术，为发展中国家技术进步带来重要机遇（UNCTAD，2004）。

虽然技术势差的存在为接包方创新能力的提升提供了可能，然而从十余年的实践效果看，承接离岸服务外包的创利效应却远大于创新效应。许多接包方在缺乏知识存量和学习能力的情况下，不但没有实现技术进步，反而高度依赖发包业务，面临被锁定在"价值链低端"的风险，对区域创新的发展毫无贡献。因此，新发展格局下，我国承接离岸服务外包的重点已然不再是规模扩张，而应是如何有效地以离岸服务外包驱动区域创新。

为了进一步检验离岸服务外包的创新效应，判断"价值链低端锁定"是否存在，本节将转换视角，将区域创新能力链条化，从创新投入、创新效率、创新产出与创新主体四个维度，构建全新的创新链复合指标，综合检验离岸服务外包对我国区域创新链的优化效应，综合考量创新能力发展的过程和效率，从各个阶段纵向定量分析承接离岸服务外包对我国区域创新链优化的驱动效应。

4.4.1 承接离岸服务外包影响区域创新链的机制分析

现有研究大部分肯定了离岸服务外包过程中技术扩散的存在。Markusen（1989）认为生产性服务业具有高知识密集性，并通过构建垄断竞争模型肯定了服务贸易自由化条件下各参与国均能获得贸易利益。Ernst 和 Kim（2002）将全球生产网络、技术扩散和承接方的技术进步三者置于一个理论模型，认为生产环节在全球范围内的延伸，会激励国家间和地区之间的技术扩散，无论是主动转移的显性知识还是无意外溢的隐性知识，都有助于接包方提升技术水平。喻美辞(2008)通过构建一个包括三个部门的开放经济增长模型，说明了基于国际服务外包的技术外溢对接包方技术进步的正向促进作用。黄烨菁和张纪(2011)则构建了一个南北方国家中间品生产合作模型，提出了外包项目的动态升级有助于刺激接包方技术创新能力的提高。

此外，有学者从技术扩散视角，提出了基于国际服务外包的技术扩散路径，主要包括：技术示范与模仿、产业集聚与关联、人员培训与流动、外包规模和市场环境(Ngo et al.，2005；EEtimes，2006；刘绍坚，2008；徐志成等，2010；李钧和黄琴琴，2015；尚庆琛，2021)。当然，技术的扩散和溢出不会自动作用于接包方的技术水平，具体效果还受到诸多因素的影响，比如国内外的技术差距程度、东道国企业的吸收能力、人才资本存量、信息基础设施水平，以及服务业开放程度等(李元旭和谭云清，2010；任志成和张二震，2012；李容柔和徐姗，2017；鲁海帆，2022)。

也有学者从知识传递的视角，基于组织间知识转移理论，研究了国际服务外包促进接包方技术进步的可行性。国际服务外包本质上是发包方主导的企业间知识整合机制，可以促进知识更高效地转移，有利于接包方的技术提升，然而由于服务外包双方知识整合的动因与机制均不同，所以转移的多为片断化知识，并且显性知识和隐性知识对接包方技术能力的影响维度有较大差异(杨蕙馨和陈庆江，2012；张晓妮，2016；朱华燕，2021)。林莉和王瑜杰(2013)专门研究了承接日本软件服务外包中的知识外溢模式，并将其分为一对一外包模式、平行外包模式和多重外包模式。马方等(2012)从知识转移的角度，将发展中国家通过承接服务外包促进产业进步的过程分为知识获取阶段、知识应用阶段及知识创新阶段，每个阶段的转移效果都受到双方的基础设施、知识距离、信任沟通以及接包方的学习能力的影响。因此，接包方不会自动升级，只有自身建立自主创新体系，发展集成创新，才能避免陷入“价值链低端锁定”陷阱(王铁雁等，2012)。

综上，结合离岸服务外包过程中的技术扩散渠道，可得出承接离岸服务外包的区域创新机理如图 4-5 所示。

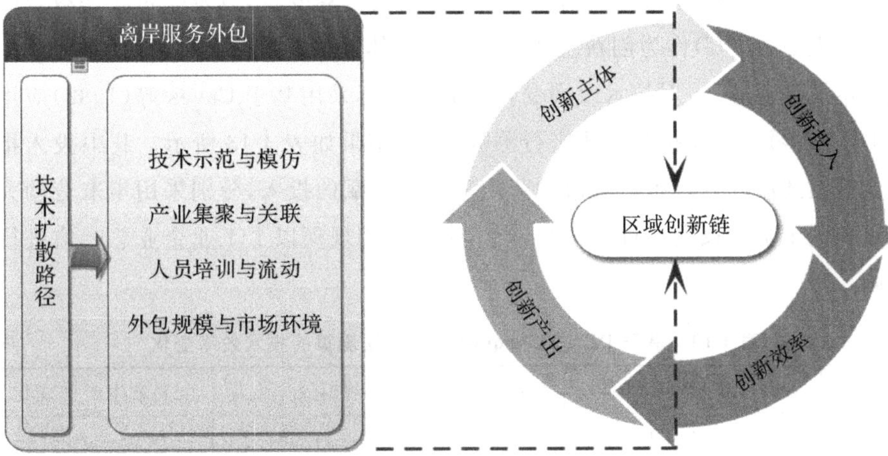

图 4-5　离岸服务外包驱动区域创新链的作用机理

4.4.2　承接在岸与离岸服务外包对区域创新“四重驱动效应”的检验

根据承接离岸服务外包驱动区域创新链的“四重驱动效应”，本节依然选取22个服务外包示范城市2011—2019年的面板数据进行实证研究，以检验承接离岸服务外包的创新链四重驱动中各环节的具体作用效果。

4.4.2.1　模型、样本及变量与数据说明

为了检验承接离岸服务外包对区域创新链各环节的四重驱动，本节的实证模型设定如下：

$$RD_{i,t}=\beta_0+\beta_1\ln OS_{i,t}+\beta_2 GDP_{i,t}+\beta_3 IND_{i,t}+\beta_4 GDP_{i,t}+\varepsilon_{i,t} \quad (4.10)$$

$$PAT_{i,t}=\beta_0+\beta_1\ln OS_{i,t}+\beta_2 GDP_{i,t}+\beta_3 IND_{i,t}+\beta_4 GDP_{i,t}+\varepsilon_{i,t} \quad (4.11)$$

$$EFF_{i,t}=\beta_0+\beta_1\ln OS_{i,t}+\beta_2 GDP_{i,t}+\beta_3 IND_{i,t}+\beta_4 GDP_{i,t}+\varepsilon_{i,t} \quad (4.12)$$

$$EDU_{i,t}=\beta_0+\beta_1\ln OS_{i,t}+\beta_2 GDP_{i,t}+\beta_3 IND_{i,t}+\beta_4 GDP_{i,t}+\varepsilon_{i,t} \quad (4.13)$$

其中，i 对应于各服务外包示范城市，t 对应于时间序列上的年份，ε 表示随机扰动项。

被解释变量中，结合创新链的四个环节，即创新的投入、产出、转化效率和创新主体的质量，分别选取规模以上工业企业研发经费支出（RD）作为反映创新投入的被解释变量，专利授权数（PAT）作为反映创新产出的被解释变量，技

术效率变化(*EFF*)作为反映创新转化效率的被解释变量，以及受过高等教育的毕业生人数(*EDU*)作为创新主体质量的指标体现。以上数据均来源于历年《中国城市统计年鉴》。对技术效率变化(*EFF*)指标采用基于 Caves 等(1982)应用的 DEA-Malmquist 指数方法进行测算，测算结果如表 4-13 所示。其中投入指标包括上述服务外包示范城市的劳动和资本禀赋的投入，分别采用年末劳动力数量和固定资产投资额进行刻画，产出指标采用规模以上工业企业总产值进行刻画。

表 4-13　基于 DEA-Malmquist 指数方法测算的技术效率变化

年份	效率变化	技术变化	纯技术效率变化	规模效率变化	全要素生产率变化
2011	0.815	1.062	0.747	1.091	0.865
2012	1.535	1.056	1.419	1.081	1.620
2013	0.730	0.760	0.943	0.774	0.555
2014	0.907	1.067	0.849	1.068	0.968
2015	1.261	0.692	1.068	1.181	0.873
2016	0.871	1.102	0.994	0.877	0.960
2017	1.079	1.181	0.971	1.111	1.273
2018	1.137	1.219	1.108	1.026	1.386
2019	0.989	0.805	1.028	0.962	0.796
均值	1.011	0.976	1.000	1.011	0.987

核心解释变量中，服务外包(*OS*)采用执行额来表示。为对比承接在岸与离岸服务外包对区域创新链的异质性影响，本部分分别选取了承接离岸服务外包执行额(*OFFS*)和承接在岸服务外包执行额(*ONS*)来衡量，并进行对数化处理，因为执行额能够最直观、最准确地反映承接离岸服务外包的体量和规模，而其他指标(如学者常使用的承接服务外包率等指标)相较而言在精确度和算法上存在明显劣势。服务外包示范城市承接离岸和在岸服务外包执行额数据来源于《中国服务外包产业十年发展报告(2006—2015)》和各地区商务厅和相关网站的公开数据。

控制变量方面，考虑到中国区域发展程度的不平衡，本节在尚庆琛(2017)等学者做法的基础上进行了一定的修正和改进，采用表现相对程度的比率数据而非绝对程度的存量数据，并最终选取地区生产总值的增长率（*GDP*）、区域产业结构层次系数（*IND*）和体现地区基础设施建设水平的互联网宽带接入用户数增长率（*INF*）。实证中所使用的主要变量的含义和数据来源归纳如表 4-14 所示。

表 4-14　主要变量的含义、处理方法和数据来源

变量	变量名	基本含义	处理方法	数据来源
被解释变量	*RD*	规模以上工业企业研发经费支出	进行对数化处理	《中国城市统计年鉴》
	PAT	专利授权数	进行对数化处理	《中国城市统计年鉴》
	EFF	技术效率变化	基于 DEA-Malmquist 指数法测算的技术效率变化率值	《中国城市统计年鉴》
	EDU	受过高等教育的毕业生人数	进行对数化处理	《中国城市统计年鉴》
核心解释变量	ln*OFFS*	承接离岸服务外包合同执行额	进行对数化处理	《中国服务外包产业十年发展报告（2006—2015）》，以及商务厅等网站
	ln*ONS*	承接在岸服务外包合同执行额	进行对数化处理	《中国服务外包产业十年发展报告（2006—2015）》，以及商务厅等网站
控制变量	*GDP*	生产总值的增长率	增长率的一般测法	《中国城市统计年鉴》
	H	区域产业结构层次系数	参照何娣（2013）做法，用各产业劳动生产率加权表示	《中国城市统计年鉴》
	INF	互联网宽带接入用户数增长率	增长率的一般测法	《中国城市统计年鉴》

此外，各主要变量的描述性统计结果如表 4-15 所示。为了降低“伪回归”的可能性，首先测算了自变量的相关系数，根据表 4-16 相关系数矩阵所示，所有自变量之间的相关系数均小于 0.5，可初步判定自变量中的共线性较弱。在此基

础上，进一步进行方差膨胀因子(VIF)检验，检验结果如表 4-17 所示，各变量的 VIF 均显著小于临界值 10，并且 VIF 的均值仅为 1.146，远小于临界值，说明实证检验的主要自变量之间不存在严重的多重共线性问题。

表 4-15　主要变量的描述性统计结果

变量名	样本数	均值	标准差	最小值	最大值
RD	198	5.464	0.059	3.268	7.711
PAT	198	10.135	0.066	5.455	12.570
EFF	198	1.134	0.041	0.284	3.555
EDU	198	7.082	0.043	5.803	8.102
ln*OFFS*	198	4.602	0.075	1.450	6.483
ln*ONS*	198	3.191	0.144	−2.776	6.696
GDP	198	0.095	0.003	−0.167	0.229
H	198	4.251	0.050	2.884	7.229
INF	198	0.103	0.009	−0.534	0.646

表 4-16　自变量相关系数矩阵

变量名	ln*OFFS*	*GDP*	*H*	*INF*
ln*OFFS*	1.000			
GDP	−0.211	1.000		
H	0.479	−0.227	1.000	
INF	−0.115	0.062	−0.176	1.000
变量名	ln*ONS*	*GDP*	*H*	*INF*
ln*ONS*	1.000			
GDP	−0.078	1.000		
H	0.294	−0.227	1.000	
INF	−0.017	0.062	−0.176	1.000

表 4-17　方差膨胀因子检验结果

Variable	VIF	1/VIF
ln*OFFS*	1.127	0.887

续表

Variable	VIF	1/VIF
ln*ONS*	1.091	0.917
GDP	1.002	0.998
IND	1.494	0.669
INF	1.018	0.982
Mean VIF	1.146	

4.4.2.2　承接离岸服务外包对区域创新“四重驱动效应”的检验结果

由于所使用的数据均为区域面板数据，各变量可能存在趋势和截距问题，所以数据非平稳，造成伪回归。因此，为了进一步降低伪回归的可能性，首先对主要的解释变量和被解释变量进行平稳性检验。从 Levin-Lin-Chiu(LLC)的检验结果可知，主要变量均为平稳，可进行回归。在此基础上，本节继续对面板数据进行协整检验，根据 Pedroni 结果，可以认为面板是协整的，肯定了后续检验的有效性。此外，根据 Hausman 检验，表 4-18 汇报了静态面板固定效应(FE)模型的回归结果，其他回归结果作为稳健性检验结果备案。

表 4-18　承接离岸服务外包对区域创新“四重驱动效应”的回归结果

被解释变量	(1) 研发经费支出 (*RD*)	(2) 专利授权数 (*PAT*)	(3) 技术效率变化 (*EFF*)	(4) 受教育水平 (*EDU*)
ln*OFFS*	0.499*** (30.126)	0.610*** (15.007)	0.018* (0.124)	0.057*** (4.369)
GDP	1.510** (1.963)	1.500* (1.505)	0.843 (0.724)	0.013 (0.051)
H	0.024 (0.680)	−0.143*** (−2.412)	−0.141 (−1.094)	0.056*** (3.527)
INF	−0.095 (−0.278)	−0.023 (−0.055)	−0.341 (−0.990)	−0.068* (−1.540)

续表

被解释变量	(1) 研发经费支出 (*RD*)	(2) 专利授权数 (*PAT*)	(3) 技术效率变化 (*EFF*)	(4) 受教育水平 (*EDU*)
c	2.932*** (18.501)	7.792*** (33.963)	1.606** (1.682)	6.590*** (78.220)
Year	Yes	Yes	Yes	Yes
Region	Yes	Yes	Yes	Yes
R^2	0.412	0.420	0.253	0.968
F-test	33.863***	34.886***	1.681***	207.643***

根据回归结果，可见承接离岸服务外包对区域创新链的“四重驱动效应”均显著，且表现为正向驱动效应。其中，核心解释变量(*OFFS*)的系数在四个模型中均为正，且分别通过1%、1%、10%和1%的显著性水平检验，说明其他条件控制不变的前提下，承接离岸服务外包对区域研发经费支出(*RD*)、专利授权数(*PAT*)、技术效率变化(*EFF*)和受教育水平(*EDU*)均具有显著的正向影响，表明承接离岸服务外包确实对承接区域的创新投入、创新产出、创新效率和创新主体质量产生了驱动效应，显著优化了区域创新链。

在创新链优化效果方面，以创新投入为例，其他外部条件不变的前提下，承接离岸服务外包的执行规模每提升1%，该区域规模以上工业企业的研发经费支出平均增长0.499%。类似地，承接国际服务外包的执行规模每提升1%，该地区专利授权数就会平均增长0.610%。

此外，在控制变量方面，经济增长率对区域创新具有部分显著的正面影响，经济增长率反映的是地区经济的增速，增速快的地区可能“挤出”了部分创新投入要素，从而使其对于创新效率和创新主体质量的促进作用不显著。产业结构层次系数对区域创新的影响仅在第(2)和(4)列中显著，且通过了1%显著性水平的检验，可以认为产业结构层次系数越高的地区，产业结构高度化水平也越高，越有创新的产业基础。区域基础设施建设水平对区域创新的影响基本上都不显著，且在各模型中回归系数均为负，表明基础设施建设尚未表现出对区域创新有显著的积极影响。最后，根据 F 统计量和拟合优度（R^2）来看，四个模型拟合优度较高。

4.4.2.3 承接在岸服务外包对区域创新“四重驱动效应”的检验结果

虽然本节重点研究离岸服务外包对区域创新的“四重驱动效应”，但是对接包方而言，驱动区域创新链的服务外包既可能来自离岸发包，也可能来自在岸发包。因此，为了进一步识别离岸服务外包和在岸服务外包对区域创新影响的差异，厘清“区域创新的驱动力究竟是在岸服务外包还是离岸服务外包”这一问题，这一部分进一步选取示范城市承接在岸服务外包的合同执行额为核心解释变量，重复模型 4.10—4.13 的回归，以作为本节核心实证检验的对照与稳健性检验，回归结果如表 4-19 所示。

表 4-19　承接在岸服务外包对区域创新“四重驱动效应”的回归结果

被解释变量	研发经费支出 (*RD*)	专利授权 (*PAT*)	技术效率变化 (*EFF*)	受教育水平 (*EDU*)
ln*ONS*	0.144*** (6.555)	0.142*** (4.522)	0.005 (0.156)	0.035*** (2.739)
GDP	−0.362 (−0.690)	−0.793 (−0.761)	1.460* (1.453)	0.058 (0.216)
H	0.385*** (8.175)	0.261*** (2.643)	−0.062 (−0.829)	0.059*** (5.262)
INF	−0.024 (−0.168)	−0.052 (−0.122)	−0.081 (−0.228)	−0.073** (−1.781)
c	3.403*** (18.609)	8.653*** (20.054)	1.252*** (4.015)	6.724*** (107.382)
Year	Yes	Yes	Yes	Yes
Region	Yes	Yes	Yes	Yes
R^2	0.929	0.758	0.025	0.969
F-test	90.032***	21.54***	0.173*	215.174***

对比表 4-18 和表 4-19 的回归结果，在控制其他参数不变的情况下，承接离岸服务外包和承接在岸服务外包对区域技术创新的影响具有较显著的差异。表 4-19 中，承接在岸服务外包对区域创新投入（*RD*）、区域创新产出（*PAT*）以及区域创新主体质量（*EDU*）具有显著的促进效应，但是对区域创新效率（*EFF*）的影响很小且并不显著。在此基础上，若比较模型 4.10 和模型 4.13 中核心解释变量系数的绝对值大小，可以发现承接离岸服务外包的合同执行额（ln*OFFS*）系数的绝对值均显著大于承接在岸服务外包的合同执行额（ln*ONS*）的系数绝对值。因此可以得出结论，承接离岸服务外包对区域创新链优化的驱动效果显著强于在岸服务外包。

4.4.3 承接离岸服务外包影响区域创新链的异质性检验

地区之间在经济环境、产业结构、基础设施建设方面存在的差异，可能会影响其承接离岸服务外包对区域创新链的促进效果。因此，在前文进行区域创新链纵向检验的基础上，这一部分将通过多元化的分样本回归，进一步横向"挖掘"承接离岸服务外包驱动区域创新链优化效应的空间异质性表现。分样本依据主要是示范城市的禀赋异质性和区位异质性，其中，禀赋包括经济发展水平、产业结构基础和信息基础设施，区位则根据样本城市所处的我国东部和中西部进行区分。

4.4.3.1 禀赋异质性的比较研究

以创新投入（*RD*）为被解释变量，分别依据 *GDP* 增长率、产业结构层次系数和互联网宽带接入用户数增长率，对示范城市整体进行分样本处理。以上述指标的中位数作为划分的边界，得到 3 组共计 6 个子样本，分别为低 *GDP* 增长率子样本、高 *GDP* 增长率子样本；低产业结构层次系数子样本、高产业结构层次系数子样本；低互联网宽带接入用户数增长率子样本、高互联网宽带接入用户数增长率子样本。汇总回归结果如表 4-20 所示。

表 4-20　禀赋异质性回归结果(被解释变量为 *RD*)

子样本	低 *GDP* 增长率	高 *GDP* 增长率	低产业结构层次系数	高产业结构层次系数	低互联网宽带接入用户数增长率	高互联网宽带接入用户数增长率
ln*OFFS*	0.546*** (7.182)	0.462*** (7.238)	0.413*** (5.003)	0.335*** (7.046)	0.678*** (9.023)	0.355*** (6.392)
GDP	0.960 (0.621)	1.063 (0.493)	2.684*** (2.196)	−3.411* (−1.553)	3.305** (2.0777)	1.618 (0.964)
H	−0.102 (−1.081)	0.239*** (1.978)	0.092 (0.553)	−0.487*** (−4.181)	−0.351*** (−3.402)	0.520*** (4.871)
INF	0.609 (1.120)	−0.408 (−0.910)	−0.327 (−0.656)	0.257 (0.592)	−0.008 (−0.014)	−0.044 (−0.110)
c	3.164*** (7.032)	2.364*** (4.055)	2.778*** (5.612)	6.246*** (8.444)	3.614*** (7.827)	1.529*** (2.892)
R^2	0.435	0.449	0.385	0.426	0.497	0.511
F-test	14.632***	22.792***	14.686***	17.452***	21.006***	26.886***

表 4-20 分样本的结果出现了细微的分化。其中,低 GDP 增长率、低产业结构层次系数和低互联网宽带接入用户增长率的样本中,承接离岸服务外包对区域创新投入的影响显著,且均通过了 1% 显著性水平检验,表明在这些子样本中,承接离岸服务外包显著推动了区域创新发展。同样,高 GDP 增长率、高产业结构层次系数和高互联网宽带接入用户增长率的样本中,承接离岸服务外包对区域创新投入的影响显著,但观察系数大小,与前者对比可见,在这些子样本中,承接离岸服务外包对区域创新投入的促进作用小于低 GDP 增长率、低产业结构层次系数和低互联网宽带接入用户增长率的子样本。因此可以说,通过承接离岸服务外包促进区域创新发展的路径在经济增长率较低、产业结构水平和基础设施建设水平不高的地区的作用效果更强。

4.4.3.2　区位差异的比较研究

考虑到示范城市的区位差异也有可能导致承接离岸服务外包对区域创新链的影响效果的差异,所以,本小节将样本按东部和中西部分为两个子样本,划分方式与 4.3.2.3 一致。分区位样本后的固定效应模型回归结果如表 4-21 和表 4-22 所示。

表 4-21　分区位样本的回归结果(被解释变量为 *RD*)

变量	东部		中西部	
ln*OFFS*	0.450*** (14.620)	0.322*** (6.524)	0.565*** (7.867)	0.443*** (4.826)
GDP		−0.078 (−0.131)		−0.161 (−0.179)
H		0.316*** (4.616)		0.218*** (2.394)
INF		−0.051 (−0.350)		−0.006 (−0.025)
c	3.182*** (17.836)	2.742*** (12.408)	2.895 (10.676)	2.476*** (6.717)
R^2	0.943	0.954	0.826	0.840
F-test	132.115***	128.478***	37.514***	29.759***

表 4-22　分区位样本的回归结果(被解释变量为 *PAT*)

变量	东部		中西部	
ln*OFFS*	0.474*** (7.654)	0.358*** (3.814)	0.389*** (2.986)	0.577*** (4.371)
GDP		−1.520 (−0.830)		4.092***
H		0.379*** (2.545)		−0.305*** (−2.856)
INF		−0.253 (−0.536)		0.007 (0.011)
c	8.042*** (24.857)	7.157*** (12.760)		8.274*** (12.937)

续表

变量	东部		中西部	
R^2	0.806	0.895	0.101	0.248
F-test	32.981***	18.246***	8.919***	6.256***

不难发现，承接离岸服务外包对区域创新的影响存在一定的区域异质性。加入控制变量后，在离岸服务外包对区域创新投入（RD）的影响中，中西部城市承接离岸服务外包的系数绝对值大于东部城市，两者均通过了1%显著性水平检验。同样地，中西部城市承接离岸服务外包对创新产出（PAT）的促进作用也高于东部城市。这表明中西部地区与东部地区相比在创新投入和产出方面存在一定的优势，中西部城市创新基础较为薄弱，因此承接离岸服务外包刺激的创新投入的增长相较于东部城市而言更大。承接大量离岸服务外包所带来的技术吸收、扩散和劳动力素质升级的优势，对东部城市而言已呈现减弱趋势。由此可见，承接离岸服务外包对承接方区域创新链的驱动效应存在显著的区位异质性。

4.5 本章小结

本章抛出了全文拟解决的主要问题，也体现了具体的研究目标。首先，在已有研究和历史经验的基础上，探讨承接离岸服务外包与承接方创新能力之间的关系，并深刻解析了离岸服务外包产业升级中可能面临的“价值链低端锁定”困境的特点及形成机理。其次，分别基于全要素生产率和区域创新链两个视角，全面考察中国承接离岸服务外包的创新效应与影响路径：一方面，将全要素生产率作为衡量技术创新的关键指标，探索承接离岸服务外包对全要素生产率的影响机制，对比离岸与在岸服务外包影响的差异性，并采用中介效应检验各影响路径的实际效果；另一方面，首次提出区域创新链，结合国际服务外包过程中的技术扩散渠道，分别从创新投入、创新转化效率、创新产出与创新主体四个维度检验承接离岸服务外包对我国区域创新链优化的四重驱动效应。本章主要观点与研究结论如下：

(1)对于离岸服务外包与技术创新的关系，多数研究倾向于“技术促进论”，即离岸服务外包确实促进了接包方的技术创新水平提升。然而，如果承接的业务一直属于价值链的中低端环节，低层次的离岸服务外包将导致陷入“价值链低端锁定”困境。主要表现为企业技术锁定、创新动力不足、内生性知识积累路径弱化、产业发展缺乏可持续、形成技术依赖，以及接包方贫困增长、就业结构低级化等。究其原因，可以归结为“高技术势差”“低吸收能力”“强技术依赖和俘获效应”“创新资源挤占”等四个方面。

(2)中介效应检验结果表明，承接离岸服务外包主要通过推动人力资本优化、技术进步和产业结构升级来间接提升全要素生产率，而外资优化则起到了一部分遮掩效应。其中，对东部城市而言，中介效应最强的是技术进步；对中西部城市而言，产业结构升级的中介效应最强。此外，人力资本优化、外资优化、技术进步和产业结构升级顺次影响可对承接离岸服务外包提升全要素生产率产生链式多重中介效应。

(3)中国承接离岸和在岸服务外包均对全要素生产率产生了显著的积极影响，并且承接离岸服务外包的促进作用更强；中西部城市承接离岸服务外包对全要素生产率的促进作用显著强于东部城市，但承接在岸服务外包对全要素生产率的影响并不显著。在发展离岸服务外包产业的过程中，应注重内外联动，协调发展，双向扩大承接离岸与在岸服务外包规模，充分发挥承接离岸服务外包的技术溢出效应，同时根据区域异质性合理引导东部地区和中西部地区服务外包产业的协调发展，推动中西部地区依据其资源禀赋更好地参与价值链分工。

(4)离岸服务外包对接包方的区域创新链优化具有显著的“四重驱动效应”，即承接离岸服务外包能够显著提升“顶端”创新主体、“上游”创新投入、“下游”创新效率以及“终端”创新产出的质量，进而优化和改进区域创新生态环境。与承接在岸服务外包相比，承接离岸服务外包更有利于优化我国的区域创新链。在其他外部因素不变的情形下，承接在岸服务外包仅对区域创新投入和创新主体质量的优化具有显著影响，但优化效果明显弱于承接离岸服务外包。离岸服务外包的区域创新效果还呈现出显著的禀赋异质性和区位异质性，对经济增长率较低、产业结构和基础设施建设水平不高的地区驱动创新的效应更为明显。虽然当前东部地区凭借其良好的资源禀赋和区位优势累积了丰富的服务外包经验，但其创新效应的优势已逐渐呈现减弱态势，相较之下，中西部地区在创新投入和产出方面存在更大的优势。

5 离岸服务外包产业升级的内部动力机制研究

由于承接离岸服务外包产业并不必然促进创新，并且还可能陷入“价值链低端锁定”困境，因此，探索离岸服务外包产业升级的动力机制，提出优化路径，不仅是对该领域理论研究的深化，更对广大承接离岸服务外包的发展中国家转变经济发展方式、实现服务业价值链攀升具有重要的政策意义。本书后面两章将分别从内部动力机制（第五章）和外部环境支撑（第六章）两个方面探索离岸服务外包产业的升级路径，通过内外兼修，真正有效推动我国离岸服务外包的升级与创新。

本章主要从产业内挖掘自身动力机制，探索离岸服务外包产业突破“价值链低端锁定”困境的路径并进行检验。首先基于动态比较优势理论，提出基于要素结构和技术创新双重驱动的离岸服务外包产业升级分析框架；其次，分别从这两个视角演绎我国离岸服务外包产业的升级机制和动态攀升路径，进一步对我国离岸服务外包产业的升级效果进行实证检验；最后，以国家级服务外包示范城市为研究对象，检验不同路径下离岸服务外包产业升级的驱动效果及区域异质性，对比评价新老服务外包基地的产业集聚效应。

5.1 离岸服务外包产业升级的内部动力机制分析

5.1.1 基于动态比较优势理论的离岸服务外包产业升级路径

根据第二章中综述的动态比较优势的相关理论可知，要素禀赋形成的静态比较优势是一国承接业务、参与国际分工的基础，其重要性不可忽视。然而比较优势是动态发展的，新贸易理论认为通过专业化分工、技术创新等可以后天创造出新的比较优势。在动态过程中，通过要素的动态变化或技术变迁，可改变依靠劳动力成本优势形成的初始分工模式，发展潜在动态比较优势，逐步向价值链上游发展，最终实现产业结构的升级，获得国际分工利益的重新分配。基于以上思路，离岸服务外包的产业升级同样可以基于动态比较优势的分析框架，通过要素动态演进和技术创新实现产业升级、价值链攀升的双重驱动。

在离岸服务外包的起点，接包方以要素禀赋或劳动生产率差异等外生的静态比较优势加入服务外包分工体系并从中获益。但是过分倚重静态比较优势会导致离岸服务外包业务领域、方向和格局的静态化，容易陷入流动性陷阱，最终丧失竞争能力。因此，离岸服务外包的产业升级需要探索动态化发展路径，通过技术创新、要素升级实现产业向价值链高端发展。一方面，通过引进、培育高级要素可以打破原有要素禀赋固化实现比较优势动态变化，将原有的劳动力优势从简单的加工、装配等较低技能逐步向拥有高科技水平的高级要素方向转化，实现劳动力要素的优化升级。另一方面，随着知识要素积累和技术外溢，技术成为内生影响因素，发展中国家的技术水平提升，一些接包方开始参与高端外包项目的市场竞争。实现承接业务由劳动密集型的ITO业务向中高技术附加值的BPO、KPO业务转型升级，可使发展中国家摆脱以往国际分工中的被动地位，从而产生出新的比较优势和离岸服务外包新形式。

综上，我国离岸服务外包的产业发展需要遵循动态比较优势的发展规律，而比较优势的动态演进由要素结构和技术创新两个层面共同决定，忽略其中任何一个层面都无法实现离岸服务外包的全面升级。图5-1是根据动态比较优势理论绘制的离岸服务外包产业升级的内部动力机制，也是本章研究内容的逻辑演示，包括要素结构优化和技术创新两条主干路径。

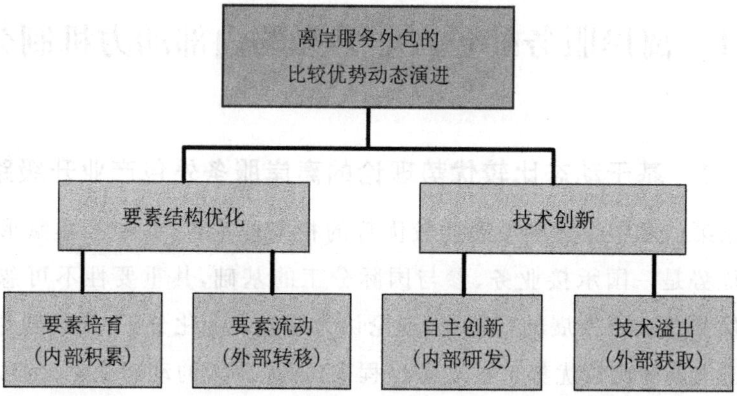

图5-1　基于动态比较优势理论的离岸服务外包产业升级思路

要素结构优化层面，通过内部积累（要素培育）和外部转移（要素流动）两种方式，改变各国的要素存量结构和要素相对价格，从而影响生产、贸易结构。开放经济环境和信息经济时代中的要素流动性增强，要素禀赋结构也容易发生动态变化，比较优势也随之发生转移。但这种要素结构优化是相对量的变化，不同要素禀赋的国家会产生不同的比较优势动态演化路径。

技术创新层面，既依赖于内部的自主研发和创新投入，又包含外部的技术获取、技术外溢。由此获得的技术创新与知识积累可以增加新产品种类数、提高生产率，从而获得比较优势与垄断收益。从长期来看，贸易模式随各国新技术数量的增加而演进，新技术的产生是企业有意识进行R&D活动的结果，由投入研发部门的要素及当前技术水平、知识存量决定。有效吸收外部技术外溢，并加以学习、改造和利用，则可能突破瓶颈，实现跨越式技术创新，通过知识的外溢效应提高其他要素的生产率，使原本不具备比较优势的产业具备比较优势，使比较优势的动态变化成为可能。

5.1.2 基于要素结构优化路径的离岸服务外包产业升级机制

这部分依据Michael(1990)的生产要素分类思路，将影响离岸服务外包产业发展的要素分为基础要素和高级要素两类，并构建理论模型，分析要素结构高级化影响服务外包产业比较优势动态变化的机理。

5.1.2.1 离岸服务外包的影响要素

结合服务外包的产业特点和现有研究成果，本书将劳动力定义为基础要素，将影响服务外包产业升级的要素，如人力资本、外资存量、知识产权保护和基础设施建设等作为影响服务外包产业发展的高级要素。

(1)基础要素

劳动力资源是离岸服务外包产业发展的基础条件。降低生产成本、扩大利润空间是跨国企业开展离岸服务外包业务的首要动因。因此，发包方会考虑在劳动力成本较低的国家优先发展业务。然而随着服务外包产业逐渐进入高质量发展时期，各国开始重视人力资本的培养与引进，服务外包发展应权衡劳动力的成本优势及综合质量等多个方面。

(2)高级要素

①人力资本。高端技能型人才是推进服务外包产业优化升级的主要要素。基于接包方视角，人力资本存量及结构一定程度上决定了接包方的服务外包发展水平和其在产业价值链上的位置。在人工智能时代下，操作简便、易标准化的传统服务外包被机械逐渐取代，廉价劳动力无法满足社会经济发

展的需求，这更扩大了对研发、设计、管理、咨询等创造型的高素质人才的需求。

②知识产权保护。离岸服务外包具有知识密集型特征，良好的知识产权制度环境为其发展提供了必要保障。在开展产品研发、医药和生物技术等高附加值KPO业务时，由于其技术服务复杂，所涉及的知识产权更多，发包商十分注重维护知识产权及内部信息使其不被泄露，良好的知识产权保护制度能够引导服务产品从低端竞争转变为高端引领，因此完备的知识产权保护体系成为发包方在选择接包方时的重要考量因素。

③外资存量。合理的外资结构能够有效推进服务外包的产业升级。引导外资投向具备增长潜能的知识服务部门，进入高关联性、强带动性的服务外包细分行业，可以基于技术溢出通道提升创新能力以促进其产业升级。此外，外资进入状况反映了一国对外开放水平。开放水平的高低会通过门槛效应影响就业和人力资本积累，主动降低服务贸易壁垒有利于提升服务外包竞争力。

④基础设施建设。新一代信息与通信技术的迅猛发展可以扩展服务外包业务范围、延长产业链，由此产生知识溢出，进而促进离岸服务外包产业升级。基础设施建设是信息科技应用发展的必要保障，完备的基础设施和发达的交通网络为接包方开展业务增加了硬实力。

5.1.2.2 基于要素结构优化路径的理论模型

要素结构是一个经济体中对各类生产要素投入组合及比例关系的需求反映。基于基础要素及高级要素视角进行探究时，要素结构升级即表现为高级要素相对劳动力的丰裕度提升或高级要素不断深化的过程(林毅夫和李永军，2013)。考虑到要素种类存在异质性，其绝对量不可直接叠加，故以一国要素的相对比例关系间接反映其总体结构更为适宜(李俊，2009)。本节以Oniki和Uzawa(1965)的两国模型为基础，结合影响服务外包产业发展的两类要素，建立要素结构优化对服务外包产业结构影响的模型。

条件假设：(a)两国模型假定世界上只有两个国家A与B，分别代表基础要素丰裕国和高级要素丰裕国，同时假定市场是完全竞争力的，开放条件下贸易自由；(b)两国均可开展发包和接包业务，但只生产并提供两种服务外包产品：基础要素密集型产品(BFP)和高级要素密集型产品(HFP)，两种服务外包产品的生产都需要基础要素(BF)和高级要素(HF),其中基础要素为劳动力(L),高级要素包括人力资本(HC)、知识产权保护(IPP)、外资存量(FDI)和信息化基础设施(IC);(c)BFP 是瞬时消费型服务产品,而 HFP 可以实现资本积累;(d)给定两国初始要素数量,劳动力要素外生给定且增长速度一定,而高级要素的积累速率由本国 HFP 的自主培育及境外引进的数量决定。此外,控制消费者偏好和技术水平无差异。

根据上述假定,设 f 为 A、B 两国的要素结构比率,r 为 A、B 两国的劳动力基础要素在劳动力总和中所占的份额,则有:

$$f_A(t)=\frac{HF_A(t)}{BF_A(t)},f_B(t)=\frac{HF_B(t)}{BF_B(t)} \tag{5.1}$$

$$r_A(t)=\frac{BF_A(t)}{BF_A(t)+BF_B(t)},r_B(t)=\frac{BF_B(t)}{BF_A(t)+BF_B(t)} \tag{5.2}$$

设 m 分别为 A、B 两国进口资本密集型服务外包产品的人均占有量,n 为两国各自人均占有的资本密集型服务产品,则有:

$$m_A=\frac{M_A}{BF_A},m_B=\frac{M_B}{BF_B} \tag{5.3}$$

$$n_A=n_A(HF_A),n_B=n_B(HF_B),\text{其中}\frac{\partial n_A}{\partial HF_A}>0,\frac{\partial n_B}{\partial HF_B}>0 \tag{5.4}$$

因此,m 可由高级要素与劳动力的要素相对比例及进口高级要素服务产品的价格 p 表示:

$$m_A=m_A[p,n_A(HF_A)],m_B=m_B[p,n_B(HF_B)] \tag{5.5}$$

当 HF_A 和 HF_B 给定时,对于 A、B 两国分别有:

$$m_A[0,n_A(HF_A)]=\infty,m_A[\infty,n_A(HF_A)]=0 \tag{5.6}$$

$$m_B[0,n_B(HF_B)]=\infty,m_B[\infty,n_B(HF_B)]=0 \tag{5.7}$$

鉴于两国模型(2×2×2)中,A 国出口高级要素密集型服务外包的产品数量与 B 国进口该产品的数量相当,因此可通过相互需求方程得出如下关系:

$$r_A m_A[p,n_A(HF_A)]+r_B m_B[p,n_B(HF_B)]=0 \tag{5.8}$$

基于该式求方程全微分,得出$\frac{\partial p}{\partial HF_A}$、$\frac{\partial p}{\partial HF_B}$:

$$\frac{\partial p}{\partial HF_A}=-\frac{r_A\frac{\partial m_A}{\partial n_A}\frac{\partial n_A}{\partial HF_A}}{r_A\frac{\partial m_A}{\partial p}+r_B\frac{\partial_B}{\partial p}},\quad \frac{\partial p}{\partial HF_B}=-\frac{r_B\frac{\partial m_B}{\partial n_B}\frac{\partial n_B}{\partial HF_B}}{r_A\frac{\partial m_A}{\partial p}+r_B\frac{\partial m_B}{\partial p}} \tag{5.9}$$

$$HF = f(HC, IPP, FDI, IC) \tag{5.10}$$

可以看出，两国模型中，A、B两国的分工形式、贸易情况和比较优势都会伴随要素积累发生动态化演变。在离岸服务外包过程中，基础要素丰裕型A国通过承接、进口高级要素密集型服务产品积累高级要素，其相对于基础要素的要素结构比 HF_A 会相应地增加，HF 又取决于人力资本（HC）、知识产权保护（IPP）、外商直接投资存量（FDI）和基础设施建设（IC）等高级要素。而 $\partial p/\partial HF_A<0$，这意味着要素结构的高级化使得 HFP 下降，从而提升其高级要素密集型服务产品在国际市场上的综合竞争力，实现离岸服务外包产业由基础要素密集型向高级要素密集型升级，甚至由进口向出口转变，即由离岸服务外包接包国向发包国的角色转变。

5.1.2.3 基于要素结构优化路径的作用机制

由理论模型推演可知，要素结构的高级化演进使得一国比较优势动态变化、高级要素密集型服务外包产品的国际竞争力提升，从而实现离岸服务外包的产业优化升级。图5-2详细地描述了基于要素结构优化的离岸服务外包产业升级机理。

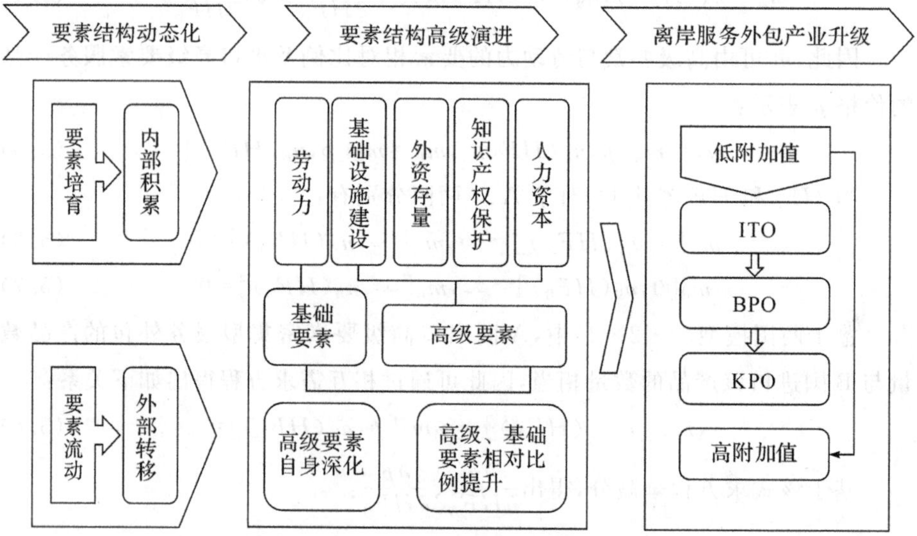

图5-2 要素结构优化驱动的离岸服务外包产业升级机理

一国的初始要素通过外部转移（要素流动）和内部积累（要素培育）两种方式实现要素结构动态变化。在外部转移上，全球服务贸易开放度的提高加速了劳动力、资本等要素的跨国流动，同时要素流动时具有逐利特征，直接的跨境流动和间接的溢出效应会通过价格传递改变各国要素存量结构。而内部积累上，通过高级要素的自主培育引导人力资本、知识产权保护、基础设施建设和外资存量等影响服务外包产业升级的关键要素迅速积累。进一步地，高级要素的自身优化和劳动力要素比例的相对降低实现了要素结构的高级演进。由此，我国离岸服务外包产业的国际竞争力增强，不断吸引国外人力资本、知识产权保护等高级要素密集型的服务外包项目，不断衍生服务外包新形式，使得承接业务由低附加值、基础要素密集型的ITO向中高附加值、高级要素密集型的BPO和KPO高端业务延伸，实现离岸服务外包产业的优化升级。

5.1.3　基于技术创新路径的离岸服务外包产业升级机制

基于技术创新的升级机理分为作用机制及具体路径两个方面。其中，技术创新对离岸服务外包产业升级的作用机制包括要素、产业、企业三个层面，而升级路径基于业务范围、业务结构、商业模式、业态需求四个角度展开（见图5-3）。

5.1.3.1　基于技术创新路径的作用机制

要素层面，技术创新主要通过提高要素生产率和产业间转移两个方面实现服务外包产业升级。一方面，技术创新能力的提升通过放大服务要素的边际替代效应提高生产要素质量、服务要素运行效率，优化配置方式；另一方面，技术创新会促进服务要素在垂直产业间发生转移，如加速人力资源、知识型生产要素在产业间渗透甚至替代原有的资本和劳动生产力，从而提升要素资源的配置效率。

产业层面，技术创新能够延长服务外包产业链，使产业间供应链更有效率。离岸服务外包依托先进的科学技术嵌入各垂直行业，“横切性”特征显著。当新技术形成并在市场上得到认可时，模仿创新、技术改进或产品服务更新使得创新技术扩散、渗透到各行各业，驱使传统产业向知识集约化方向发展，如物联网技术促进了智能电网、智能铁路等基建设施的完善，云计算、集成电路技术的开发运用提高了软件和信息技术业的标准化、信息化水平，“人工智能＋”思维实现智慧金融、智慧医疗，加快传统产业改造升级，衍生新业态。

企业层面，技术创新通过增强企业的综合竞争力来提高服务外包产业的承接竞争力。通常注重技术研发与投入、自主创新能力强的企业能够提供更多技术先进的服务产品，从而更好地应对日益升级的客户需求，为客户创造价值。此外，技术创新通过改进生产流程、提升生产效率、降低发包方成本和扩大利润空间对企业绩效产生正面影响，为我国服务外包企业提升竞争力增添动力。

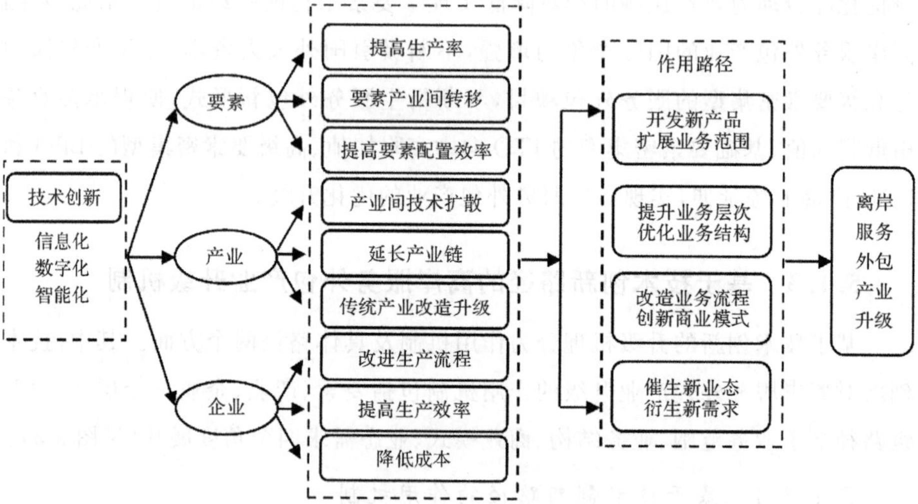

图 5-3　技术创新驱动的离岸服务外包产业升级机理

5.1.3.2　基于技术创新的具体路径分析

第一，技术创新能开发服务外包新产品，扩展服务外包的业务范围。新一代信息与通信技术的颠覆性发展催生了云测试、数字内容服务、网络与信息安全咨询等新型 ITO 产品，互联网媒体、智能供应链、金融清算服务等新型 BPO 产品及法律情报、知识产权资产管理、影视文化创意、动漫网游设计等新型 KPO 产品，加速了服务外包产品的更新迭代、功能升级与改进。

第二，技术创新有利于提升服务外包的业务层次，优化业务结构。一方面，新一代信息与通信技术的发展直接刺激了云计算服务、人工智能技术融合服务、供应链管理服务和大数据服务等高附加值外包业务的承接需求；另一方面，接包方在技术创新过程中提高了研发设计能力，创造了新技术，形成了自主知识产权，使得定制研发软件、医药生物技术、数据分析、知识产权研究等知识技术密集型服务产品得到快速发展，高附加值、知识技术密集型的KPO业务承接量增大，ITO、BPO、KPO三大业务结构得到调整和优化。

第三，技术创新可以改造服务外包业务流程，创新商业模式。人工智能技术的突破与发展能够升级服务流程、革新商业模式，如人机智能交互技术创新为呼叫中心服务升级了自动语音识别及人工智能应答等功能，通过引入“AI+”思维方式实现流程一体化、数据自动化及业务智能化；信息化和数字化技术同时也创新了众包、云外包和平台包等新型商业模式的发展与应用。结合现代经营理念及创业模式，可以创造和提供专业化增值服务，提升高质量服务供给能力。

第四，技术创新有助于催生服务外包新业态，衍生新需求。信息技术横向渗透各行各业，产业链分工日益精细化、模块化，呈现出供需分离趋势，服务外包迅速向制造业、金融和软件等与服务业关系密切的行业伸展，由此衍生出电子商务、服务型制造等新业态，服务外包产业链向上下游的拓展延伸将推动关联产业的融合发展，实现服务外包产业的整体升级。

5.2 中国离岸服务外包产业升级的内部动力检验

理论模型说明要素结构高级化演进、技术创新能够提升我国离岸服务外包的国际竞争力，实现产业优化升级。为进一步论证该观点，本节基于现有服务外包示范城市2011—2018年的面板数据构建OLS回归模型，检验要素结构优化和技术创新对我国离岸服务外包产业升级的作用效果，并从整体样本和分组样本两个层面进行区域异质性对比分析，最后从动态视角进行GMM稳健性检验。

5.2.1 要素结构优化与离岸服务外包产业升级

5.2.1.1 指标选取、样本选择

结合理论模型中提出的影响离岸服务外包产业发展的基础要素及高级要素，本节选择离岸服务外包的产业结构为被解释变量，以理论机制探讨中所选取的人力资本、基础设施投资、外资存量及知识产权保护四种高级要素相对劳动力基础要素的比值来体现要素相对结构。所选变量的测算方法及详细说明

如表 5-1 所示。

表 5-1　所选变量的定义及说明

变量名称			测算指标	选择依据及说明
OSIS		离岸服务外包产业结构	采用各市离岸 KPO 业务的规模占比	KPO 是高附加值的服务外包业务，具备高附加值、知识密集型特征，因此离岸 KPO 占比是最直观的服务外包产业升级指标
基础要素	*L*	劳动力	选用各市从业人员数量	虽然服务外包客观上可归为服务业范畴，但由于其与制造业等多个行业都存在紧密的依存关系，故单一服务业的就业人数无法准确体现劳动力水平，故选择各市就业人数来体现服务外包产业的基础劳动力
高级要素	*IPP*	知识产权保护	采用各市专利授权数量	专利授权数是衡量一个地区创新活跃度和科技水平的重要指标
	IC	基础设施投资	采用“信息传输、计算机服务与软件业”“交通运输、仓储邮政业”和“水利、环境和公共设施管理业”的固定投资总额	参照世界银行定义的经济基础设施范围，选取了与离岸服务外包产业发展密切相关的三个科目的固定资产投资总和
	HC	人力资本	选用 Eisner(1978)的教育成本法：加权平均各层次的受教育人数及教育费用支出	教育成本法是现今较为广泛使用的人力资本核算方式，一国的人才建设需要教育体系的可持续供给。具体权重参照张自然(2010)的教育支出比例按小、初、高、大专及以上为 1∶1.7∶4∶22
	FDI	外资存量	采用实际利用外商直接投资额	只有实际利用外资才能真正体现我国的外资利用水平，也在一定程度上体现对外开放水平，为统一度量单位，将实际利用外资按各年人民币兑美元的年平均汇率将单位转化为人民币

5.2.1.2 计量模型设定

为了兼顾体现各要素的绝对影响力和要素结构高级化的促进效果，本节将从要素绝对量和要素相对结构两个维度分别构建计量模型。

首先，从要素绝对量角度构建模型 5.11。检验各类要素自身是否会显著影响离岸服务外包的产业优化升级，以便进一步开展要素结构的模型估计。为了避免多重共线性及异方差对实证效果的影响，分析前先对相关变量取自然对数处理，具体模型如下：

$$OSIS_{it} = \beta_0 + \beta_1 \ln L_{it} + \beta_2 \ln IPP_{it} + \beta_3 \ln IC_{it} + \beta_4 \ln HC_{it} + \beta_5 \ln FDI_{it} + v_i + u_i + \varepsilon_{it} \tag{5.11}$$

其次，从要素相对量角度构建模型 5.12。此处参考许和连(2015)的做法，以劳动力基础要素为分母，各类高级要素为分子，构建反映要素相对结构的解释变量，以验证要素结构的高级化是否显著促进了我国离岸服务外包的产业升级，具体模型如下：

$$OSIS_{it} = \beta_0 + \beta_1 \ln\left(\frac{IPP_{it}}{L_{it}}\right) + \beta_2 \ln\left(\frac{IC_{it}}{L_{it}}\right) + \beta_3 \ln\left(\frac{HC_{it}}{L_{it}}\right) + \beta_4 \ln\left(\frac{FDI_{it}}{L_{it}}\right) + v_i + u_i + \varepsilon_{it} \tag{5.12}$$

其中，下标 i 代表城市，t 为时间；v_i、u_i 分别代表时间和个体固定效应；ε_{it} 是随机干扰项。

5.2.1.3 数据说明与描述性统计

本书以截至 2016 年商务部批复的 31 个服务外包示范城市为研究对象，考虑到大庆、郑州、南宁及乌鲁木齐 4 市的服务外包基数较小，远低于我国其他服务外包示范城市的平均水平，这会导致产业结构指数波动较大，因此，排除上述 4 市，最终选取全国 27 个服务外包示范城市①作为整体分析样本。

离岸 KPO 规模占比来源于各市商务局网站、历年服务外包蓝皮书、中国服务外包研究中心。解释变量数据来源于各市历年统计公报和商务局网站。由

① 选取的 27 个服务外包示范城市包括：北京、天津、上海、重庆、广州、深圳、武汉、大连、南京、成都、济南、西安、哈尔滨、杭州、合肥、长沙、南昌、苏州、无锡、南通、镇江、沈阳、青岛、宁波、福州、厦门、长春。

于部分城市数据统计完整性较差，存在缺失值，此处取平均变化率或进行均值平滑处理来填补缺失数据，表 5-2 反映了各变量的描述性统计。

表 5-2 所选取变量描述统计

变量名称	观测数	最小值	最大值	均值	标准偏差
离岸服务外包产业结构(*OSIS*)/%	216	3.00	83.20	30.834	19.278
劳动力(*L*)/万人	216	97.293	1717.520	588.700	366.449
知识产权存量(*IPP*)/件	216	2008.000	287782.000	30670.062	29995.023
基础设施投资(*IC*)/亿元	216	262.245	2988.838	1253.532	663.171
人力资本(*HC*)/万元	216	20.668	1642.651	335.839	287.093
外资存量(*FDI*)/亿元	216	152.236	6309.919	1192.067	1002.815

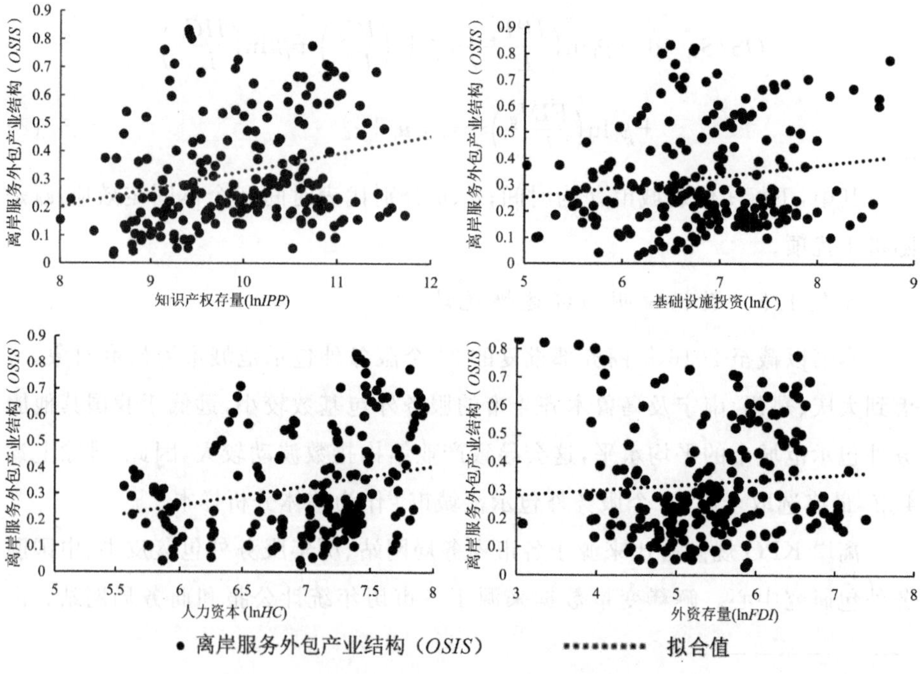

图 5-4 高级要素与离岸服务外包产业结构的散点关系

图 5-4 进一步探究了各类高级要素与离岸服务外包产业结构之间的数量关联趋势，大致可以判断两者之间存在线性关系，并呈现正相关趋势。其中，人力资本(*HC*)和基础设施投资(*IC*)高级要素的线性趋势较为显著且拟合度较好，为线性回归模型的设定提供了一定依据。

5.2.1.4 整体回归结果

(1)要素绝对量结果分析

关于模型形式的设定，首先进行 F 检验对混合回归模型和固定效应模型进行预判，发现结果拒绝原假设，认为固定效应更优。再展开 Hausman 检验进行随机效应和固定效应判定，结果接受原假设，认为随机效应更为合适。最后在控制个体和时间双固定效应的基础上，逐步增加要素变量以检验结果的稳定性。

表 5-3 报告了模型 5.11 的估计结果：从影响关系来看，人力资本(*HC*)、知识产权保护(*IPP*)、基础设施投资(*IC*)的回归系数在 1%的显著性水平下显著为正，与理论预期相符，说明这三类高级要素均有利于离岸服务外包的产业升级。外资存量(*FDI*)回归系数为负且数值较小，可能是因为我国对外开放水平不够高，服务贸易制度建设落后，且近年来受中美贸易战等多边影响，外资开放未能显著发挥其对服务外包产业升级的作用。而对于劳动力(*L*)变量，在第(1)列中回归系数显著为正，说明单一劳动力要素本身对服务外包产业结构呈正向影响，但随着越来越多的高级要素加入，劳动力要素对产业结构的影响逐渐变小至负向变化，说明相较高级要素，基础要素对产业结构的优化作用较弱甚至有抑制作用。通过逐步回归，发现拟合程度不断优化，R^2 值为 82.8%，在一定程度上反映了回归直线对观测值的拟合程度较好。

从影响力度上看，高级要素对离岸服务外包的产业升级作用显著大于基础劳动力要素，高级要素的优化力度从大到小依次为 *HC*(0.196)、*IPP*(0.114)、*IC*(0.081)、*FDI*(−0.054)，人力资本要素对离岸服务外包产业升级的影响最大，验证了人才体系建设对离岸服务外包产业升级的重要作用。

表 5-3 要素绝对量实证结果

变量	(1)	(2)	(3)	(4)	(5)
	OSIS	OSIS	OSIS	OSIS	OSIS
劳动力 (ln*L*)	0.183*** (2.885)	0.170*** (2.656)	−0.151** (−2.068)	−0.201*** (−2.620)	−0.222** (−2.17)
人力资本 (ln*HC*)		0.230*** (4.366)	0.192*** (3.663)	0.189*** (3.594)	0.196*** (3.737)
知识产权保护 (ln*IPP*)			0.125*** (7.723)	0.112*** (6.482)	0.114*** (6.592)
基础设施投资 (ln*IC*)				0.062*** (3.253)	0.081*** (4.005)
外资存量 (ln*FDI*)					−0.054*** (−2.961)
常数项(*c*)	−0.801*** (−2.050)	−2.324*** (−4.940)	−1.324*** (−2.742)	−1.300*** (−2.645)	−1.076** (−2.176)
R^2	0.764	0.768	0.819	0.822	0.828
F-test	22.569	22.123	29.000	28.565	28.47
N	216	216	216	216	216

注：10%、5%和1%水平上显著分别以*、**和***来表示，括号中汇报的是t统计量。本章下同。

(2)要素相对量实证结果分析

表5-4报告了模型5.12的估计结果：基础设施、人力资本、知识产权保护与劳动力的要素结构比[ln(*IC/L*)、ln(*HC/L*)、ln(*IPP/L*)]系数显著为正，与预期一致。但外资存量与劳动力的要素结构比[ln(*FDI/L*)]的系数不大且为负值。这可能是因为我国知识技术密集型产业的开放度不高，外资进入渠道狭窄，遭遇股权比例受限、投资审批程序烦琐、周期长等困境，而现有投资多数集中于劳动密集型产业，对于高附加值的知识密集型产业的外资存量比重过低，外资存量分布于技术落后的边际产业、外商研发中心严格实行技术保密、外商投资结构不合理分布等因素导致离岸服务外包产业升级受阻。

从影响力度来看，人力资本与劳动力的要素结构比对离岸服务外包产业结构升级的影响系数最大(β=0.158)。可见，虽然我国人力资源充裕，拥有低廉的劳动力优势，但服务外包产业升级更注重我国在人力资本的可持续投入以及知识服务部门对人才体系的建设。其次是知识产权保护与劳动力的要素结构比的影响系数(β=0.117)，说明高附加值的知识流程外包需要知识专利、创新技术的支持，凸显了高质量发展阶段服务外包知识密集的特征。基础设施投资与劳动力的要素结构比的影响系数较小(β=0.088)，这是由于服务外包产业处于产量增长阶段时，规模经济使得生产效率提高，企业投入的基础设施、机械设备效用提高，因此前期基础设施投入要素的影响较大，而进入高质量发展阶段后，人力资本和知识产权要素对于产业内结构优化作用更为显著，基础设施的影响力度相对减小。如逐步回归第(2)、(3)列所示，依次加入 ln(HC/L)、ln(IPP/L)两个变量后，ln(IC/L)的系数值逐渐减小。

表 5-4　要素相对量实证结果

变量	(1)	(2)	(3)	(4)
	OSIS	*OSIS*	*OSIS*	*OSIS*
ln(IC/L)	0.137*** (8.411)	0.135*** (8.675)	0.073*** (3.942)	0.088*** (3.253)
ln(HC/L)		0.097** (2.116)	0.132*** (2.910)	0.158*** (3.425)
ln(IPP/L)			0.118*** (6.861)	0.117*** (3.594)
ln(FDI/L)				−0.058*** (−3.193)
常数项(c)	0.233*** (19.074)	0.153*** (3.856)	−0.284*** (−3.796)	−0.351*** (−4.426)
R^2	0.784	0.787	0.819	0.827
F-test	25.228	24.651	29.026	29.437
N	216	216	216	216

5.2.1.5 分样本回归结果

2009 年我国设立了 21 个服务外包示范城市,贯彻落实国家优惠支持政策,产业集聚效应和辐射作用显著。2016 年商务部等 9 部门联合下发的《关于新增中国服务外包示范城市的通知》又将服务外包示范城市数量从 21 个有序增加到 31 个。得益于政策支持的持续性和连贯性,首批示范城市在产业基础建设、综合创新能力、产业融合发展等方面均得到了显著提升,中高端研发类服务外包业务不断受到重视,服务外包发展进入量质齐升阶段,产业升级效果逐步显现。而新增示范城市政策受惠时间较短,处于产量增长阶段,产业综合实力薄弱、结构单一,融合发展进程缓慢,产业升级仍需持续发力。新旧两批示范城市的服务外包发展在产业链中所处地位不同,各类要素的效用发挥可能存在一定差异。因此,为了进一步地分样本检验各要素作用,本小节以 2016 年为界并出于数据可得等原因,将北京等 20 个首批示范城市定义为Ⅰ批城市,将南通等 7 个新增示范城市定义为Ⅱ批城市(见表 5-5)。通过对比新旧示范城市的产业发展状况及要素结构变动,进一步探索我国离岸服务外包产业升级的异质性,实证结果如表 5-6 所示。

表 5-5 新旧服务外包示范城市分组样本

Ⅰ批城市	北京、天津、上海、重庆、广州、深圳、武汉、大连、南京、成都、济南、西安、哈尔滨、杭州、合肥、长沙、南昌、苏州、无锡、厦门
Ⅱ批城市	南通、镇江、青岛、沈阳、宁波、福州、长春

(1)要素绝对量结果分析

从表 5-6 中的绝对量回归结果看,对于Ⅰ批城市,人力资本的回归系数在 1%的显著性水平下显著为正,但劳动力变量的影响不显著;而Ⅱ批城市的人力资本存量影响不显著,劳动力要素的相关系数显著为正。这可能是因为首批示范城市服务外包产业基础发展成熟,设备完善,人力资源得到充分发挥,吸引高附加值业务实现服务外包高质量发展。而新增示范城市的服务外包仍处于产业形成期或高速增长期,在经济软实力、基础设施投资、知识产权保护等营商环境水平严重低于首批示范城市时,人力资本发展可能存在门槛效应,导致产业升级作用不显著,需要在稳固“量”的基础上进一步实现量质齐升。

表 5-6　分样本实证结果

变量	绝对量检验		变量	相对量检验	
	Ⅰ批城市	Ⅱ批城市		Ⅰ批城市	Ⅱ类城市
劳动力 (ln*L*)	−0.292 (−0.770)	0.130*** (5.488)	ln(*IC*/*L*)	0.449*** (3.378)	0.798*** (5.314)
人力资本 (ln*HC*)	0.191*** (3.103)	0.006 (0.062)	ln(*HC*/*L*)	0.893** (2.458)	0.174 (0.172)
知识产权保护 (ln*IPP*)	0.123*** (5.494)	0.062*** (2.817)	ln(*IPP*/*L*)	0.836*** (6.353)	0.303** (2.026)
基础设施投资 (ln*IC*)	0.050* (1.903)	0.144*** (6.253)			
外资存量 (ln*FDI*)	−0.070*** (−2.373)	−0.067*** (−4.387)	ln(*FDI*/*L*)	−0.414** (−2.263)	−0.398*** (−4.255)
常数项(*c*)	−3.002*** (−3.279)	0.707 (1.131)	常数项(*c*)	−2.289*** (−4.834)	−1.133*** (−3.367)
R^2	0.812	0.877	R-squared	0.790	0.876
F-test	24.28	28.548	F-statistic	22.252	31.732
N	160	56	*N*	160	56

(2)要素相对量实证结果分析

对相对量结果进行分析，可知对于Ⅰ批城市，基础设施投资、人力资本及知识产权保护要素结构的高级化均有利于促进离岸服务外包的产业升级，与整体样本实证结果一致，但回归系数较整体样本放大了 4～6 倍，其中，人力资本和知识产权保护相对劳动力要素的高级化更有助于离岸服务外包产业升级，回归系数值分别为 0.893 和 0.836。可见，首批示范城市经济发达、产业基础稳固、设施完备，使得人力资本、知识产权等要素能够更有效地发挥作用。

对于Ⅱ批城市，各变量系数的正负影响关系与整体样本相同，但 ln(*HC*/*L*)的系数未通过显著性检验，t 统计值只有 0.172。可能的原因是随着越来越多大型跨国企业进入并建立服务中心，发包方对示范城市的人力资本形成了一个长期的需求趋势，充裕的人力资源储备需要高标准、高质量、可持续的教育体系提供，这是一个漫长且持续的过程。而新增示范城市人力资本相对稀缺，教育资源有限，与Ⅰ批城市差距较大，人才引进及培养工作尚未到位，因此现阶段的服务外包发展更依赖基础设施建设。从影响力度上看，基础设施投资与劳动力的要素比对服务外包结构优化力度最大，回归系数值为 0.798，是其他回归系数值的 2 倍之多。

综上，首批示范城市正经历服务外包高质量发展阶段，产业内结构优化主要依靠人力资本、知识产权保护等要素投入。而对仍处于高速增长阶段的新增示范城市而言，仍然还是基础设施建设的影响力度最大。

5.2.1.6 稳健性检验

考虑到经济行为和科技创新的发展存在滞后性，且服务外包产业结构可能存在累积效应，本节引入离岸服务外包产业结构的滞后一期 $OSIS_{i,t-1}$，建立动态面板模型（模型 5.13～5.14）进行差分 GMM 估计，来确保实证结论是稳健有意义的。要素绝对量和相对量分别基于差分 GMM 和 OLS 模型估计的回归结果如表 5-7 所示。

$$OSIS_{it}=\beta_0+\alpha\ \ln OSIS_{i,t-1}+\beta_1\ln L_{it}+\beta_2\ln IPP_{it}+\beta_3\ln IC_{it}+\beta_4\ln HC_{it}+\beta_5\ln FDI_{it}+v_i+u_i+\varepsilon_{it} \tag{5.13}$$

$$OSIS_{it}=\beta_0+\alpha\ \ln OSIS_{i,t-1}+\beta_1\ln\left(\frac{IPP_{it}}{L_{it}}\right)+\beta_2\ln\left(\frac{IC_{it}}{L_{it}}\right)+\beta_3\ln\left(\frac{HC_{it}}{L_{it}}\right)+\beta_4\ln\left(\frac{FDI_{it}}{L_{it}}\right)+v_i+u_i+\varepsilon_{it} \tag{5.14}$$

表 5-7 稳健性检验结果对比

绝对量检验				相对量检验			
变量	OLS	变量	GMM	变量	OLS	变量	GMM
C	−1.076** (−2.176)	$L.KPO$	0.680*** (10.866)	C	−0.351*** (−4.426)	$L.KPO$	0.655*** (10.785)
$\ln IC$	0.081*** (4.005)	$\ln IC$	0.045** (2.101)	$\ln(IC/L)$	0.088*** (3.253)	$\ln(IC/L)$	0.059*** (2.773)

续表

绝对量检验				相对量检验			
变量	OLS	变量	GMM	变量	OLS	变量	GMM
ln*HC*	0.196*** (3.737)	ln*HC*	0.0877* (1.872)	ln(*HC*/*L*)	0.158*** (3.425)	ln(*HC*/*L*)	0.101** (2.087)
ln*IPP*	0.114*** (6.592)	ln*IPP*	0.030** (2.140)	ln(*IPP*/*L*)	0.117*** (3.594)	ln(*IPP*/*L*)	0.020* (1.687)
ln*FDI*	−0.054*** (−2.961)	ln*FDI*	−0.058** (−2.316)	ln(*FDI*/*L*)	−0.058*** (−3.193)	ln(*FDI*/*L*)	−0.066*** (−3.052)
ln*L*	−0.222** (−2.17)	ln*L*	−0.114** (−2.394)				
R^2	0.828	Sargan (P value)	18.597 (0.670)	R^2	0.827	Sargan (P value)	19.435 (0.618)
F-test	28.47	AR(1)	0.000 (0.999)	F-test	29.437	AR(1)	−5.600 (0.000)
P 值	0.000	AR(2)	0.000 (0.999)	*P* 值	0.000	AR(2)	−0.820 (0.412)
观测值	216	观测值	162	观测值	216	观测值	162

从系数符号上看，无论是绝对量还是相对量的GMM估计，各变量的系数符号与OLS回归结果基本一致，验证了前文计量分析结果的稳健性。但是差分GMM计量分析的回归系数基本处于5%的显著性水平，这可能是由于差分GMM估计在回归前要求各变量数据进行一阶差分，样本数据时间跨度缩短；从影响力度来看，依然是人力资本相对结构比(ln*HC*/*L*)的优化力度最大，与OLS回归结论基本一致。此外，两个GMM模型估计结果均显示，离岸服务外包产业结构滞后一期显著为正，且影响程度较大，说明当期服务外包产业结构会显著影响后期，因此政府在优化要素结构推动服务外包产业升级时应保持政策稳定性和连续性。

5.2.2 技术创新与离岸服务外包产业升级

5.2.2.1 技术创新动力源体系设计

(1)动力源体系设计的变量选取与数据获取

技术创新能力是指技术创新主体利用现有创新资源进行创造性集成后将技术创新投入转化为新技术、新产品和新服务，并实现市场化的一系列活动的能力(谢瑾岚和马美英，2010)。关于技术创新能力的指标选取，目前尚未有统一口径。早期研究大多以专利申请数、R&D 内部支出等单一指标来衡量，指标选取过于单薄且具有一定主观性，因此需要丰富指标选取。近年来多变量衡量的指标体系研究逐渐增多。借鉴过往学者的指标选取经验，考虑数据可获性，本节从投入和产出角度筛选了人均 R&D 内部支出、R&D 人员折合全时当量、R&D 活动人员、地方财政科学技术支出、基础设施固定投资额、发明专利申请量、技术市场成交合同额和专利申请量 8 个二级指标，基于 2011—2018 年 27 个服务外包示范城市的面板数据构建技术创新能力指标体系，各指标相关数据均来源于各省市统计局网站及统计年鉴。

(2)因子分析

本节采用因子分析对技术创新动力源体系进行降维处理，运用 SPSS25.0 统计软件从探索性因子分析适用性检验、主因子提取及因子载荷矩阵、技术创新动力源体系构成三个部分展开分析。

①探索性因子分析适用性检验

对所选取的指标进行标准化处理后，对 8 个指标进行 K-B 球形检验，初步判断因子分析的适用性。一般地，KMO 值超过 0.7 则说明可以开展因子分析。根据表 5-8 的检验结果，KMO 值为 0.749，Bartlett 球形度检验的 P 值为 0，通过了 1% 的显著性水平检验，说明样本数据具备较强相关性，便于下一步开展因子分析。

表 5-8 KMO 和 Bartlett 球形假设检验结果

KMO 取样适切性量数	0.749	
Bartlett 球形度检验	近似卡方	1079.196
	自由度	28
	显著性	0.000

②主因子提取及因子载荷矩阵

通过多次迭代收敛对 8 个指标中的主成分因子进行提取，具体结果如表 5-9 所示。根据特征值大于 1 的原则，旋转后的因子载荷将 8 个指标提炼为 3 个创新动力源，累计方差贡献率为 80.679%，说明主因子涵盖了指标变量的大部分信息，具备较强的解释力度。根据各指标现实意义将动力源 1 至动力源 3 命名为技术创新投入能力（*IIC*）、技术创新产出能力（*IOC*）及技术创新环境支持（*IES*）。其中，方差贡献率由高到低依次为动力源 2、动力源 1、动力源 3，在一定程度上反映出技术创新产出能力（*IOC*）是支撑技术创新的主要来源。

表 5-9　旋转后的因子载荷矩阵及其贡献率

<table>
<tr><th rowspan="2">目标层</th><th rowspan="2" colspan="2">动力源</th><th rowspan="2">决定因素</th><th colspan="3">主因子</th></tr>
<tr><th>F_1</th><th>F_2</th><th>F_3</th></tr>
<tr><td rowspan="8">技术创新能力（TI）</td><td rowspan="3">动力源 1</td><td rowspan="3">技术创新投入能力（IIC）</td><td>人均 R&D 内部支出</td><td>0.834</td><td></td><td></td></tr>
<tr><td>R&D 人员折合全时当量</td><td>0.762</td><td></td><td></td></tr>
<tr><td>R&D 活动人员</td><td>0.721</td><td></td><td></td></tr>
<tr><td rowspan="3">动力源 2</td><td rowspan="3">技术创新产出能力（IOC）</td><td>发明专利申请量</td><td></td><td>0.891</td><td></td></tr>
<tr><td>技术市场成交合同额</td><td></td><td>0.872</td><td></td></tr>
<tr><td>专利申请量</td><td></td><td>0.849</td><td></td></tr>
<tr><td rowspan="2">动力源 3</td><td rowspan="2">技术创新环境支持（IES）</td><td>地方财政科学技术支出</td><td></td><td></td><td>0.878</td></tr>
<tr><td>基础设施固定投资额</td><td></td><td></td><td>0.708</td></tr>
<tr><td colspan="4">特征值</td><td>2.015</td><td>2.762</td><td>1.597</td></tr>
<tr><td colspan="4">方差贡献率（%）</td><td>25.191</td><td>34.527</td><td>20.961</td></tr>
<tr><td colspan="4">累计方差贡献率（%）</td><td>25.191</td><td>59.718</td><td>80.679</td></tr>
</table>

③技术创新动力源体系构成

由图 5-5 可知，三大动力源相辅相成，相互促进。技术创新投入能力（*IIC*）

是形成战略性新兴产业技术创新的基础与前提，技术创新产出能力（*IOC*）体现出技术创新资源投入的转化效益，决定了技术创新能力的形成与发展，而技术创新环境支持（*IES*）为投入和产出能力的发展提供了必要支持，是整个动力源体系实现可持续创新的根本和保障。

技术创新投入能力（*IIC*）反映了离岸服务外包产业进行技术创新所投入的创新人才、研发资金及生产设备等能够被创新活动利用的资源总量。只有进行创新资源投入才能产生创新输出和技术积累。R&D活动人员、R&D人员折合全时当量是人力资本投入的体现；人均R&D内部支出体现了创新经费的投入强度，资金投入是科技创新活动的重要保障。

技术创新产出能力（*IOC*）最直接的表现即为科技创新成果和产品，具有产业化、商业化特征。企业内部研发需要具备自主知识产权，专利申请数反映了产业研发能力的强弱，而发明专利申请量则进一步地展现了研发水平的质量。技术市场成交额在一定程度上表征了技术市场的繁荣程度以及市场间技术流通是否通畅，指引了知识溢出渠道，是实现创新成果产业化的有效途径。

技术创新环境支持（*IES*）指服务外包产业进行创新研发活动时的外部环境支撑，是不可或缺的动力源之一。基础设施固定投资额支撑了技术创新的硬件环境，投资仪器设备的科技活动经费越多，提供的自主技术创新基础条件就更优越。地方财政科学技术支出在一定程度上反映出政府对自主技术创新的支持程度及产业重视度，是创新政策环境的反映。

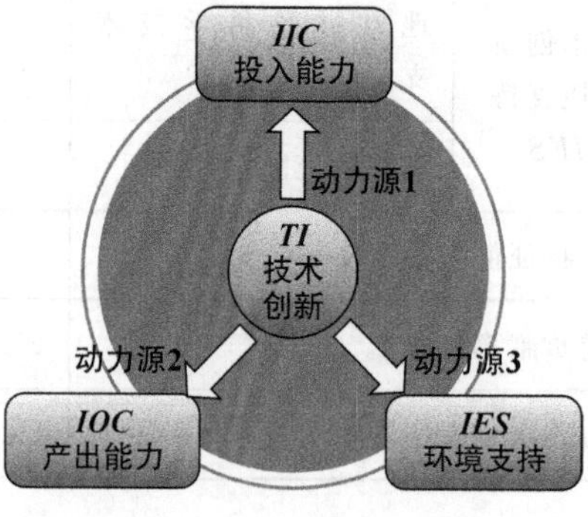

图5-5　技术创新动力源体系

图表来源：根据整理相关理论自制。

由方差贡献率可以计算出各部分权数，可知技术创新动力源体系的计算公式为：$F=0.3122F_1+0.3040F_2+0.2598F_3$。分别计算技术创新指标及三个动力源的得分情况，进一步展开技术创新对离岸服务外包产业升级的回归分析。

5.2.2.2 指标选取和样本选择

与要素结构优化的实证检验样本相同，本部分依旧基于 27 个服务外包示范城市 2011—2018 年的经验数据构建 OLS 回归模型，检验技术创新对我国离岸服务外包产业升级的影响。其中，被解释变量选择离岸服务外包产业结构（*OSIS*），核心解释变量为技术创新能力（*TI*）及三大动力源：*IIC*、*IOC*、*IES*。考虑到服务外包产业发展还受到多种宏观因素的影响，参考现有研究，选用人力资本（*HC*）、外资存量（*FDI*）、劳动力成本（*LC*）及对外开放度（*OPEN*）为控制变量，所有变量的测算方法及详细说明如表 5-10 所示。

表 5-10 所选变量的定义及说明

<table>
<tr><th>变量类型</th><th colspan="2">变量符号</th><th>变量名称</th><th>测度方法</th><th>选择依据或具体说明</th></tr>
<tr><td>被解释变量</td><td colspan="2">OSIS</td><td>离岸服务外包产业结构</td><td>采用各市离岸 KPO 业务的规模占比</td><td>OSIS 增大意味着离岸服务外包产业结构升级</td></tr>
<tr><td rowspan="4">核心解释变量</td><td>总指标</td><td>TI</td><td>技术创新能力</td><td rowspan="4">计算技术创新动力源体系中的总指标及各动力源的得分情况</td><td rowspan="4">根据上文因子分析结果计算公式 $F=0.3122F_1+0.3040F_2+0.2598F_3$ 计算得分情况，得分越高，技术创新能力越强</td></tr>
<tr><td>动力源 1</td><td>IIC</td><td>技术创新投入能力</td></tr>
<tr><td>动力源 2</td><td>IOC</td><td>技术创新产出能力</td></tr>
<tr><td>动力源 3</td><td>IES</td><td>技术创新环境支持</td></tr>
</table>

续表

变量类型	变量符号	变量名称	测度方法	选择依据或具体说明
控制变量	*HC*	人力资本	选用 Eisner(1978)的教育成本法：加权平均各层次的受教育人数及教育费用支出	一国人才建设需教育体系的可持续供给，人才资源禀赋越丰裕，越有利于服务外包产业升级。具体权重与表 5-1 中计算方法相同
	FDI	外资存量	采用实际利用外商直接投资额	通过引导外资投向具备增长潜能的知识服务部门，进入高关联性、强带动性的服务外包细分行业，同时基于技术溢出通道可以促进离岸服务外包产业升级
	LC	劳动力成本	选用各市就业人员的年均工资	降低劳动力成本、扩大利润空间是跨国企业开展离岸服务外包业务的首要动因
	OPEN	对外开放度	选用外贸依存度指标，即各市进出口总额与 GDP 的比值	开放度水平的高低会通过门槛效应影响就业和人力资本积累，主动降低服务贸易壁垒有利于服务外包竞争力提升

5.2.2.3 模型设定

本小节中，检验技术创新对离岸服务外包产业结构升级的影响将分别从技术创新总指标和各动力源拆分两个层面构建计量模型。首先，从总指标维度构建模型 5.15，检验技术创新是否会显著影响离岸服务外包产业的优化升级，分析前同样对各变量取自然对数处理，具体模型如下：

$$OSIS_{it}=\beta_0+\beta_1\ln TI_{it}+\beta_2\ln HC_{it}+\beta_3\ln LC_{it}+\beta_4\ln OPEN_{it}+\beta_5\ln FDI_{it}+v_i+u_i+\varepsilon_{it} \tag{5.15}$$

其次，从各动力源维度构建模型5.16，进一步对比技术创新投入能力、产出能力及环境支持能力对离岸服务外包产业升级的影响效果，具体模型如下：

$$OSIS_{it}=\beta_0+\beta_1\ln IIC_{it}+\beta_2\ln IOC_{it}+\beta_3\ln IES_{it}+\beta_4\ln HC_{it}+\beta_5\ln LC_{it}+\beta_6\ln OPEN_{it}+\beta_7\ln FDI_{it}+v_i+u_i+\varepsilon_{it} \quad (5.16)$$

5.2.2.4 数据来源与描述性统计

考虑到不同城市统计数据的连贯性差异，本节与前文一致，最终选取了27个服务外包示范城市2011—2018年的面板数据。离岸KPO规模占比及各控制变量数据来源及数据处理与5.2.1.1中的说明相同。表5-11反映了各变量的描述性统计。

表5-11 所选取变量的描述性统计

变量名称	预期符号	观测数	最小值	最大值	均值	标准偏差
离岸服务外包产业结构(*OSIS*)/%		216	3.00	83.20	30.834	19.278
技术创新总指标(*TI*)	+	216	−1.599	1.285	0.000	0.592
技术创新投入能力(*IIC*)	+	216	−2.737	2.465	0.000	1.000
技术创新产出能力(*IOC*)	+	216	−2.533	2.449	0.000	1.000
技术创新环境支持(*IES*)	+	216	−1.739	3.979	0.000	0.999
人才资本(*HC*)/万元	+	216	5.569	8.003	6.959	0.636
外资存量(*FDI*)/亿美元	+	216	1.139	5.494	3.619	0.853
劳动力成本(*LC*)/万元	−	216	0.652	2.542	1.847	0.266
对外开放度(*OPEN*)	+	216	−3.402	1.410	−1.003	0.899

同样地，在线性回归之前，为判断技术创新与离岸服务外包产业结构之间是否存在数量关联趋势及线性关系，需先绘制散点关系图(见图5-6)，大致判断变量之间的线性关系及正相关趋势。

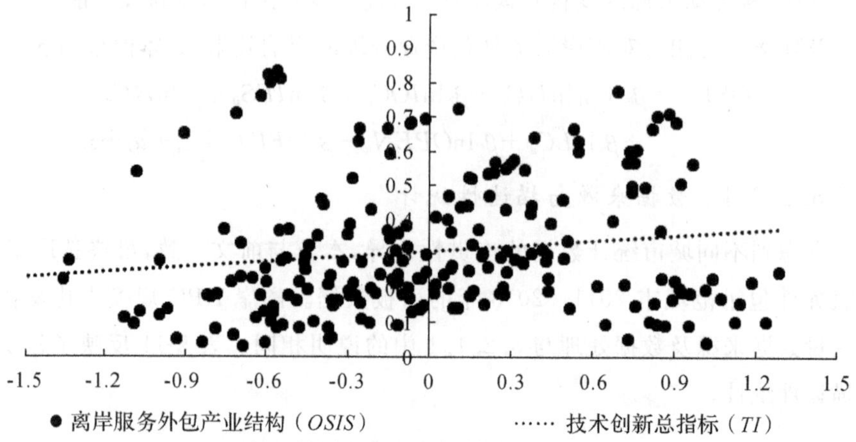

图 5-6　技术创新与离岸服务外包产业升级的散点关系

5.2.2.5　整体回归结果

在模型设定上,通过一系列检验发现随机效应最合适。在控制个体和时间随机效应的基础上,围绕核心解释变量逐步增加各控制变量以检验结果的稳定性。

表 5-12 描述了技术创新能力的回归结果,通过回归(1)至(5)可以发现,核心解释变量技术创新能力(*TI*)的回归系数显著为正,且基本上通过了 1%的显著性水平检验,与理论预期相符,说明技术创新对离岸服务外包产业升级具有显著的促进作用。技术创新能力每提高 1%,离岸服务外包的产业结构平均优化 0.446 个百分点,是所有要素中影响力度最大的,这可能得益于我国整体的专利成果转化率不断提高、服务业技术创新能力逐渐增强等因素。鼓励服务外包技术创新,促进服务外包数字化、智能化和融合化发展已成为新时代我国优化服务外包产业结构、推动经济提量升质的重要新动能和着力点。控制变量中,劳动力成本(*LC*)和人才资本(*HC*)的影响与预期一致,而外资存量(*FDI*)和对外开放度(*OPEN*)则相反,可能是受我国外商投资结构的不合理分布、基于学习和示范效应的 *FDI* 技术外溢效应不显著的影响,与前文要素中的实证结果一致。*FDI* 的相关系数为负,说明扩大对外开放水平虽然可以降低传统贸易壁垒,但仍存在技术性壁垒等制约因素影响产业发展。此外,世界各国争相发展服务外包产业也在一定程度上激发了全球市场的竞争效应,增加了就业压

力，且国际金融市场波动、外汇风险、国内综合成本上升等因素也可能形成阻碍。

表 5-12　技术创新能力的回归结果

模型变量	模型 5.15				
	回归(1)	回归(2)	回归(3)	回归(4)	回归(5)
技术创新能力(*TI*)	0.793*** (9.188)	0.980*** (10.925)	0.284** (2.093)	0.810*** (9.531)	0.446*** (3.054)
人才资本(*HC*)	0.253* (1.750)				0.302** (2.21)
外资存量(*FDI*)		−0.265*** (−3.729)			−0.242*** (−3.388)
劳动力成本(*LC*)			−0.785*** (−4.899)		−0.681*** (−4.029)
对外开放度(*OPEN*)				−0.119* (−1.872)	−0.038** (−2.030)
常数项(*c*)	−3.145*** (−3.105)	−0.426 (−1.50)	−2.835*** (−9.001)	−1.503*** (−10.944)	−3.817*** (−3.946)
R^2	0.316	0.360	0.373	0.315	0.408
F-test	49.275	59.913	63.328	48.930	28.984
N	216	216	216	216	216

表 5-13 显示了各创新动力源的基准回归结果。由回归(4)拟合结果可知，技术创新投入能力(*IIC*)和产出能力(*IOC*)的回归系数均通过了 1%的显著性水平检验，β 值分别为 0.258 和 0.187，说明资源投入和成果产出能力是战略性新兴产业得以持续创新的基本驱动力。在产业升级过程中，既要强调创新人才、资金及设备的投入，又要兼顾科技成果的转化和输出。技术创新投入的影响力度最大，说明中国离岸服务外包产业的整体研发资源和人力资本的投入不断加大，提升了整个产业的技术研发水平，强调了创新投入的根本作用。

而技术创新环境支持(*IES*)的影响系数为负，且显著性水平低于其他两大动力源。这可能是因为:一方面,我国离岸服务外包业务开展的营商环境需要进一步完善,市场缺乏活力,政府政策扶持力度不足等,多数企业无法参与和服务外包相关的重点项目招标政策,尤其是在境外上市的跨国服务外包企业,通常无法参与和系统集成、信息安全服务相关的国家项目,影响其服务外包市场的开拓(王晓红,2019)。另一方面,技术创新活动的外部环境主要依赖于政府的财政、金融和产业政策支持。此外,创新科技政策传导过程存在时滞效应,这可能导致显著性水平较低。

表 5-13　技术创新各动力源的回归结果

模型变量	模型 5.16			
	回归(1)	回归(2)	回归(3)	回归(4)
技术创新投入能力(*IIC*)	0.263*** (4.335)			0.258*** (3.694)
技术创新产出能力(*IOC*)		0.169** (2.185)		0.187*** (2.60)
技术创新环境支持(*IES*)			−0.186** (−2.558)	−0.115* (−1.703)
人才资本(*HC*)	0.154* (1.879)	0.410*** (2.735)	0.322** (2.233)	0.349** (2.424)
外资存量(*FDI*)	−0.117* (−1.661)	−0.177*** (−2.623)	−1.08* (−1.836)	−0.191*** (−2.823)
劳动力成本(*LC*)	0.135 (0.782)	1.000*** (8.894)	−1.214*** (11.068)	−0.690*** (4.375)
对外开放度(*OPEN*)	−0.164*** (−2.697)	0.071 (0.909)	0.101 (1.307)	0.031 (0.434)
常数项(*c*)	−2.442*** (−3.700)	−5.373*** (−5.533)	−5.371*** (−5.455)	−4.394*** (−4.46)
R^2	0.422	0.400	0.409	0.443
F-test	30.647	28.011	29.091	23.641
N	216	216	216	216

5.2.2.6 分样本回归结果

表 5-14 描述了技术创新的分样本回归结果。从技术创新总指标的回归结果看，不论是Ⅰ批还是Ⅱ批城市，技术创新能力均对离岸服务外包产业升级具有显著的促进作用，与整体样本实证结论一致。从影响力度上看，Ⅰ批城市和Ⅱ批城市的技术创新能力（*TI*）回归系数分别为 0.593 和 0.250，说明技术创新对Ⅰ批城市离岸服务外包的产业升级作用更大。其背后的逻辑可能是，得益于政策支持的持续性，Ⅰ批城市服务外包产业基础稳固，处于量质齐升发展阶段，完善的设备基础、富足的人力资本为技术创新发挥效用奠定了良好的基础，产业优化升级效果较好。而Ⅱ批城市政策受惠时间较短，服务外包产业基础相对薄弱、结构单一，仍处于规模扩张阶段，创新驱动产业升级的效果相对较弱。

从各创新动力源的实证结果看，技术创新能力对离岸服务外包产业升级的促进作用表现出明显的区域异质性。Ⅰ批城市离岸服务外包的产业升级更依赖技术创新投入（*IIC*），而Ⅱ批城市的技术创新投入不足，创新产出成果（*IOC*）对离岸服务外包产业升级的贡献更显著。这可能是因为Ⅰ批城市服务外包企业在研发经费投入、技术人才建设等方面整体优于Ⅱ批城市。对于技术创新环境支持（*IES*），Ⅰ批城市的回归系数依然为负，与整体结论一致，Ⅱ批城市的技术创新环境支持则未通过显著性检验。

表 5-14 分样本回归结果

变量	模型 5.15		变量	模型 5.16	
	Ⅰ批城市	Ⅱ批城市		Ⅰ批城市	Ⅱ批城市
技术创新能力（*TI*）	0.593*** (4.096)	0.250*** (2.737)	技术创新投入能力（*IIC*）	0.259*** (2.937)	0.065*** (3.621)
			技术创新产出能力（*IOC*）	0.190** (2.097)	0.194*** (8.707)
			技术创新环境支持（*IES*）	−0.167* (−1.841)	0.026 (0.451)
人才资本（*HC*）	0.338** (2.125)	−0.209 (−1.458)	人才资本（*HC*）	0.381** (2.207)	0.559* (1.811)

续表

变量	模型 5.15		变量	模型 5.16	
	Ⅰ批城市	Ⅱ批城市		Ⅰ批城市	Ⅱ批城市
外资存量（*FDI*）	−0.289*** （−3.153）	−0.192 （−1.328）	外资存量（*FDI*）	−0.215** （−2.308）	−0.372*** （−3.87）
劳动力成本（*LC*）	0.633*** （3.445）	−1.380*** （−2.603）	劳动力成本（*LC*）	0.621*** （3.480）	−0.458*** （−3.721）
对外开放度（*OPEN*）	−0.189** （−2.519）	−0.123* （−1.962）	对外开放度（*OPEN*）	−0.024 （−0.295）	−0.230 （−0.958）
常数项（*c*）	−3.049*** （−4.072）	2.926* （1.738）	常数项（*c*）	−5.101*** （−4.066）	−2.878* （−1.879）
R^2	0.392	0.360	R^2	0.444	0.553
F-test	7.883	59.913	F-test	17.373	8.481
N	216	216	*N*	216	216

5.2.2.7 稳健性检验

考虑到经济行为和科技创新的发展存在滞后性，且服务外包产业结构可能存在累积效应，本节在随机效应模型中引入滞后一期的 $\ln OSIS_{i,t-1}$，以反映模型的动态滞后效应，通过引入离岸服务外包产业结构水平滞后项构建如下动态回归模型（模型 5.17～5.18），并采用系统 GMM 验证实证结果的稳健性。表 5-15 展示了技术创新总指标和各创新动力源的系统 GMM 和混合面板 OLS 模型估计的回归结果。

$$OSIS_{it}=\beta_0+\alpha\ln OSIS_{i,t-1}+\beta_1\ln TI_{it}+\beta_2\ln HC_{it}+\beta_3\ln LC_{it}+\beta_4\ln OPEN_{it}+\beta_5\ln FDI_{it}+v_i+u_i+\varepsilon_{it} \quad (5.17)$$

$$OSIS_{it}=\beta_0+\alpha\ln OSIS_{i,t-1}+\beta_1\ln IIC_{it}+\beta_2\ln IOC_{it}+\beta_3\ln IES_{it}+\beta_4\ln HC_{it}+\beta_5\ln LC_{it}+\beta_6\ln OPEN_{it}+\beta_7\ln FDI_{it}+v_i+u_i+\varepsilon_{it} \quad (5.18)$$

从影响关系上看，无论是系统 GMM 还是混合面板 OLS 模型估计，技术创新总指标及各创新动力源的回归结果基本一致，验证了前文计量结果的稳健性。从显著性水平上看，技术创新能力（*TI*）、技术创新投入能力（*IIC*）和技术创新产出能力（*IOC*）几乎均通过了1%的显著性检验，进一步证实了技术创新能够有效推动离岸服务外包产业升级。从影响力度上看，技术创新能力的影响系数分别为0.919、0.666，是所有要素中影响力度最大的，各动力源指标中技术创新投入的影响力度均大于技术创新产出能力，与前文的结论一致。值得注意的是，两个GMM估计均显示，离岸服务外包产业结构滞后项均在1%的水平下显著为正，基于总指标和细分指标的回归系数分别为0.352和0.366，影响力度较大，说明当期服务外包产业结构会显著影响后期，因此政府在推进技术创新驱动的离岸服务外包产业升级时应保持政策的稳定性和连续性。

表5-15 稳健性检验结果对比

系统GMM			混合面板OLS		
变量	模型5.17	模型5.18	变量	模型5.17	模型5.18
L.OSIS	0.352*** (2.56)	0.366*** (3.00)	常数项（*c*）	−2.381*** (−3.528)	−3.53*** (−4.00)
技术创新能力（*TI*）	0.919*** (4.61)		技术创新能力（*TI*）	0.666*** (4.653)	
技术创新投入能力（*IIC*）		0.313*** (3.40)	技术创新投入能力（*IIC*）		0.301*** (3.925)
技术创新产出能力（*IOC*）		0.222** (2.37)	技术创新产出能力（*IOC*）		0.285*** (4.942)
技术创新环境支持（*IES*）		0.034 (0.4)	技术创新环境支持（*IES*）		−0.018 (−0.326)
人才资本（*HC*）	0.078 (0.99)	0.032** (2.32)	人才资本（*HC*）	0.244*** (2.929)	0.417*** (3.962)
外资存量（*FDI*）	−0.159* (−1.83)	−0.12* (−1.67)	外资存量（*FDI*）	−0.184*** (−2.298)	−0.219** (−2.769)
劳动力成本（*LC*）	−0.515** (−2.51)	−0.254 (−1.4)	劳动力成本（*LC*）	−0.166 (−0.774)	−0.096 (−0.453)
对外开放度（*OPEN*）	−0.155* (−1.66)	−0.223** (−2.05)	对外开放度（*OPEN*）	−0.270*** (−3.848)	−0.207*** (−3.010)

续表

系统 GMM			混合面板 OLS		
变量	模型 5.17	模型 5.18	变量	模型 5.17	模型 5.18
Sargen	43.00 (0.344)	43.80 (0.314)	R^2	0.236	0.304
AR(1)	−2.614 (0.009)	−2.61 (0.009)	F-test	12.994	12.953
AR(2)	−0.580 (0.562)	−0.649 (0.516)	P-value	0.000	0.000
N	216	216	*N*	216	216

5.2.3 基于要素与技术双重驱动的整体效应

前文分别证实了要素结构优化和技术创新对我国离岸服务外包的产业升级的影响。本节进一步地将要素结构优化和技术创新两个变量纳入同一个模型,验证双重驱动下离岸服务外包产业升级的整体效应。

5.2.3.1 变量选择及数据说明

结合前两节模型中的变量选择,双重驱动的整体效果分析模型同样以我国离岸服务外包的产业结构为被解释变量,基于要素结构角度选取了人力资本、知识产权保护、基础设施投资和外资存量这四个高级要素相对劳动力这一基础要素的结构比(*HC/L*、*IPP/L*、*IC/L*、*FDI/L*),而技术创新角度选取了技术创新能力(*TI*)及三大动力源:技术创新投入能力(*IIC*)、技术创新产出能力(*IOC*)、技术创新环境支持(*IES*),所选变量的定义及测算方法参考表 5-1 和表 5-10,数据来源与 5.2.1 及 5.2.2 中的说明相同,表 5-16 为各变量的描述性统计。

表 5-16 所选取变量描述性统计

变量	预期符号	观测数	最小值	最大值	均值	标准偏差
离岸服务外包产业结构(*OSIS*)/%		216	3.000	83.200	30.834	19.278

续表

变量	预期符号	观测数	最小值	最大值	均值	标准偏差
技术创新能力(*TI*)	+	216	−1.599	1.285	0.000	0.592
技术创新投入能力(*IIC*)	+	216	−2.737	2.465	0.000	1.000
技术创新产出能力(*IOC*)	+	216	−2.533	2.441	0.000	1.000
技术创新环境支持(*IES*)	+	216	−1.739	3.978	0.000	0.999
人才资本相对结构比(*HC/L*)	+	216	−0.268	2.556	0.815	0.704
外资存量相对结构比(*FDI/L*)		216	−3.635	1.116	−0.673	0.757
基础设施投资相对结构比(*IC/L*)	+	216	−0.903	3.786	0.677	0.751
知识产权保护相对结构比(*IPP/L*)	+	216	1.889	6.448	3.827	0.668

5.2.3.2 模型设定

本节研究离岸服务外包产业双重驱动路径的升级效果，将要素相对比例和技术创新变量纳入同一模型，从技术创新能力和三大动力源两个维度构建计量模型(模型5.19～5.20)，探索双重路径驱动的整体效果。考虑到比值和绝对量的数据差距较大，同时排除多重共线性及异方差的影响，在不改变数据的性质和相关关系的前提下，对变量取自然对数处理，具体模型如下：

$$OSIS_{it}=\beta_0+\beta_1\ln\frac{FDI_{it}}{L_{it}}+\beta_2\ln\frac{HC_{it}}{L_{it}}+\beta_3\ln\frac{IC_{it}}{L_{it}}+\beta_4\ln\frac{IPP_{it}}{L_{it}}+\beta_5\ln TI_{it}+v_i+u_i+\varepsilon_{it} \tag{5.19}$$

$$OSIS_{it}=\beta_0+\beta_1\ln\frac{FDI_{it}}{L_{it}}+\beta_2\ln\frac{HC_{it}}{L_{it}}+\beta_3\ln\frac{IC_{it}}{L_{it}}+\beta_4\ln\frac{IPP_{it}}{L_{it}}+\beta_5\ln IIC_{it}+\beta_6\ln IOC_{it}+\beta_7\ln IES_{it}+v_i+u_i+\varepsilon_{it} \tag{5.20}$$

5.2.3.3 实证结果分析

通过F检验、Hausman检验和B-PLM检验，发现基于要素与技术双重驱动的计量模型更适合固定效应，并通过逐步回归检验结果的稳定性。

(1)基于技术创新总指标的双驱动回归结果

表5-17报告了模型5.19的估计结果。从影响关系上看，知识产权保护、人力资本及基础设施投资相对劳动力的结构比[ln(*IPP*/*L*)、ln(*HC*/*L*)、ln(*IC*/*L*)]及技术创新能力(*TI*)的系数显著为正，而外资存量与劳动力的要素结构比[ln(*FDI*/*L*)]的回归系数为负，与上文结论一致。其中*TI*、ln(*IPP*/*L*)和ln(*HC*/*L*)变量的显著性依然维持在1%的水平，其中技术创新(*TI*)的t统计值最大(6.539)，显著性最强，ln(*IC*/*L*)和ln(*FDI*/*L*)的显著性水平有所下降，可见将技术创新和要素结构优化纳入同一模型后，回归方程的整体拟合度较之前更优，R^2值高达0.862，进一步证实了通过要素结构优化和技术创新能够有效推动我国离岸服务外包产业的结构升级。

从影响力度来看，所有变量的回归系数由高到低分别为*TI*(0.236)、ln(*HC*/*L*)(0.153)、ln(*IC*/*L*)(0.077)、ln(*IPP*/*L*)(0.056)、ln(*FDI*/*L*)(−0.036)，技术创新的回归系数显著高于各高级要素相对劳动力的结构比。相较而言，基于技术创新路径的驱动效果比基于要素结构优化路径的驱动效果更显著、影响力度更大。可见，随着数字经济引领的全球新产业革命加速发展，大数据、物联网、人工智能、区块链等新一代信息和数字技术的扩大应用，技术创新作为推动产业升级的核心动力，为离岸服务外包的升级与创新发展提供了宏观环境和技术支撑(王晓红，2019)，对我国离岸服务外包产业的优化升级作用更大。

表5-17 基于技术创新总指标的双驱动回归结果

模型变量	模型5.19			
	回归(1)	回归(2)	回归(3)	回归(4)
技术创新能力(*TI*)	0.219*** (7.401)	0.224*** (7.675)	0.229*** (7.909)	0.236*** (6.539)
ln(*IPP*/*L*)	0.048** (2.269)	0.051** (2.484)	0.056*** (2.698)	0.056*** (2.703)

续表

模型变量	模型 5.19			
	回归(1)	回归(2)	回归(3)	回归(4)
ln(*HC*/*L*)		0.136*** (2.865)	0.153*** (3.212)	0.153*** (3.203)
ln(*FDI*/*L*)			−0.038** (−2.115)	−0.036* (1.917)
ln(*IC*/*L*)				0.077** (2.150)
常数项(*c*)	0.126 (1.558)	0.001 (0.519)	−0.055 (−0.589)	−0.049 (−0.522)
R^2	0.853	0.859	0.862	0.862
F-test	38.700	39.089	38.641	37.214
N	216	216	216	216

(2)基于创新动力源的双驱动回归结果

表 5-18 显示了各创新动力源的基准回归结果。从影响关系上看，*IIC*、*IOC* 的影响系数表现为正值，且均通过了 1%的显著性水平，技术创新环境支持(*IES*)未能通过显著性检验，验证了上文结论。同样地，ln(*IPP*/*L*)、ln(*HC*/*L*)、ln(*IC*/*L*)和 ln(*FDI*/*L*)的 t 统计值普遍低于 *IIC*、*IOC*，且显著性水平较前文有所下降，可见将技术创新和要素结构优化纳入同一模型后，*IIC* 和 *IOC* 的作用愈发显著。此外，随着解释变量逐渐增加，拟合优度逐渐增大。从影响力度来看，人力资本相对劳动力的结构比的回归系数最大(β=0.127)，其次是技术创新投入能力(β=0.112)，进一步验证了技术创新投入能力和人力资本要素结构优化对离岸服务外包产业升级的驱动作用最大。对比两条驱动路径，技术创新动力源的影响系数整体高于要素驱动路径，与基于技术创新总指标的双驱动回归结论一致。

表 5-18　基于创新动力源的双驱动回归结果

模型变量	模型 5.20		
	回归(1)	回归(2)	回归(3)
技术创新投入能力(*IIC*)	0.115*** (6.471)	0.115*** (6.635)	0.112*** (6.380)
技术创新产出能力(*IOC*)		0.070*** (3.209)	0.065*** (2.974)
技术创新环境支持(*IES*)			−0.040 (−1.281)
ln(*IPP*/*L*)	0.065*** (3.240)	0.048** (2.350)	0.049** (2.399)
ln(*HC*/*L*)	0.142*** (2.967)	0.138*** (2.951)	0.127*** (2.684)
ln(*FDI*/*L*)	−0.033* (−1.711)	0.034* (−1.830)	−0.034* (−1.847)
ln(*IC*/*L*)	0.031** (2.167)	0.032** (2.059)	0.064* (1.921)
常数项(*c*)	−0.100 (−1.084)	−0.031 (−0.338)	−0.048 (−0.517)
R^2	0.862	0.869	0.870
F-test	37.048	38.026	37.052
N	216	216	216

5.3　本章小结

本章是全文的主体,也是离岸服务外包产业突破“价值链低端锁定”困境的内部动力机制研究。本章依据动态比较优势理论的思路框架,分别基于要素结构优化和技术创新双重视角提出了离岸服务外包产业升级的路径，并利用中国服务外包示范城市的面板数据对其进行实证检验。主要观点与结论如下：

(1)离岸服务外包产业升级的内部动力包括要素结构优化和技术创新。因此，产业升级的优化路径也可通过触发这两大动力实现：一方面，高级要素的跨境流动和自主培育可以实现要素结构的高级化演进，使得一国比较优势动态变化、高级要素密集型服务外包产品的世界价格下降、国际竞争力提升，从而实现离岸服务外包产业由基础要素密集型向高级要素密集型升级；另一方面，技术创新可以通过提高要素生产率，促进产业间转移、产业间技术扩散、传统产业改造升级和新兴产业形成发展，以及改进生产流程、降本提效来推动我国离岸服务外包的产业发展。

(2)通过对要素结构单动力的实证检验，发现要素结构的高级演进显著推动了我国离岸服务外包产业的附加值提升和结构优化升级。其中，人力资本、知识产权保护、基础设施投资的相对结构优化能够显著促进服务外包产业升级。当期离岸服务外包产业结构会显著影响其后期结构升级，在既定要素结构下，一味地遵循静态发展可能导致产业陷入"价值链低端锁定"困境。

(3)技术创新投入能力、技术创新产出能力、技术创新环境支持三大动力源相辅相成，相互促进。对技术创新动力源体系展开探索性因子分析时发现，整体而言，技术创新能有效推动离岸服务外包产业升级，其中，技术创新投入能力和技术创新产出能力是支撑产业结构持续优化的主要驱动力。此外，技术创新对离岸服务外包产业升级的驱动效果存在显著的区域异质性，Ⅰ批示范城市离岸服务外包产业升级更注重研发资源、创新人才、基础设施投资的可持续投入，而Ⅱ批示范城市则更依赖于新技术、新服务等创新成果产出。

(4)无论是要素结构还是技术创新动力，对我国离岸服务外包产业升级的影响效果均存在明显的区域异质性。要素层面，Ⅰ批示范城市服务外包产业升级主要依靠人力资本、知识产权保护等要素结构的高级化；而Ⅱ批示范城市基础设施投资的影响力度最大。仅从技术创新层面而言，Ⅰ批示范城市离岸服务外包产业升级更注重技术创新的可持续投入，而Ⅱ批示范城市的技术创新产出能力对服务外包产业升级的贡献更显著。

(5)基于要素与技术双重驱动的协同效果同样显著。一方面,将技术创新和要素结构优化纳入同一模型后,回归方程的整体拟合度较之前更优,进一步证实了通过要素结构优化和技术创新能够有效推动我国离岸服务外包产业的结构升级;另一方面,基于技术创新路径的驱动效果比基于要素结构优化路径的驱动效果更显著、贡献更大。所有变量中,技术创新动力源中的创新投入能力和人力资本要素结构优化对离岸服务外包产业升级的促进作用最大。

6 离岸服务外包产业升级的外部制度因素分析

6.1 引言

前文以要素结构和技术创新两个内部动力提出了离岸服务外包产业升级的重要路径，但是除了内部动力之外，外部制度环境的影响也至关重要。规范的商业制度、高效的审批效率、完备的法治体系都会显著推动一国服务业向全球价值链(global value chain，GVC)高端攀升。近年来，国外企业在对离岸服务外包承接地区进行选择时主要考察该地区制度质量的优劣程度以及知识产权保护政策。制度环境是否公正、知识产权保护制度是否完善已经成为全球各国进行贸易往来的重要参考依据(Brander 和 Spencer，2021)。

制度质量，即制度的质量属性，是对制度好坏的衡量，是不同国家或地区制度差异的主要体现，较好的制度质量可以提供相对有效的产权保护机制，减少交易摩擦和降低波动性，而较差的制度质量会由于缺乏适当的合同执行和监督而增加交易成本(Alonso 等，2013)。制度质量是一国攀升 GVC 比较优势的重要来源(Keane，2017；唐海燕和张会清，2009；戴翔和郑岚，2015)，制度质量与 GVC 嵌入度的交互作用对经济增长、制造业国际竞争力与出口技术复杂度的影响也已被广泛研究(李建军和孙慧，2016；陈立敏等，2016；刘琳，2015)。在全球价值链分工的背景下，越来越多的企业开始将产品研发等非核心环节发包给国外的服务提供者。离岸服务外包的出现不仅节约了企业生产成本，还在一定程度上获得了其他国家或地区具有相对优势的服务资源，导致服务外包逐渐取代制造业外包，成为一国或地区谋求价值链地位提升的重要途径。而这也使得全球服务外包价值链不断向高端发展，其知识技术密集、高附加值的特征日益明显。因此，未来的服务外包将更多地转向以“软实力”为基础的竞争，而制度质量的优劣程度是“软实力”的重要体现，将直接影响离岸服务外包的规模与结构，进而影响离岸服务外包产业 GVC 地位的攀升。

在离岸服务外包的过程中，承接服务的供应商往往需要按照发包方的要求研究并提供相应服务，在此过程中就需要对产生的新成果的知识产权归属有明确的规定(黄鹤，2017)，所以市场竞争环境是否公正、知识产权保护制度是否完善已经成为全球各国进行贸易往来的重要参考依据(Brander 和 Spencer，

2021)。随着我国对知识产权保护的重视程度日渐增加,“健全知识产权保护运用体制”也作为单独一节写入我国“十四五”规划。已有研究表明,发包方认为在知识产权保护水平越弱的地区,其核心技术被盗取的可能性就越大,因此它们通常会放弃知识产权保护水平较弱的承接地(Chakravarty,2020),但过度的保护又可能阻碍新进入的企业的发展,导致外部的创新资源无法进入产业内部(李明艳,2020),说明其影响可能存在不确定性。

因此,本章将研究离岸服务外包产业升级的外部制度,重点分析和离岸服务外包产业密切相关的外在制度环境如何影响该产业升级。后续内容主要解答这几个问题:制度质量如何影响一国或地区离岸服务外包产业的 GVC 地位攀升?产权制度与一国或地区的离岸服务外包产业及其价值链地位之间存在什么联系?知识产权保护对我国离岸服务外包产业升级是否存在非线性影响?如何设置适宜强度?对这些问题的研究和解答,有助于进一步优化我国离岸服务外包产业的升级路径,真正内外兼修地有效提升产业国际竞争力。

6.2 制度质量影响离岸服务外包产业升级的理论机制

6.2.1 文献回顾

全球价值链是研究国际贸易、产业结构、货币和资本流动以及劳动力价值之间关系的关键工具,在此背景下全球价值链的研究得到了越来越多学者的关注(Koopman 等,2008;佘群芝和贾净雪,2015;刘琳,2015)。随着全球贸易分析项目(GTAP)和世界投入产出数据库(WIOD)等大型国际投入产出表的出现,越来越多的国外学者对国际分析中的垂直专业化和全球价值链进行了研究(Johnson 和 Noguera,2012;吴敬伟和江静,2022)。近年来,国内学者也开始从增值贸易的角度研究全球价值链,文献大多采用出口分解模型和相关统计数据来评价中国参与全球价值链、分工等特征(王岚和盛斌,2014;何树全,2018;武娜和张文韬,2022)。全球价值链嵌入作为一国参与全球经济联系的重要形式,更好地提升全球价值链地位成为摆在价值链参与者面前的现实问题。

随着全球价值链研究的不断深入，越来越多学者开始探讨制度质量对全球价值链地位攀升的影响。Levchenko(2007)系统阐述了制度质量在很大程度上决定了一国贸易和分工模式，也是一国比较优势的重要来源，制度质量更高的国家，将有更多的机会从事附加值更高的生产活动。由此可以推断，一国制度质量的完善将有助于其融入和攀升全球价值链。戴翔和金碚(2014)研究发现一国的制度质量对出口技术复杂度具有显著正向影响，更为完善的制度质量会对提升出口技术复杂度产生积极促进作用。胡昭玲和张玉(2015)采用内生门限回归模型测度了46个主要国家的价值链分工地位指数和制度质量，结果表明制度质量改进能够显著提升GVC的分工地位，但提升效应呈非线性调整，制度质量对于改进较低层次国家分工地位具有更为显著的促进作用。翟士军和黄汉民(2016)以全球风险指数为评价制度质量指标，研究发现一国的制度质量越高，其GVC参与度与地位指数就越高。

服务外包作为一种新兴的服务加工贸易，它的迅速发展促使发达国家与发展中国家在全球价值链中的国际分工更加深入，成为“推平世界”的关键性因素(杨圣明，2006)。陈启斐和刘志彪(2013)的研究表明，中国制造业的服务外包结构不断优化，且服务外包有助于促进中国制造业向全球价值链高端攀升，类似的研究还有姚博和魏玮(2012)与邱斌等(2012)。许和连等(2018)结合双边出口增值核算和社会网络分析方法实证表明，承接国服务外包网络地位的提高有助于其在服务业增值网络中的地位的攀升。离岸服务外包网络特征对服务业全球价值链网络地位的影响会因离岸服务外包的要素密度和社区结构不同而产生异质性。陶爱萍和张珍(2022)认为离岸服务外包在最大程度上促进了“碎片化”的生产趋势。企业作为经济活动的主要载体，受到提升经营红利和潜在提升全球价值链位置的激励后会进行离岸外包。Amiti和Wei(2006)研究发现离岸服务外包对美国制造业生产率具有显著正向影响，其贡献率约为11%。姚战琪(2010)对中国的投入产出表进行研究，发现中国服务外包的生产率贡献效应大于制造外包和总体外包。廖战海(2020)则基于中国海关数据与中国工业企业数据，实证研究了企业外包对就业波动的影响，结果发现企业外包会加剧就业波动。

已有研究主要围绕制度质量对制造业抑或价值链分工的影响，而关于服务外包产业的GVC地位测度，以及制度质量影响离岸服务外包产业GVC地位的机制均未被广泛地探讨和深入地研究。因此探究如何通过提高制度质量来促进离岸服务外包产业 GVC 地位攀升是本章的关键。本节的边际贡献主要有三个方面：(1)探究制度质量对离岸服务外包产业 GVC 地位攀升的影响机制，并提出相应的理论假说；(2)采用门槛效应模型将制度质量与离岸服务外包产业 GVC 地位攀升联系起来，更精确考察其可能存在的非线性关系；(3)以 2010—2020 年 34 个国家或地区的面板数据为样本，从静态效应和动态效应两个层面实证检验制度质量对离岸服务外包产业 GVC 地位攀升的影响效果，以丰富相关领域的经验研究。

6.2.2 制度质量对离岸服务外包产业 GVC 地位攀升的影响机制

6.2.2.1 一般传导机制

在全球价值链分工与服务贸易自由化的背景下，各个国家或地区都争相攀居 GVC 分工的高端地位，而国家间经济与技术水平的差距，以及国际分工的不平衡性必然导致部分发展中国家出现“价值链低端锁定”的现象（郭进等，2018；朱明珠和孙菁，2019；胡大立等，2021）。在寻求突破的过程中，制度质量已经成为全球价值链嵌入高附加值环节过程中不可忽视的关键因素。首先，良好的制度质量可以减少合同执行的摩擦，保证合同执行的质量，降低运营成本，并有助于加深全球价值链产业的嵌入程度和加强产业竞争力，进而有助于在全球价值链的国际竞争中创造新优势（杜运苏和彭冬冬，2019）。Williamson(1975)从制度完善的角度解释了企业交易“内部化选择”影响贸易结构和模式的机制。当面临不完全契约环境时，跨国公司往往通过将生产外包或交易“内部化”来规避风险，从而影响国别产业分工地位（Antras 等，2012；Grossman 等，2005），这说明良好的制度质量可以促进劳动分工的深化与技术进步，并能够有效弥补契约的不完全，进而影响一国的比较优势。其次，完善的制度质量是一国比较优势的来源，并能够引导贸易结构的形成和演变，且贸易强国的崛起与发展需要良好的制度作为支撑（Levchenko，2007）。制度可以通过利用自然资源促进离岸服务外包 GVC 分工地位的提升（黄灿和林桂军，2017）。制度质量较高的国家通过降低创新研发过程中的不确定性，促进先进技术的转化与使用，进而推动离岸服务外包 GVC 分工地位向上攀升。由此本节提出研究假说 1：制度质量的提升能够促进离岸服务外包产业 GVC 的地位攀升。

6.2.2.2　门槛效应机制

在产品内国际分工的背景下，不同国家的制度质量差异显著，即使同一经济体在不同的制度质量阶段产生的影响也相距甚远。完善的制度环境能降低资源配置的扭曲程度，促进一国的生产活动，使得其他国家更愿意与其进行贸易往来，而不健全的制度质量则容易导致不必要的非生产性活动成本以及资源配置的浪费，使得交易风险与成本大幅度增加。历史经验表明，高制度质量国家的离岸服务外包产业 GVC 地位攀升更多地依托本国良好的契约环境、高效公正的法制体系与知识产权保护效应等（杨珍增和杨宏，2021）。而低制度质量的国家往往在知识产权保护和契约执行效率等方面的完善程度较低，主要依托低价格资源与低成本的劳动力吸引发达经济体中间产品的加工与转移，通过承接外包、代工生产等低附加值的方式，推动其离岸服务外包产业 GVC 地位攀升。为了系统评估制度质量完善的不同阶段对于离岸服务外包产业 GVC 地位潜在的非线性影响，本节试图探究制度质量对离岸服务外包产业 GVC 地位攀升是否存在潜在的“门槛”效应，以及在不同的门槛下，制度质量是否会对离岸服务外包产业 GVC 地位攀升产生异质性影响。据此提出研究假说 2：制度质量对离岸服务外包产业 GVC 地位攀升的影响效应存在一个或者一个以上的“门槛”。

6.2.2.3　调节效应机制

已有研究表明，影响离岸服务外包产业 GVC 地位攀升的因素有很多，主要包括研发支出、信息基础设施、劳动力素质与国家经济发展水平等（戴翔和郑岚，2015；王晓红，2017）。本书认为制度质量的提升在一定程度上可以通过参与调节研发支出、信息基础设施、劳动力素质来影响离岸服务外包产业 GVC 地位攀升。首先，制度质量与研发支出能够共同影响离岸服务外包产业 GVC 地位攀升，研发支出决定了接包方的技术研发能力，发包方在选择承接服务的接包方时，会着重考虑其技术能力，这不仅决定了其是否可以完成接包任务，还决定了其任务完成的质量水平。其次，制度质量与信息基础设施共同影响离岸服务外包产业 GVC 地位攀升，信息基础设施的完善程度不仅与一国的制度质量息息相关，而且在一定程度上决定着当前离岸服务外包的水平与未来的发展趋势，因此两者能对离岸服务外包 GVC 地位攀升发挥调节效应。最后，制度质量还能与劳动力素质共同影响离岸服务外包产业 GVC 地位攀升，低廉的劳动力成本会让接包方更受发包方的青睐，这意味着交易费用的极大节约，因此两者对离岸服务外包产业 GVC 地位攀升共同发挥调节效应。基于以上潜在的调节机制，可提出研究假说 3：制度质量与研发支出、信息基础设施与劳动力素质共同影响离岸服务外包产业 GVC 地位攀升。

6.3 制度质量与离岸服务外包产业升级的实证分析

为了验证一国制度质量影响离岸服务外包产业 GVC 地位攀升的三个作用机制，本节将在测度分析离岸服务外包产业 GVC 地位、制度质量水平的基础上，进一步从静态和动态两个层面利用 2010—2020 年跨国面板数据开展实证检验。

6.3.1 离岸服务外包产业全球价值链地位、制度质量测度与发展轨迹

6.3.1.1 离岸服务外包产业全球价值链的地位

关于离岸服务外包产业 GVC 地位的测度已在本书 3.2.1 部分完成，根据测度结果本节将进一步进行国别比较。虽然当前占据主导地位的仍然是发达国家，但是发展中国家作为离岸服务外包的新兴力量不可忽视。如图 6-1 所示，所选五个离岸服务外包的代表性国家中，三个发达国家 2010—2020 年期间的离岸服务外包产业 GVC 地位指数均维持在 30000 以上，且总体呈现上升的趋势。发达国家在数字服务与制度方面都比较完善，可以给企业提供安全、便捷的贸易环境，这些都是促进离岸服务外包产业 GVC 向高端攀升的有力保障。2018 年以前日本的离岸服务外包产业价值链地位指数一直稳居第一，而后两年被澳大利亚反超。至于两个发展中国家，每年离岸服务外包产业 GVC 地位指数也维持在 20000 以上，总体呈现增长的趋势，但均低于发达国家。

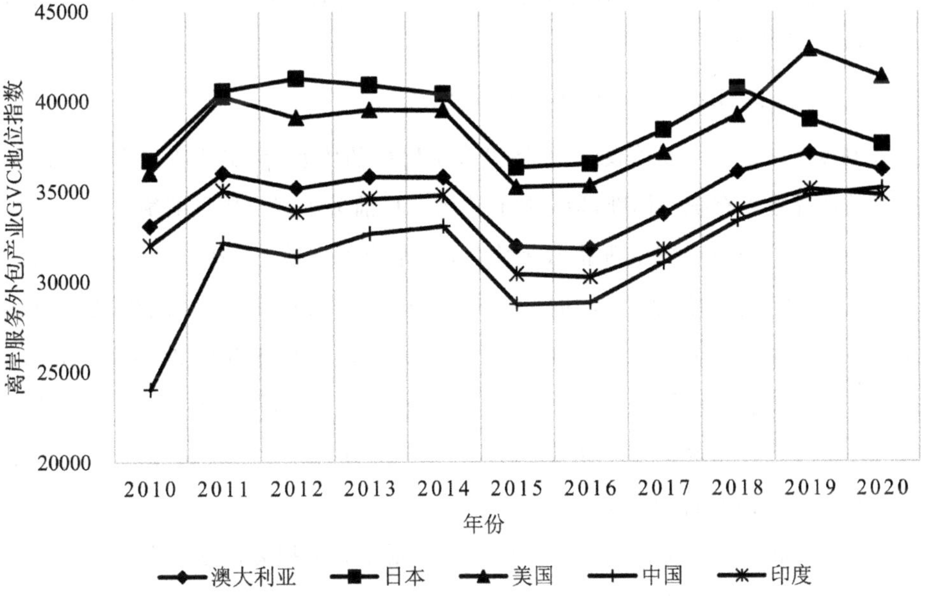

图 6-1　五个代表国家离岸服务外包产业价值链地位的比较分析

图 6-2 展示了 2020 年全球主要经济体离岸服务外包产业 GVC 地位指数的横向比较情况，其中，中国的离岸服务外包产业 GVC 地位指数总体处于较低

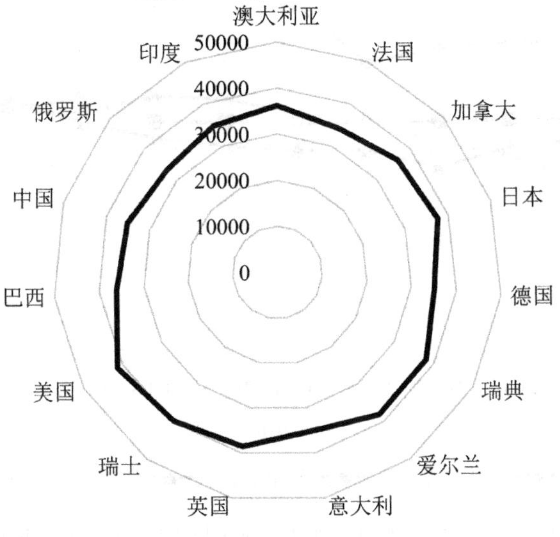

图 6-2　主要经济体离岸服务外包产业全球价值链地位指数比较(2020 年)

水平,与美国、日本等发达国家存在差距,在“金砖国家”中也在一定程度上落后于巴西,但整体高于印度与俄罗斯。

6.3.1.2 制度质量水平与发展轨迹

制度质量是一个涵盖政治、经济等多维层面的体系,在实证研究中对于制度变量的选择还没有统一标准,指标各有优劣。目前关于制度质量的衡量指标的最普遍的来源是通过全球治理指数来构建,全球治理指数(worldwide governance indicators,WGI)包括话语权和问责(voice and accountability)、政治稳定与非暴乱(political stability and absence of violence)、政府有效性(government effectiveness)、管制质量(regulatory quality)、法制程度(rule of law)、腐败控制(control of corruption)六个指标。本章选取WGI提供的管制质量作为代理变量,数值越大,说明管制质量水平越高。

图6-3展示了2010年至2020年中国与制度质量相关程度较高的四个维度指标的演化轨迹,分别为政府有效性、管制质量、法制程度和腐败控制。纵轴即中国的这些指标数据在所有214个国家(地区)中的百分数排名。由图可知,自

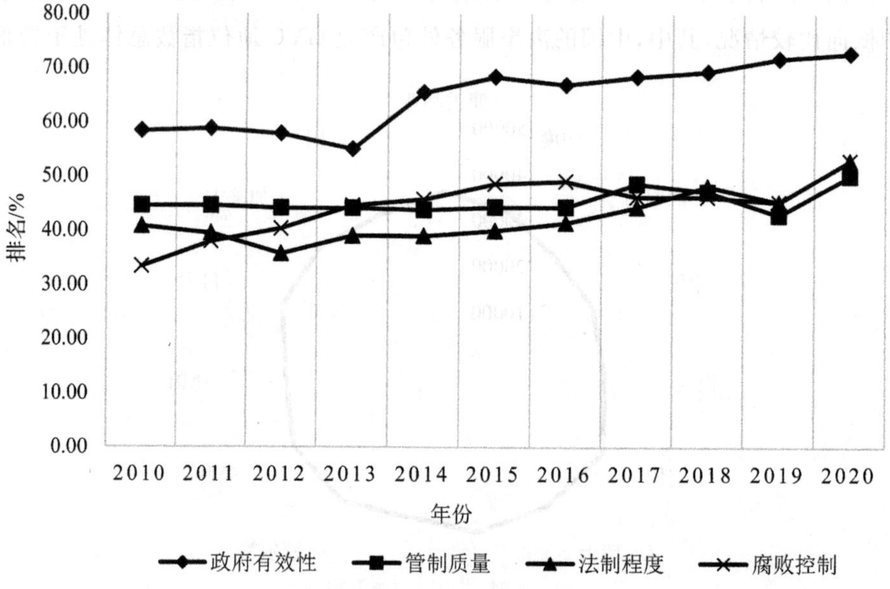

图6-3 中国政府治理维度的演化趋势(2010—2020年)

2013年后中国政府有效性从55.0%快速上升到2020年的72.6%，政府有效性的上升不仅可以为跨国企业提供优质的公共服务，还可以制定和实施合理的政策，在提高制度质量水平的同时使得跨国企业可以正常地参与市场竞争，享受公平的待遇。腐败控制从33.3%提高到了52.9%，说明中国近几年来有效地降低了使用公共权力谋求私利的现象的产生，提高腐败控制有助于降低投资难度，从而进一步促进离岸服务外包产业向价值链高端攀升。管制质量和法制程度均呈现小幅度上升的状态。

对比发达国家、发展中国家以及中国的制度质量演化趋势（见图6-4）发现，发达国家与发展中国家还存在着较大的差距。在新经济环境下，制度质量的差异化极大地影响了一国经济的发展。先进技术在拥有高制度质量的发达国家内的开发和应用相较于在发展中国家内更加普及，从而使得这些发达国家所处的全球价值链分工地位逐渐提升。中国制度质量虽呈现较低的水平，但从图6-4中可以看出，自2016年后随着政府有效性快速上升，制度质量也随之有所提升。

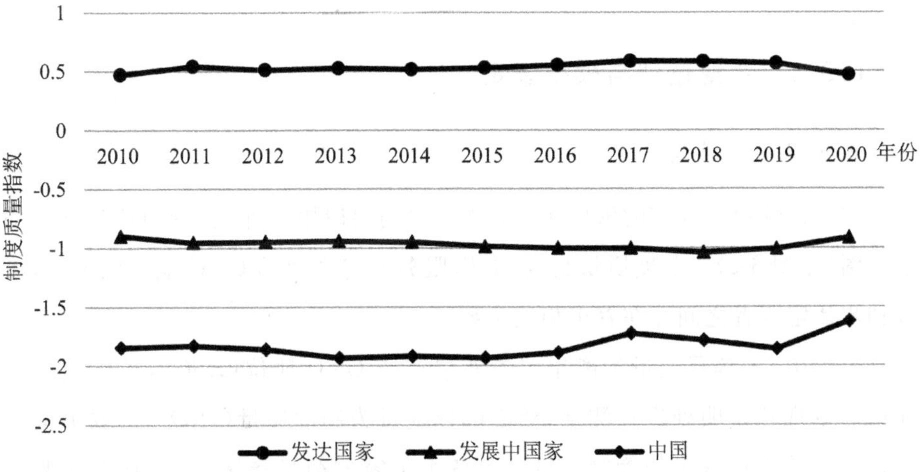

图6-4　发达国家、发展中国家与中国制度质量的演化趋势

进一步地，选择几个代表性国家2020年的制度质量（见图6-5）进行横向比较，发现制度质量位于前列的主要为高收入水平的发达国家，尤其以澳大利亚、瑞典、加拿大等国家为代表，说明发达国家的总体制度设计和执行都处于比较

完善的状态。其中，澳大利亚制度质量以 1.17 的指数水平遥遥领先，排名垫底的两名分别为印度和俄罗斯，其制度质量分别为－1.7 和－2.1。当然，中国仍然处于一个较低的水平，存在较大的优化空间。

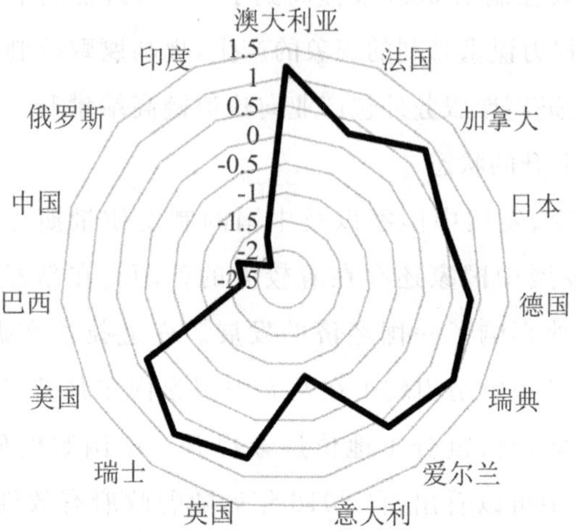

图 6-5　主要经济体制度质量的比较分析(2020 年)

6.3.2　变量选取与模型设定

6.3.2.1　模型设定

本节线性模型设定的依据在于制度质量与离岸服务外包产业 GVC 地位的散点图(见图 6-6)。制度质量越高，离岸服务外包产业的 GVC 地位就越高，可以初步认定两者之间存在着正相关关系。

模型中，被解释变量为离岸服务外包产业 GVC 地位(*ESC*)，具体数值已在第 3 章现状说明处进行测度；核心解释变量为制度质量(*IRQ*)，选取了世界银行全球治理指数中的管制质量作为各个国家的衡量指标，并且将上述两个核心变量均进行标准化处理。除此之外，本节还将选取国家经济发展水平(*GDPPC*)、研发支出(*RD*)、物质资本(*SAV*)、劳动力素质(*POP*)与信息基础设施(*INFR*)等作为控制变量，上述指标数据均来自世界银行数据库。

根据一般传导机制，制度质量影响离岸服务外包产业 GVC 地位攀升的基

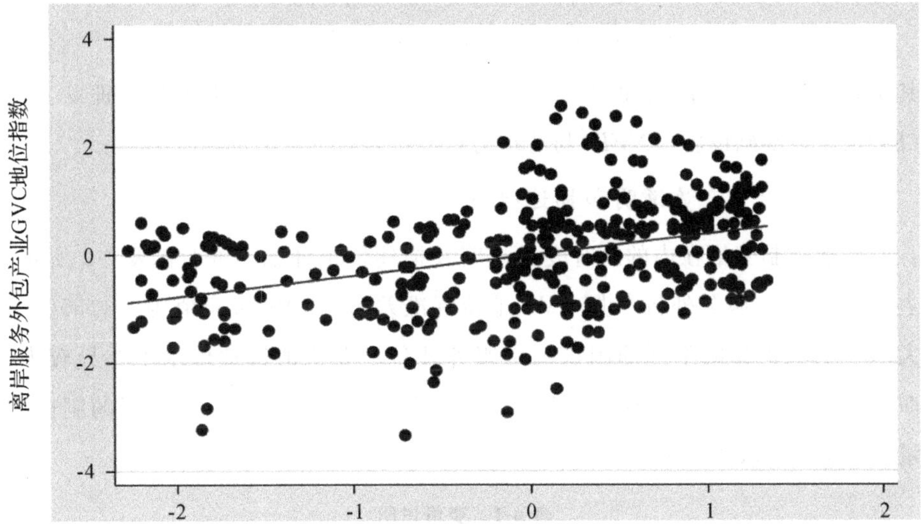

图 6-6　离岸服务外包产业 GVC 地位与制度质量趋势

准回归设定见式 6.1。式中，i 为截面变量，t 为时间变量（2010—2020 年），ε 为随机扰动项，并做国别（地区）层面聚类分析：

$$ESC_{it}=\alpha+\beta_1 IRQ_{it}+\beta_2 GDPPC_{it}+\beta_3 RD_{it}+\beta_4 SAV_{it}+\beta_5 POP_{it}+\beta_6 INFR_{it}+\varepsilon_{it} \tag{6.1}$$

制度质量影响离岸服务外包产业 GVC 地位攀升的单一门槛效应模型设定见式 6.2：

$$ESC_{it}=\mu_i+\beta_1 x_{it}\cdot I(IRQ\leqslant\gamma)+\beta_2 x_{it}\cdot I(IRQ>\gamma)+\varepsilon_{it} \tag{6.2}$$

单一门限门槛假设只存在一个门槛，从计量的角度，可能会存在两个或者多个门槛。当存在两个门槛时，模型可以拓展为如式 6.3 的双重门槛形式，γ_1、γ_2分别为较小和较大的两个门槛值。依照门槛值可以将门槛变量划分成三个不同的区间进行检验。

$$ESC_{it}=\mu_i+\beta_1 x_{it}\cdot I(IRQ\leqslant\gamma_1)+\beta_2 x_{it}\cdot I(\gamma_1<IRQ\leqslant\gamma_2)+\beta_3 x_{it}\cdot I(IRQ>\gamma_2)+\varepsilon_{it} \tag{6.3}$$

制度质量影响离岸服务外包产业 GVC 地位攀升的调节效应模型设定如下：

$$ESC_{it}=\alpha+\beta_1 IRQ_{it}+\beta_2 GDPPC_{it}+\beta_3 RD_{it}+\beta_4 SAV_{it}+\beta_5 POP_{it} +\beta_6 INFR_{it}+\beta_7 IRQ_{it}\cdot W_{it}+\varepsilon_{it} \quad (6.4)$$

其中，W 为调节变量，根据调节效应机制，本节的调节变量分别为研发支出（RD）、信息基础设施（$INFR$）与劳动力素质（POP）。

6.3.2.2　变量说明和描述性统计

包括控制变量在内的所有变量说明及描述性统计如表 6-1 和表 6-2 所示。表 6-2 中，离岸服务外包产业 GVC 地位标准差为 1.049，最小值为－4.556，最大值为 1.012，说明不同的国家离岸服务外包产业价值链地位水平差异较大。而制度质量最大值和最小值分别为 1.339 和－2.275，说明各国之间的制度质量水平也存在较大差异。

表 6-1　变量说明

变量	变量含义	指标说明
ESC	离岸服务外包产业 GVC 地位	参考 Hausmann et al.（2005）的测度出口复杂度指数的方法
IRQ	制度质量	选取全球治理指数中的管制质量来表示
GDPPC	国家经济发展水平	居民人均 GDP
RD	研发支出	研发支出占 GDP 的比重
SAV	物质资本	资本形成额占 GDP 的比重
POP	劳动力素质	公共教育经费支出占 GDP 的比重
INFR	信息基础设施	用每 100 户居民中使用互联网的用户数来衡量

注：数据来自世界银行数据库。

表 6-2　主要变量的描述性统计结果

变量	样本量	均值	最大值	最小值	标准差
离岸服务外包产业 GVC 地位（*ESC*）	374	－0.666	1.012	－4.556	1.049

续表

变量	样本量	均值	最大值	最小值	标准差
制度质量(*IRQ*)	374	−0.686	1.339	−2.275	0.094
国家经济发展水平(*GDPPC*)	374	0.854	10.637	−2.084	1.042
研发支出(*RD*)	374	0.302	1.510	−2.485	0.730
物质资本(*SAV*)	374	3.156	3.938	1.539	0.334
劳动力素质(*POP*)	374	4.201	4.319	4.080	0.044
信息基础设施(*INFR*)	374	7.637	12.533	0.182	2.341

6.3.3 实证结果分析

本节首先采用静态面板方法进行估计，然后再使用系统 GMM 估计方法考察估计结果的稳健性。经赤池信息量准则(AIC)和贝叶斯信息准则(BIC)计算可得以上主要变量的膨胀因子平均值为 1.4，最大值为 1.88，远远低于 10 的指标值，所以可以排除变量间存在多重共线性的可能。

6.3.3.1 基准模型回归结果

(1)静态面板数据估计结果

采用普通最小二乘法(OLS)静态面板模型检验各变量对离岸服务外包产业 GVC 地位攀升的影响结果如表 6-3 所示。在回归过程中，以制度质量作为基础变量，然后依次加入其他控制变量进行回归，如此会使得结果更具有稳定性。在表 6-3 的估计结果中，第(1)列仅将制度变量(*IRQ*)作为解释变量进行回归，结果表明制度质量的完善对离岸服务外包产业的 GVC 地位攀升具有显著促进作用。第(2)至(6)列逐步纳入国家经济发展水平、研发支出、物质资本、劳动力素质与信息基础设施，结果发现，核心解释变量的系数值大小虽然有所变化，但它们与离岸服务外包产业 GVC 地位的正相关关系始终没有改变，在一定程度上说明了上述估计结果的稳健性。据此，理论假说 1 得到验证。

由于部分控制变量是相关指标与 GDP 的比值，本身数值比较小，所以有些控制变量的系数显示为 0.000，但并不为 0。国家经济发展水平(*GDPPC*)与研发支出(*RD*)对离岸服务外包产业 GVC 地位攀升具有显著正向影响。劳动力素质(*POP*)对离岸服务外包产业 GVC 地位攀升则有显著负向影响，这可能是由于传统的劳动力素质“优势”对于发展现代离岸服务外包产业、攀升离岸服务外包产业 GVC 上游存在不利的影响。物质资本(*SAV*)也对离岸服务外包产业 GVC 地位攀升影响具有显著的负向影响,其原因可能在于现如今居民储蓄难以快速转化为生产资本而增值,保持较高的储蓄率并不能保证高质量的经济增长,因此短期内的高储蓄率并不一定带来离岸服务外包产业价值链地位的改善。同样具有负向影响的还有信息基础设施(*INFR*)。

表 6-3　静态面板数据固定效应回归结果(OLS)

变量	(1)	(2)	(3)	(4)	(5)	(6)
IRQ	0.118* (0.065)	0.203*** (0.074)	0.161* (0.086)	0.259*** (0.054)	0.238*** (0.056)	0.144* (0.079)
GDPPC		0.229*** (0.071)	0.185* (0.102)	0.000*** (0.000)	0.000*** (0.000)	0.239*** (0.076)
RD			0.190* (0.097)	0.299*** (0.094)	0.267*** (0.091)	0.199** (0.085)
SAV				−0.317** (0.157)	−0.273* (0.161)	−0.253* (0.148)
POP					−2.466* (1.256)	−3.624*** (1.211)
INFR						−0.060** (0.027)
c	0.420*** (0.076)	−0.196** (0.077)	−0.215** (0.095)	0.910* (0.493)	11.141** (5.190)	16.216*** (5.113)
Observations	374	374	374	374	374	374
R^2	0.015	0.173	0.185	0.182	0.192	0.217

注:10%、5%和 1%水平上显著分别以*、**和***来表示,本章下同。

然而,使用 OLS 估计方法对静态面板数据固定效应进行回归时,其内生性问题可能会使得估计结果出现偏差。为此,本节再采用两阶段最小二乘法(TSLS)对上述模型进行估计,采用的工具变量为滞后两期的制度质量。为了考察工具变量的有效性,还需对工具变量进行识别性检验(见表 6-4),结果表明所选工具变量是合适的。

首先，从表 6-4 中第(1)至(6)列的估计结果来看，制度质量作为基础变量，即使在后续逐步纳入其他控制变量，其对离岸服务外包产业 GVC 地位影响的显著性与方向性都没有发生实质性的改变。其次，将表 6-3 与表 6-4 的估计结果进行对比，可知无论是采用逐步回归法(OLS)还是采用两阶段最小二乘法(TSLS)，制度质量均对离岸服务外包产业 GVC 地位攀升有着显著正向影响。换言之，在采用工具变量克服可能的内生性问题后，制度质量的估计系数及其统计显著性特征，都没有发生本质变化，这初步证实了制度质量对离岸服务外包产业 GVC 地位攀升的影响是稳健的。此外，就其他控制变量而言，表 6-4 的估计结果在系数与统计显著性特征方面，也基本与表 6-3 保持较高的一致性。

表 6-4　静态面板混合估计结果(TSLS)

变量	(1)	(2)	(3)	(4)	(5)	(6)
IRQ	0.384*** (7.67)	0.252*** (3.25)	0.200** (2.50)	0.179** (2.25)	0.157* (1.91)	0.265*** (3.23)
GDPPC		0.163** (2.24)	0.126* (1.71)	0.119 (1.61)	0.129* (1.74)	0.218*** (2.98)
RD			0.202** (2.36)	0.263*** (2.93)	0.244*** (2.68)	0.228*** (2.60)
SAV				−0.344** (−2.16)	−0.316** (−1.97)	−0.369** (−2.38)
POP					−1.437 (−1.16)	−3.292*** (−2.65)
INFR						−0.151*** (−5.02)
Constant	0.088* (1.77)	−0.055 (−0.68)	−0.088 (−1.08)	0.987* (1.96)	6.925 (1.35)	16.032*** (3.05)
不可识别检验	298.493 (0.0000)	288.345 (0.0000)	286.924 (0.0000)	286.769 (0.0000)	285.658 (0.0000)	284.244 (0.0000)

续表

变量	(1)	(2)	(3)	(4)	(5)	(6)
弱识别检验	6024.227 (0.1)	2466.907 (0.1)	2263.719 (0.1)	2236.797 (0.1)	2099.439 (0.1)	1946.706 (0.1)
过度识别检验	1.455 (0.2277)	1.341 (0.2468)	1.424 (0.2328)	0.881 (0.3479)	0.975 (0.3234)	1.556 (0.2122)
Observations	306	306	306	306	306	306
R^2	0.1569	0.1733	0.1889	0.2015	0.2051	0.2641

(2)动态面板方法估计结果

考虑到制度和出口复杂度可能存在的时滞效应，有必要在计量方程中纳入被解释变量的一阶滞后项作为解释变量，但当被解释变量的一阶滞后项作为解释变量加入方程中可能会产生内生性问题。为此，本章采用系统广义矩估计方法(System GMM)对动态面板数据模型进行估计，结果见表 6-5。GMM 估计的一致性取决于工具变量的有效性(Bond，2002)。本节中 Sargan 检验是不能拒绝“工具变量是有效的”的原假设，结果显示原假设被接受；且 Arellano-Bond AR(1)检验拒绝原假设，AR(2)检验接受备择假设，即满足一阶自相关不存在二阶自相关，因此说明系统 GMM 估计是有效的。表 6-5 中第(1)至(6)列的回归结果，是以滞后一期的出口复杂度指数与制度质量作为基础变量，然后依次纳入其他控制变量进行回归所得的。

表 6-5　动态面板估计结果(系统 GMM)

变量	(1)	(2)	(3)	(4)	(5)	(6)
L.ESC	0.811*** (0.062)	0.808*** (0.070)	0.798*** (0.074)	0.685*** (0.105)	0.683*** (0.093)	0.687*** (0.087)
IRQ	0.117*** (0.040)	0.116*** (0.042)	0.059* (0.031)	0.100*** (0.038)	0.091*** (0.035)	0.085* (0.048)
GDPPC		−0.000** (0.000)	−0.000** (0.000)	−0.000* (0.000)	−0.000* (0.000)	−0.000** (0.000)

续表

变量	(1)	(2)	(3)	(4)	(5)	(6)
RD				0.090* (0.047)	0.091* (0.053)	0.097* (0.051)
SAV				−0.234* (0.124)	−0.211* (0.115)	−0.195* (0.111)
POP					−0.011 (0.013)	−0.006 (0.015)
INFR						0.008 (0.036)
c	−0.193*** (0.060)	−0.175*** (0.064)	−0.210*** (0.055)	0.000 (0.000)	1.023 (0.980)	1.490 (1.225)
Year	控制	控制	控制	控制	控制	控制
Country	控制	控制	控制	控制	控制	控制
AR(1)P 值	0.0210	0.0230	0.00670	0.00985	0.00990	0.00952
AR(2)P 值	0.410	0.422	0.673	0.587	0.603	0.600
Sargan 检验	48.43 (0.375)	48.00 (0.352)	44.50 (0.791)	91.86 (0.119)	94.18 (0.117)	95.19 (0.104)
Observations	306	306	272	272	272	272

根据表 6-5 回归结果发现：其一，作为解释变量滞后一期的离岸服务外包产业 GVC 地位的系数为正，且在 1%的水平下显著，说明前期的价值链地位指数对当期有显著影响，存在时滞效应；其二，制度质量对离岸服务外包产业 GVC 地位攀升有着显著正向影响，这与上述结果保持了较好的一致性，即制度质量越完善的国家，越能通过承接高级别的服务外包来获得更多的技术溢出效应，进而更有利于离岸服务外包产业 GVC 地位向高端攀升，这一点也再次证实了前面的理论假说 1；其三，其他控制变量中，研发支出显著为正，物质资本显著为负，与上述两种静态面板模型估计结果一致，但国家经济发展水平在系统 GMM 检验的回归结果中显著为负，劳动力素质与信息基础设施则不显著。

6.3.3.2 门槛效应回归结果

在假说1得到证实后，进一步通过构建门槛模型来检验假说2。在对门槛阈值的估计以及门槛估计值显著性检验、真实性检验的基础上，本节进一步将制度质量作为门槛变量开展门槛效应模型的实证研究，门槛效应模型如式6.4与式6.5所示。

(1)门槛阈值的估计

考虑制度质量对离岸服务外包产业GVC地位攀升影响的门槛阈值，需要先考察门槛是否存在；如果存在，则需要确定门槛数量来决定模型的最终形式。根据表6-6，在所显示的可能的门槛阈值中，显著性检验的结果表明，双重门槛模型在10%显著性水平下拒绝原假设，门槛效应显著，这说明存在两个门槛阈值的可能性比较大，不仅通过了显著性检验，而且其95%置信区间也比较狭小精确。所以本章使用双重门槛模型进行后续估计。

表6-6 门槛效应检验

分类	*F*值	*P*值	1%	5%	10%	门槛估计值	95%置信区间
单一门槛	8.82**	0.044	10.8488	8.7944	7.8945	−1.8917	[−1.9655, −1.8770]
双重门槛	8.83*	0.072	12.5498	9.3200	8.0019	0.7349	[0.6316, 0.7496]

注：*P*值与临界值都是采用BOOTSTARP反复抽样1000次得到。

(2)门槛估计值检验

根据门槛模型原理，门槛估计值是似然比统计量*LR*趋近于0时所对应的γ值，图6-7为制度质量的两个门槛估计值−1.8917与0.7349在95%置信区间下的似然比函数图。其中，*LR*统计量最低点为对应的真实门槛值，虚线表示临界值为7.6，由于临界值明显大于两个门槛值，由此可认为上述的门槛值是真实有效的。

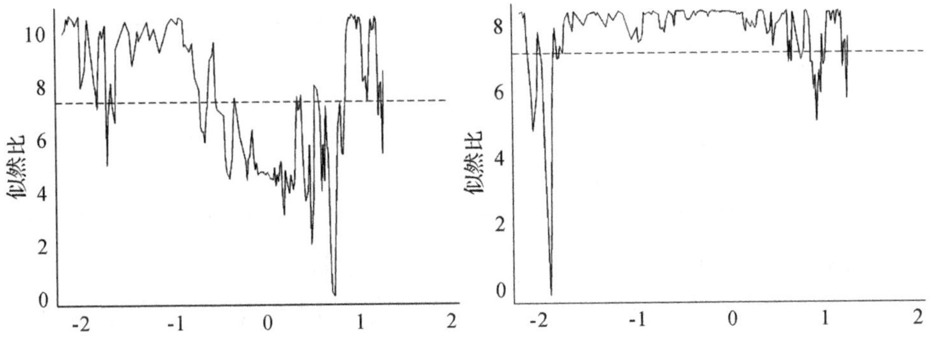

（a）第一门槛值　　（b）第二门槛值

图 6-7　制度质量的双门槛估计值和置信区间

（3）门槛估计值回归结果

表 6-7　制度质量的门槛效应回归结果（被解释变量：*ESC*）

单一门槛		双重门槛	
IRQ＜−1.8917	0.241 (0.224)	*IRQ*＜−1.8917	0.00546 (0.235)
IRQ≥−1.8917	0.594** (0.266)	−1.8917≤*IRQ*＜0.7349	0.379* (0.227)
		IRQ≥0.7349	0.541** (0.264)
RD	0.490* (0.293)	*RD*	0.358* (0.213)
SAV	−0.0293* (0.0168)	*SAV*	−0.0324* (0.0167)
POP	−0.0800** (0.0385)	*POP*	−4.756* (2.537)
INFR	−0.114 (0.0338)	*INFR*	−0.135 (0.0333)
GDPPC	−0.0155 (0.0821)	*GDPPC*	0.00202 (0.0775)

续表

单一门槛		双重门槛	
c	5.773** (2.811)	c	20.43* (10.84)
R^2	0.049	R^2	0.073

根据表6-7双重门槛效应回归结果，当制度质量小于−1.8917(第一个门槛值)时，制度质量虽为正数但是并不显著，当制度质量跨过第一个门槛值并小于0.7349(第二个门槛值)时，制度质量对离岸服务外包产业GVC地位攀升的影响突然变显著，且符号为正。当制度质量跨过第二个门槛值之后，制度质量对离岸服务外包产业GVC地位攀升的影响再一次显著为正，并且系数达到了0.541，这说明制度质量的完善，对于具有创新和上游特征的离岸服务外包产业GVC地位攀升所起的作用更加持久和稳定。

此外，其他控制变量的两种门槛估计结果保持了较好的一致性。研发支出对离岸服务外包产业GVC地位攀升的促进效应显著，物质资本与劳动力素质对离岸服务外包产业GVC地位攀升存在显著负向影响，信息基础设施和国家经济发展水平对离岸服务外包产业GVC地位攀升的影响并不显著。

6.3.3.3 调节效应检验

根据调节效应计量模型，本节分别选取研发支出、信息基础设施、劳动力素质与制度质量进行交互处理。根据表6-8的回归结果，制度质量与研发支出、信息基础设施的交互项的系数均显著为负，说明研发支出与信息基础设施在制度质量对离岸服务外包产业GVC地位攀升的影响起到负向调节作用。制度质量与劳动力素质的交互项的系数显著为正，说明劳动力素质在制度质量对离岸服务外包产业GVC地位攀升的影响起到正向调节作用。

表6-8 调节效应检验回归结果

调节变量	(1)研发支出	(2)国家基础设施	(3)劳动力素质
IRQ	0.479*** (4.02)	0.154** (2.10)	−3.745*** (−4.76)

续表

调节变量	(1)研发支出	(2)国家基础设施	(3)劳动力素质
RD	0.346*** (3.99)		
IRQ×*RD*	−0.243*** (−3.92)		
INFR		0.000*** (2.78)	
IRQ×*INFR*		−0.000*** (−2.87)	
POP			−0.036** (−1.99)
IRQ×*POP*			0.058*** (4.90)
c	−1.559***	−0.651***	2.534*
Year	控制	控制	控制
Country	控制	控制	控制
R^2	0.944	0.942	0.947
Observations	374	374	374

为了减少预测变量与交互项之间的相关性，减少多重共线性的影响，本节进行如下中心化处理：

$$\partial ESC/\partial IRQ=0.479-0.243\times RD \tag{6.5}$$

$$\partial ESC/\partial IRQ=0.154-0.0003\times INFR \tag{6.6}$$

$$\partial ESC/\partial IRQ=-3.745+0.058\times POP \tag{6.7}$$

如果将上述样本的研发支出、信息基础设施和劳动力素质的均值($\overline{RD}=0.3021$、$\overline{INFR}=7.6368$、$\overline{POP}=4.2013$)分别代入三式中，可得到三个边际效应$\partial ESC/\partial IRQ=0.4055$、$0.1517$、$-3.5013$)。结果进一步表明，研发支出、信息基础设施与劳动力素质在制度质量对服务外包 GVC 地位攀升的影响中具有显著的调节作用。

就边际效应而言，在研发支出与信息基础设施的调节下，制度质量对离岸服务外包产业 GVC 地位攀升具有显著正向影响，但随着研发支出与信息基础设施的不断改善，这种正向的影响也不断被削弱，造成这一现象的原因可能是部分国家技术研发成果转换存在时间滞后效应，且在短期内所面临的生产成本在一定程度上会使得企业收益小于损失，因此短期内的高投入研发并不能促进离岸服务外包产业 GVC 地位攀升。信息基础设施对制度质量的调节可能需要其完善到一定程度才会产生正向作用，而样本所包含的部分发展中国家的落后的基础设施建设尚不足以促进离岸服务外包整体 GVC 地位的提升。在劳动力素质的调节下，制度质量对于离岸服务外包产业 GVC 地位攀升产生了负向影响，但随着劳动力素质的增强，这种负向的影响逐渐转换成显著正向影响。其原因可能在于本章选取的样本中以发达国家居多，高端人力资本充裕，因此劳动力素质中制度质量产生的贡献会促进离岸服务外包产业 GVC 地位攀升，假说 3 得以验证。

6.3.3.4 稳健性检验

考虑到变量指标设计或者其他因素可能会影响估计结果，本节将对实证结果进行稳健性检验。在基准模型基础上通过替换被解释变量与核心解释变量进行重新回归。将被解释变量替换为货物和服务出口占 GDP 的比重；由于目前衡量制度质量使用最频繁的综合指标体系除了世界银行的全球治理指标(WGI)之外，常见的综合度量指标还有由《华尔街日报》发布的经济自由度指数(index of economic freedom)，因此将核心解释变量替换为经济自由度指数，所有替代指标数据均来自世界银行数据库。根据表 6-9 的回归结果可知，在替换了被解释变量与核心解释变量后，主要变量的方向与显著性均未发生改变，这一结果在一定程度上进一步说明了上述分析结果的稳健性，因此本章提出的研究假说依旧可以得到充分的证据支持。

表 6-9 稳健性检验

变量	替换被解释变量为货物和服务出口占 GDP 的比重	替换核心解释变量为经济自由度指数
IRQ	3.290*** (3.68)	57.500* (1.92)

续表

变量	替换被解释变量为货物和服务出口占 GDP 的比重	替换核心解释变量为经济自由度指数
GDPPC	0.203** (2.35)	13.242*** (3.78)
RD	0.217** (2.45)	−26.393*** (−6.65)
SAV	−0.335** (−2.04)	21.323*** (4.39)
POP	−4.172*** (−3.33)	333.971*** (6.39)
INFR	−0.092*** (−3.13)	5.023*** (5.46)
c	16.783*** (3.22)	−14.708*** (−6.72)
Observations	374	374
R^2	0.239	0.392

6.4 知识产权保护影响离岸服务外包产业升级的理论探讨

制度质量提升意味着法律制度的完善，而法律制度的完善提高了知识产权保护的执法力度（张晓东，2019），因此，知识产权保护是制度质量中与离岸服务外包产业升级密切相关的一个维度。本节首先回顾知识产权及其与离岸服务外包产业的相关研究，并在此基础上分析其影响机理，为下一节的实证检验提供理论支撑。

6.4.1 文献回顾

(1)知识产权保护的界定与特征

《中华人民共和国民法通则》中对知识产权的定义为“公民、法人、非法人单位对自己在科学技术等领域创造的智力成果依法所享有的权利”,国际贸易中的知识产权包括版权与邻接权、商标权、地理标志权、外观设计知识产权、专利权、商业秘密保护权等(霍炳军,2009)。知识产权的表现形式主要有专利权、商标权、著作权等,其中专利权是知识产权最主要的表现形式,在知识产权中占有很大的比重(韩秀成,2004)。专利是依照法律授予申请人在一定有效期限内享有对其发明创造的排他性的专有权利,具体有发明、实用新型和外观设计三种类型的专利,可以很好地反映技术创新水平和竞争力水平(陈武,2010)。

知识产权保护的特征首先是专有性。法律规定知识产权一经授权只属于创造知识产权的产权人,享有垄断的权利,未经同意其他人不能享有或使用该项知识产权,但可以把智力成果转移给他人使用;产权人对其拥有的知识产品具有使用、占有等权利,其他人不得干涉(周晓冰,2010)。比如专利权,只有经过专利权人同意其他人才可以使用该项专利,并拥有知识产权所带来的回报。在国际贸易中,如果出口产品具有专利权,则在出口竞争中会受到法律的保护,其权利不会被侵犯,以保障出口的有序发展(贾帅,2008)。

其次是时效性和地域性。其时效性指知识产权只有在法定的特定时间内享有法律的保护,一旦时效性消失,知识产权就成为整个社会的共同财富。专利权的有效期限为“自提出申请或者批准授予专利之日起5～20年”,我国的发明专利权期限是20年,实用新型和外观设计为10年(徐盛宇,2011)。知识产权得到法律授权后没有域外效力,即知识产权保护只限于本国,其余地点则不受保护,具有很强的地域性(阮开欣,2018)。比如专利权,一旦授权则只在本国法律管辖范围有效,在其他国家没有任何约束力。

(2)知识产权保护的经济效应研究

关于知识产权保护的经济效应,既有文献主要关注知识产权保护对经济增长(况永贤,2012;Zapalska等,2017;郭佳永健,2018;唐礼智等,2019)、FDI

(Maskus,1998;Benacek 等,2014;成司文,2019)和技术创新的影响(Grossman 和 Helpman,1993;尹志锋等,2013;张源媛和仇晋文,2013)。

在知识产权保护影响经济增长的文献中,一种观点为"促进论",即知识产权保护促进了经济增长,如 Zapalska 和 Jim(2017)以及郭佳永健(2018)均认为,知识产权保护是推动经济增长的重要因素。另一种观点为"抑制论",即知识产权保护会抑制经济增长,唐礼智等(2019)建立了一个包含中间产品部门、最终产品部门和 R&D 研发部门的发展中国家开放经济模型,通过引入知识产权保护变量进行研究,发现当知识产权保护水平超过高门槛值时,人力资本的增加反而会抑制经济增长。不仅如此,国内外学者还普遍认为加强知识产权保护会吸引 FDI。Maskus(1998)基于美国数据进行实证分析,认为美国对发展中国家的 FDI 与该发展中国家的知识产权保护程度存在正相关关系。成司文(2019)通过对我国 1983—2012 年的 FDI 及影响因素进行考察和分析,发现我国知识产权保护强度对 FDI 有着显著的影响。至于知识产权保护对技术创新的影响,已有研究依然存在分歧。尹志锋等(2013)使用世界银行企业调查数据,证明知识产权保护增加了企业的研发投入和创新产出。但也有研究认为知识产权保护不利于技术创新。Grossman 和 Helpman(1993)认为知识产权保护增强了产权所有者的垄断势力,增加了模仿成本,恶化了贸易环境,因此不利于南方国家技术创新。张源媛和仇晋文(2013)使用我国时间序列数据进行实证研究,发现知识产权保护抑制技术溢出,不利于国内企业进行技术模仿,对技术创新起到了负面影响。

(3)知识产权保护强度的测度

知识产权保护制度是集立法、司法与执法于一体的体系,其量化测算难度较大。如何构建一个科学的知识产权保护力度测度指标体系仍是一个世界性的话题。目前国内外学者对知识产权保护强度的测度方法可以分为两大类:国家层面、省际和城市层面。

①国家层面

现有的测算国家层面知识产权保护力度的方法主要有三种,分别为问卷调查法、立法水平评分法和综合评分法。其中最先出现的测量方法是问卷调查法,即以发放调查问卷的形式考察跨国公司的管理层人员或者是律师对当地知识产权保护状况的看法,从而对被调查国家的知识产权保护力度进行评估

(Sherwood,1997;Le 和 Mclennan,2015;Mohtadi 和 Ruediger,2014)。为了改进问卷调查法存在的随意性和主观性，学者们创建了立法水平评分法，即对一个国家或地区的知识产权保护法律体系按一定的标准进行打分(Rapp 和 Rozek,1990;Ginarte 和 Park,1997;Gvalia,2013;Lai 和 Wang,2015)。此外，还出现了一种将调查问卷法和立法水平评分法联合起来使用的综合评分法(Kondo,1995;Lesser,2001)。

国内学者对于国家层面知识产权保护水平的定量测度主要以 G-P 指数为基础展开(韩玉雄和李怀祖,2005;沈国兵和刘佳,2009;党国英,2014)。G-P 指数测算法由 Ginarte 和 Park(1997)提出，其以各国的专利法为衡量目标，此方法将知识产权保护水平划分为 5 个类别：覆盖范围、国际条约成员、权利丧失的保护、执法措施和保护期限，并规定每类分值为各度量指标的算术平均数，其分值在 0～1 之间，最后对五类指标的得分求算术平均数，就得到介于 0～5 分之间量化的知识产权保护水平。韩玉雄和李怀祖(2005)在 G-P 指数的基础上引入了实际执法水平，提出了修正的 G-P 指数测度法。沈国兵和刘佳(2009)引入经济发展水平、法治水平和知识产权执法水平 3 个指标，对基于 G-P 方法、HL 方法测算的中国知识产权保护水平进行了修正。

②省际和城市层面

现有测算省际和城市知识产权保护力度的方法主要有两种：一种是在修改或借鉴 G-P 指数后，将其应用到省的层面(许春明和陈敏,2008;姚利民和饶艳,2009;高兴和翟柯宇,2019)；另一种则是使用可以较为全面代表省市知识产权保护强度的代理指标(代中强和刘从军,2011;胡凯等,2012;李俊青和苗二森,2018;沈国兵和黄铄珺,2019)。

姚利民和饶艳(2009)对 G-P 指数进行修正，通过引入相关服务机构配备(能办理知识产权相关事务的律所的比例)、社会法制化程度(律师占总人口的比例)、社会知识产权保护意识(人均专利的申请量)和政府的执法态度(专利侵权案件的结案率)四个指标来衡量“执法效果”。高兴和翟柯宇(2019)基于韩玉雄和李怀祖(2005)的方法对部分城市的知识产权保护强度进行测算，并将对执法力度的衡量范围缩小到城市的维度。代中强和刘从军(2011)用“地区专利侵权案件数占专利授权数的比重”来衡量省区知识产权保护力度。沈国兵和黄铄珺(2019)则从知识产权司法保护(知识产权审判结案数)和知识产权保护效果

（专利授权量和发明专利授权量）角度分别测度城市层面知识产权保护强度。

6.4.2 知识产权保护对离岸服务外包产业升级的影响机理

6.4.2.1 知识产权保护对离岸服务外包产业升级的促进作用

离岸服务外包产业中涉及的服务品都属于知识密集型服务品，这类服务品具有低边际成本的特点，一旦前期的创新投入被发包方认可，后期知识密集型服务品产品被生产出来，就能以几乎为零的边际成本进行再生产和传播。而先进的数字技术又降低了知识密集型产品的复制成本，使得服务外包业企业能提供大量、可忽略不计边际成本的知识密集型服务品（Rubalcaba等，2016）。由于离岸服务外包产业中涉及的服务品容易被模仿和扩散（Rafiquzzaman，2002），加上松弛的知识产权保护制度，这实际上会纵容恶性竞争者从事剽窃和非法模仿等活动，也会使“搭便车”现象泛滥。郭小东和吴宗书（2014）也指出知识产权保护制度不够完善会导致服务外包企业的创新成果常常被模仿。

已有研究和历史经验表明，知识产权保护能够对离岸服务外包产业升级产生正向推动作用。完善的知识产权保护制度能有效地保护创新者在大规模地供给创新服务品的同时不受竞争者的恶意模仿，限制对手的“搭便车”行为，从而回收高额前期投入和后期的权益（唐保庆等，2013）。此外，加强对离岸服务外包知识产权的保护能从法律法规层面规范市场规则。这不仅限制了接包方和其他企业的模仿产品技术能力，也提高了模仿成本，从而引导其遵循发包方认可的秩序开展合理竞争。

知识产权保护制度能通过专利保护等方式明确服务外包流程中服务生产者的产品所有权以及产品价值，保护其创新成果在一定时间内不会被轻易扩散，从而激发服务外包接包方的创新积极性，实现正向促进效应。服务外包产业作为一种“以服务外包发包方为本”的生产活动，具有很强的异质性特征，这决定了服务外包产业结构升级必须依靠不断创新才能满足发包方对服务外包产业所涉及的知识密集型服务品的差异化需求。

首先，服务外包产业所涉及的知识密集型服务品的无形性决定了此类产品在传播和交换的过程中被非法剽窃的可能性很高。作为非实物形态产品，知识密集型服务品的产权、价值是否能被依法界定和保护取决于不同地区知识产权保护制度。服务外包产业所涉及的多数知识密集型服务品不满足专利申请的条件,成果容易被扩散。因此,完善服务外包产业所涉及的知识密集型服务品的知识产权保护制度十分必要。其次,知识密集型服务品具有高知识属性。竞争力的核心在于创意、理念以及智力投入等知识要素,知识产权保护制度明确保护创造者的智力成果,要求其他自由竞争者正当竞争,尊重他人的智力成果。只有明确服务生产者的产品所有权以及产品价值,创新成果在短期内才不会被扩散,接包方即服务生产者才可在一定时期内享有成本优势,接包方才会提高积极性,增加投入、改善技术、扩大生产,从而促进离岸服务外包产业结构升级。

综上,本书认为,知识产权保护制度可以通过专利保护等方式,激励接包企业创新来增加知识密集型服务品的种类,提升创新服务品大规模、标准化的供给能力,并通过研发和创新获取丰厚利润,最终推动离岸服务外包产业结构升级,其促进机制如图 6-8 所示。

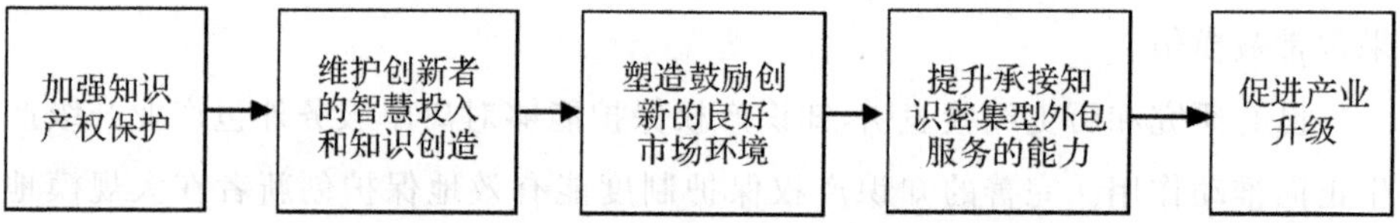

图 6-8　知识产权保护对离岸服务外包产业升级的促进作用

6.4.2.2　知识产权保护对离岸服务外包产业升级的抑制作用

从现有研究来看,知识产权保护还可能会对离岸服务外包产业升级产生负向的阻碍作用,其抑制机制如图 6-9 所示。

图 6-9　知识产权保护对离岸服务外包产业升级的抑制作用

(1)垄断势力效应

从强化垄断势力的角度来看,加强知识产权保护会在多方面扩大头部服务外包企业的先发优势,提高企业的垄断势力,进而产生不利于其他服务外包企业的市场势力效应，同时非头部服务外包企业对研发和创新活动的决策也可能发生变化。在严苛的知识产权保护环境下，头部接包企业凭借技术的先占权优势形成技术壁垒，成为服务外包行业的既得利益者，可以在专利技术扩散前，维持较高的垄断势力（白雪洁等，2016）。而拥有垄断势力的在位服务外包企业，进一步研发和创新的动力往往趋于弱化。对于一个服务外包企业来说，任何创新和研发活动都存在一定的风险，倘若前期创新和研发活动的预期收益小于成本投入，考虑到潜在风险和高额成本，其通常会放弃创新，而去获取更加稳定的收益。在过强知识产权保护制度下，占有一定品牌优势的在位服务外包企业面临极小的竞争压力，服务外包发包企业的惯性和偏好赋予其垄断势力。因此，在位服务外包企业无需从事具有风险性的创新和研发活动也可获得较好的成长，延续固有的模式便能够从发包方那里获得可观的订单数量。加上缺乏强有力的挑战者，服务外包企业的创新动力会锐减，甚至面临创新衰竭的威胁，新一轮的创新直至在位服务外包企业创新产品的知识产权保护到期才会启动。此外，过强的知识产权保护也会阻碍技术和知识的正常传播，例如"四则运算"之类的基础性知识和以微软视窗为代表的应用性极强的知识（汪丁丁，2002），更不利于离岸服务外包产业结构升级，甚至阻碍社会经济的整体进步和发展。由此，过度的知识产权保护制度不仅会导致离岸服务外包产业内部市场的创新资源无法得到正常补给，还会使创新资源无法从外部市场进入。

(2)市场挤出效应

从市场挤出效应来看，受到知识产权保护的离岸服务外包企业通过市场扩张的正向效应快速发展，成为服务外包业市场上的既得利益者。过强的知识产权保护力度会让在位企业基于自身的垄断优势和标准，通过价格和非价格策略对处在价值链上下游环节的企业、新进入市场的企业以及潜在进入市场的企业进行打压，将竞争力较弱的企业挤出市场，形成市场势力效应。在此情形下，会形成差异化市场进入壁垒，使竞争力较弱的企业因受到强大的市场竞争而被排挤出市场，市场结构也会向非竞争型方向发展（Hahanov，2011）。此时，在位的服务外包企业拥有强大的市场势力，使得新进入市场的服务外包企业如果面临过于严苛的知识产权保护制度，则很有可能被判定为对在位服务外包企业存在非法模仿或者剽窃行为，从而被市场拒之门外。在位企业垄断了技术和标准，成本或销售优势使其拥有强大的议价能力，通过压低买入产品价格、提高卖出产品价格等价格策略，挤占全球价值链上下游其他环节企业的利润，还筑起进入市场的成本壁垒和规模壁垒，对潜在进入企业产生激烈的价格竞争威慑。潜在进入市场企业由于在成本或销售方面的劣势，无法达到在位企业的规模经济点，便望而却步甚至放弃进入市场。

6.5 知识产权保护与离岸服务外包产业升级的实证分析

基于前文的机理分析可知，知识产权保护与离岸服务外包的产业升级密切相关。本节将从两个层面进行进一步实证分析：首先利用跨国面板数据（样本选择同第3章）对两者关系进行灰色关联分析；随后在此基础上，进一步利用中国示范城市的面板数据，检验知识产权对中国离岸服务外包产业升级的非线性关系影响轨迹。本节将通过研究进一步验证外部制度环境因素的重要作用。

6.5.1 基于跨国面板数据的实证检验

6.5.1.1 *研究方法与数据说明*

(1)灰色综合关联度模型

灰色系统这一概念最初由邓聚龙（1982）提出，此后大量学者对其进行了深入的研究与拓展，其中，何满喜（1999）定义了灰色综合关联度模型。在灰色综合关联度中，两序列间的绝对关联度反映它们的图像在几何上的相似程度，两序列间的相对关联度反映它们相对于各自始点变化速率的趋近程度，可以全面描述两序列间联系的紧密程度。

设x_i为系统因素，其在序号 k 上的观测数据为$x_i(k)$，则有如下系统行为序列：

$$x_i = \{x_i(1), x_i(2), \cdots, x_i(k)\} \tag{6.8}$$

①计算灰色绝对关联度

设$x_0 = \{x_0(1), x_0(2), \cdots, x_0(k)\}$为系统的特征序列，$x_i = \{x_i(1), x_i(2),$

$\cdots, x_i(k)\}(i=1,2,\cdots,n)$为相关因素数列，对序列始点零化后可得：

$$X_0^0=\{x_0^0(1),x_0^0(2),\cdots,x_0^0(k)\}，其中 x_0^0(k)=x_0(k)-x_0(1) \tag{6.9}$$

$$X_i^0=\{x_i^0(1),x_i^0(2),\cdots,x_i^0(k)\}，其中 x_i^0(k)=x_i(k)-x_i(1) \tag{6.10}$$

则X_0与X_i的灰色绝对关联度计算公式为

$$\varepsilon_{(x_0,x_i)}=\frac{1+|S_0|+|S_i|}{1+|S_0|+|S_i|+|S_i-S_0|},$$

$$其中，S_{0(i)}=\int_1^{k-1}X_{0(i)}^0(m)\mathrm{d}m+\frac{1}{2}X_{0(i)}(k) \tag{6.11}$$

②计算灰色相对关联度

对序列进行初值化处理，即

$$x'_0=x_0(k)/x_0(1) \tag{6.12}$$

$$x'_i=x_i(k)/x_i(1) \tag{6.13}$$

由此可得

$$X'_0=\{x'_0(1),x'_0(2),\cdots,x'_0(k)\} \tag{6.14}$$

$$X'_i=\{x'_i(1),x'_i(2),\cdots,x'_i(k)\} \tag{6.15}$$

则X_0与X_i的灰色相对关联度计算公式为

$$\theta_{(x_0,x_i)}=\frac{1+|S'_0|+|S'_i|}{1+|S'_0|+|S'_0|+|S'_i-S'_0|},$$

$$其中，S_{0(i)}=\int_1^{k-1}X_{0(i)}^0(m)\mathrm{d}m+\frac{1}{2}X_{0(i)}(k) \tag{6.16}$$

③计算灰色综合关联度

根据灰色绝对关联度和灰色相对关联度的计算结果，可得灰色综合关联度：

$$\gamma_{(x_0,x_i)}=\alpha\varepsilon_{(x_0,x_i)}+(1-\alpha)\theta_{(x_0,x_i)}，其中\ \alpha\in[0,1] \tag{6.17}$$

参考张风丽(2019)的做法，可将关联度大小强度的判断标准，分为以下 4 类：若 $0<\gamma\leqslant0.35$，则关联强度为弱相关；若 $0.35<\gamma\leqslant0.65$，则关联强度为中相关；若 $0.65<\gamma\leqslant0.85$，则关联强度为强相关；若 $0.85<\gamma\leqslant1$，则关联强度为极强相关。

(2)知识产权制度度量指标的选取

本节选取由国际产权联盟(IPRA)发布的国际产权指数(IPRI)为知识产权制度的度量指标。IPRI 指数由 3 个二级指标和 10 个三级指标构成。二级指标分别是知识产权、财产权和法律政治环境，其中知识产权包含 3 个三级指标，分别是知识产权保护、专利权保护和版权保护；财产权也包含 3 个三级指标，分别是财产权保护、财产登记和贷款便利性；而法律政治环境则包含 4 个三级指标，分别是司法独立、法治、政治稳定和腐败控制。IPRI 指数的取值范围为 0～10，数值越高代表该经济体的知识产权制度越完善。至于研究对象，将参照 Balsmeier 和 Delanote(2015)的做法，选取国际产权联盟数据库中与 WIOD 相一致的经济体 2008—2020 年的知识产权指数进行研究。

进一步地，按照 WTO 数据库中对经济体经济实力分类标准，将 34 个经济体分为 26 个发达经济体以及 8 个发展中国家和新兴经济体，图 6-10 展示了这两类经济体平均知识产权指数的变化趋势。尽管发展中国家和新兴经济体与发达经济体在知识产权指数上的差距有逐渐缩小的趋势，但截至 2020 年，两者的差距仍为 1.74，说明发达经济体的知识产权制度依然更为完善，且优势较大。

图 6-10 发达经济体以及发展中国家和新兴经济体知识产权制度的变化趋势

数据来源：国际知识产权联盟。

6.5.1.2 计算结果及分析

根据灰色综合关联度的计算步骤，在确定以离岸服务外包产业 GVC 地位为参考数列、知识产权指数为比较数列后，分别对各数据序列进行初始值零化和初值化处理，然后利用 Python 编程计算出公式中的各个数值，最终得到各经济体产权制度与离岸服务外包产业 GVC 地位间的灰色综合关联度，总体描述如表 6-10 所示。

当 α 分别取 0.2、0.5 和 0.8 时，所有经济体的知识产权制度与离岸服务外包产业 GVC 地位的平均灰色综合关联度差距较大，分别为 0.0912 和 0.0826，从强相关减至中相关，这是因为两序列间的序列差过大，导致灰色绝对关联度过小，所以为了尽可能减少误差，本节将对 $\alpha=0.2$ 时的结果进行分析。

(1)总体分析

当 $\alpha=0.2$ 时，所有经济体知识产权制度与离岸服务外包产业 GVC 地位的平均灰色综合关联度为 0.7456。其中，有 3 个经济体的关联度达到了极强相关的水平，26 个经济体的关联度呈强相关，仅有 5 个经济体的关联度呈中相关，处于这 3 类关联度强度的经济体在所有经济体中的占比分别为 8.82%、76.47% 和 14.70%。可见在大部分经济体中，知识产权制度和离岸服务外包产业 GVC 地位之间存在着密切的联系。内在逻辑可以解释为知识产权制度的改善不仅可以激励有创新能力的离岸服务外包企业通过增加学习先进技术的成本进行自主创新，也有利于这些企业赢得发包商更多的信任，承接到高附加值的外包，从而提升离岸服务外包产业 GVC 地位。此外，离岸服务外包产业 GVC 地位的提升也对知识产权制度的完善有一定的支持效应，即处于更高离岸服务外包产业 GVC 地位的经济体需要更为完善的知识产权制度来保障其离岸服务外包企业的经营活动。

表 6-10　各经济体灰色综合关联度的总体描述

经济体类型	所有经济体	发达经济体	发展中国家和新兴经济体
均值一($\alpha=0.2$)	0.7456	0.7668	0.6765
均值二($\alpha=0.5$)	0.6544	0.6735	0.5924
均值三($\alpha=0.8$)	0.5718	0.5802	0.5446
经济体总数	34	26	8
弱相关经济体总数	0	0	0
弱相关经济体占比	0%	0%	0%

续表

经济体类型	所有经济体	发达经济体	发展中国家和新兴经济体
中相关经济体总数	5	2	3
中相关经济体占比	14.70%	7.69%	37.50%
强相关经济体总数	26	21	5
强相关经济体占比	76.47%	80.77%	62.50%
极强相关经济体总数	3	3	0
极强相关经济体占比	8.82%	11.54%	0%

(2)发达经济体与发展中国家和新兴经济体的对比分析

从表6-10中可以发现，发展中国家和新兴经济体知识产权制度与离岸服务外包产业GVC地位的灰色综合关联度和发达经济体相比存在着一定的差距。在所选样本中，呈极强相关的3个经济体均为发达经济体。呈强相关的发达经济体有21个，占比达80.77%，在数量和占比上均大于新兴经济体和发展中国家的5个及其占比62.50%。虽然发达经济体的数量达到了26个，但综合关联度呈中相关的发达经济体只有2个，占比仅为7.69%，而新兴经济体和发展中国家则有3个，占比达到了37.50%。由此可知，发达经济体中知识产权制度与离岸服务外包产业GVC地位的联系更为紧密。这是因为发达经济体在离岸服务外包产业兴起之前就已经拥有了较为完善的知识产权制度，它可以减轻离岸服务外包产业受到产权问题的冲击。一旦产权问题带来的负面影响过大，发达经济体能快速对其知识产权制度做出具有针对性的调整，从而提升知识产权制度对离岸服务外包产业发展和价值链地位提升的贡献率。而大多数发展中国家和新兴经济体的知识产权制度还比较落后，当离岸服务外包过程中出现了知识产权的归属与保护问题时，其知识产权制度不能很好地保护发包方的利益，导致发包方不愿意把高附加值的环节外包给发展中国家和新兴经济体，所以在发展中国家和新兴经济体中，知识产权制度对离岸服务外包产业GVC升级的支持效应也就不如发达经济体中那么明显。

6.5.1.3 进一步的实证分析

为了观察不同国家和地区知识产权制度与离岸服务外包产业GVC地位联系的异质性，这一部分将以5个离岸服务外包接包强国为研究对象，分别测度其灰色综合关联度，并在此基础上，进一步拆分知识产权制度指标指数，对比分析知识产权制度内容中的各三级指标对离岸服务外包产业 GVC 地位的影响程度。选择代表性国家时将依据 2017 年（第 8 次）和 2019 年（第 9 次）科尔尼《全球离岸服务目的地指数》排名，最终选择常年位居该榜单前两位的印度和中国、2017 年和 2019 年发达经济体中排名前两位的波兰和美国，以及欧洲离岸服务外包的中心爱尔兰。

(1)5 个离岸服务外包强国知识产权制度与离岸服务外包产业 GVC 地位联系的对比分析

表 6-11 给出了 2008—2018 年上述 5 个离岸服务外包强国各自的知识产权指数、离岸服务外包产业 GVC 地位及两者的灰色综合关联度。如表 6-11 所示，爱尔兰和美国在知识产权指数、离岸服务外包产业 GVC 地位和两者联系的密切性上均领先于其他国家。美国的知识产权指数在 2018 年达到了 8.12，GVC 地位指数也接近 40000，达到了 39215。美国一直是世界上最大的离岸服务外包发包国，但近几年其接包活动也逐渐活跃了起来，完善的知识产权制度给美国离岸服务外包产业的发展和全球价值链地位的升级提供了强有力的支持。爱尔兰是世界上最早通过离岸服务外包改变产业结构的国家和地区之一，出台了一系列政策和法律改善知识产权制度，以此解决离岸服务外包产业中各类与产权相关的问题，其离岸服务外包产业 GVC 地位也因此大幅提升。

表 6-11 各国产权指数、全球价值链地位及两者的灰色综合关联度（2008—2018 年）

年份	中国		印度		爱尔兰		波兰		美国	
	产权指数	价值链地位	产权指数	价值链地位	产权指数	价值链地位	产权指数	价值链地位	产权指数	价值链地位
2008	4.40	28476	5.20	34374	7.40	35538	4.00	31598	7.40	38282
2009	4.68	25140	5.58	30246	7.96	31388	5.31	28024	7.81	34460
2010	5.09	24003	5.54	31988	7.98	32561	5.54	30463	7.91	36024
2011	5.09	32153	5.60	35034	7.60	35954	6.20	33085	7.50	40263
2012	5.50	31384	5.40	33866	7.60	34883	6.10	32303	7.92	39083

续表

年份	中国		印度		爱尔兰		波兰		美国	
	产权指数	价值链地位	产权指数	价值链地位	产权指数	价值链地位	产权指数	价值链地位	产权指数	价值链地位
2013	5.50	32644	5.50	34579	7.50	35755	6.20	32560	7.60	39521
2014	5.50	33057	5.50	34759	7.50	36102	6.10	32601	7.70	39493
2015	5.39	28726	5.16	30398	7.43	32106	5.90	28707	7.61	35226
2016	5.41	28822	5.22	30233	7.58	31857	5.95	28688	7.73	35309
2017	5.71	31016	5.56	31744	7.87	33507	6.25	30465	8.07	37152
2018	5.90	33346	5.64	33940	7.66	35859	6.09	32647	8.12	39215
综合关联度	0.6656		0.7652		0.8459		0.7243		0.8325	

印度的知识产权指数和离岸服务外包产业 GVC 地位在这 11 年间变化不大，但对中国和波兰的优势正在减小甚至消失。2018 年印度的知识产权指数比中国低了 0.26，比波兰低了 0.45，其 GVC 地位指数也仅比中国高了 594。但印度知识产权制度与离岸服务外包产业 GVC 地位的灰色综合关联度却比中国高了 0.0996，比波兰高了 0.0409。印度离岸服务外包产业出现较早，因此受到盗版市场的冲击也较早。早在 20 世纪 90 年代之前，印度离岸服务外包产业就已经开始遭受盗版市场的冲击，而落后的知识产权制度还无法帮助离岸服务外包企业处理各种产权纠纷，不过在印度对知识产权制度进行了大幅的修改之后，印度离岸服务外包产业开始飞速发展，其 GVC 地位也迅速提升。此外，印度还有着强大的离岸服务外包行业组织 NASSCOM，该组织给印度完善知识产权制度提供的建议使得印度知识产权制度和离岸服务外包产业 GVC 地位间的联系更加紧密。

虽然中国和波兰的知识产权指数分别从 2008 年的 4.40 和 4.00 提升至 2018 年的 5.90 和 6.09，离岸服务外包产业 GVC 地位指数在 2018 年也都超过了 32600，与其他三个国家之间的差距正逐渐缩小，但知识产权制度与离岸服务外包产业 GVC 地位的灰色综合关联度仍相对较低。这可能是因为我国和波兰对知识产权制度和离岸服务外包产业的构建起步较晚，虽然近年来离岸服务外包产业发展迅速，知识产权制度也得到了一定的改善，但知识产权制度还不足以解决离岸服务外包过程中部分棘手的产权问题。特别是对于我国来说，如果能在保持信息基础设施、劳动力质量和区位优势的基础上，加强知识产权制度对离岸服务外包产业的支持效应，那么我国离岸服务外包产业的 GVC 地位将进一步提升。

(2)5 个离岸服务外包强国三级指标与离岸服务外包产业 GVC 地位联系的对比分析

根据 IPRI 指标体系的构成内容，选取离岸服务外包产业 GVC 地位为灰色综合关联分析中的参考数列、知识产权指数中的三级指标为比较数列，计算出 5 个代表性国家知识产权指数各具体内容与其离岸服务外包产业 GVC 地位间的灰色综合关联度(见表 6-12)。

表 6-12　各国知识产权指数三级指标与服务外包产业 GVC 价值链地位的灰色综合关联度及排名

二级指标	三级指标	中国		印度		爱尔兰		波兰		美国	
		综合关联度	排名	综合关联度	排名	综合关联度	排名	综合关联度	排名	综合关联度	排名
知识产权	知识产权保护	0.5948	7	0.7466	2	0.7551	4	0.6896	2	0.8290	3
	专利保护	0.5567	8	0.5549	10	0.6854	8	0.5961	7	0.8891	1
	版权保护	0.5021	10	0.6175	7	0.7326	7	0.5512	8	0.7741	5
财产权	财产权保护	0.6145	5	0.6386	6	0.8615	1	0.6028	5	0.7242	7
	财产登记	0.6897	3	0.5802	9	0.6271	9	0.5055	10	0.6609	8
	贷款便利性	0.5472	9	0.6846	4	0.5732	10	0.8558	1	0.6435	9
法律政治环境	司法独立	0.6066	6	0.6390	5	0.8270	2	0.5998	6	0.7325	6
	法治	0.8309	1	0.8908	1	0.7407	5	0.6558	3	0.7965	4
	政治稳定	0.7201	2	0.7125	3	0.8073	3	0.6464	4	0.6216	10
	腐败控制	0.6255	4	0.5895	8	0.7393	6	0.5378	9	0.8368	2

从表 6-12 可知，每个国家产权指数的三级指标与离岸服务外包产业 GVC 地位的灰色综合关联度至少呈中相关。虽然部分指标在各国的名次比较接近，

但依然存在普遍差异。

中国没有指标与离岸服务外包产业 GVC 地位的灰色综合关联度呈极强相关,且仅有 3 个指标呈强相关,其他指标均呈中相关。印度和波兰分别有 6 个和 7 个指标与离岸服务外包产业 GVC 地位的关联度呈中相关,但它们均有一个指标与离岸服务外包产业 GVC 地位的关联度呈极强相关。爱尔兰和美国都有 1 个指标与离岸服务外包产业 GVC 地位的关联度呈极强相关,7 个指标呈强相关,只有 2 个指标呈中相关。显然,美国和爱尔兰在与离岸服务外包产业 GVC 地位呈强相关的指标数量上领先于其他国家。

在中国,法治、政治稳定与离岸服务外包产业 GVC 地位的灰色综合关联度更高。这说明我国一直以来为建设法治国家和保持政治稳定做出的努力不仅促进了社会的公平与长治久安,也给离岸服务外包产业发展提供了基本的保障,提高了离岸服务外包产业抵御风险的能力,从而为其 GVC 地位的提升做出了巨大的贡献。财产登记与离岸服务外包产业 GVC 地位的灰色综合关联度为 0.6897,它是我国唯一一个与离岸服务外包产业 GVC 地位的灰色综合关联度和关联度排名都领先于其他国家的知识产权指数三级指标,这可能是因为我国在优化财产登记程序时充分考虑到了离岸服务外包企业的特殊性,并为产业提供了更高效、更便利的发展环境。

知识产权保护、专利保护和版权保护与离岸服务外包产业 GVC 地位的灰色综合关联度在我国的排名靠后。我国知识产权保护与离岸服务外包产业 GVC 地位的关联度为 0.5948,排名第 7,其关联度和排名落后于其他所有国家,专利保护和版权保护与离岸服务外包产业 GVC 地位的关联度和排名与美国相比也有一定的差距。这是因为我国对知识产权保护、专利保护和版权保护采取的是行政和司法保护并行的形式,但因为这两种保护方式适用的主体和法律法规不同,所以它们不能很好地解决离岸服务外包活动中涉及的知识产权、专利权和版权纠纷。此外,我国的贷款便利性与离岸服务外包产业 GVC 地位的关联度和其他国家相比也有一定的差距,这说明我国给离岸服务外包企业提供的贷款便利还无法很好地满足离岸服务外包企业发展的需求。

6.5.2 基于中国离岸服务外包示范城市的实证检验

根据 6.4.2 的机理分析,知识产权保护对我国离岸服务外包产业升级有促进作用，也有抑制作用，从而不能对其进行简单的线性回归，因此本节将在测算我国 27 个服务外包示范城市知识产权保护强度的基础上，构建 OLS 模型、固定效应模型以及 2SLS 模型检验知识产权保护对我国离岸服务外包产业升级是否存在非线性影响，并且计算出最适宜我国离岸服务外包产业升级的知识产权保护强度。

6.5.2.1 研究样本与指标选取

(1)研究样本

因为样本涉及的示范城市较多，各示范城市的设立时间不一致，并且基于各示范城市数据的完整性和连贯性，本节将选取 2011—2018 年我国 27 个服务外包示范城市的数据作为整体分析样本，Ⅰ批、Ⅱ批的城市分类依据参照第 5 章的方法。

(2)被解释变量

为兼顾表征离岸服务外包产业升级的质与量，本节分别选用离岸服务外包产业结构和离岸服务外包产业规模作为被解释变量，数据来源于各市商务局网站、《中国服务外包产业十年发展报告(2006—2015)》及历年《服务外包蓝皮书》。对于离岸服务外包产业而言，KPO 是高附加值细分业务，具备高技术和知识密度的特性，离岸服务外包产业规模中 KPO 业务占比越大，说明我国离岸服务外包产业结构越优化。

(3)核心解释变量

将知识产权保护强度作为核心解释变量。借鉴韩玉雄和李怀祖(2005)的方法，将使用 G-P 指数乘以知识产权保护法律法规的实际执行效果来测度知识产权保护的强度。假设用 G-P 方法计算出的知识产权保护水平表示一个国家在 t 时刻的执行效果，那么修正后的知识产权保护水平可表示为

$$P^{A}(t) = P^{G}(t) \times F(t) \tag{6.18}$$

G-P 指数是比较具有代表性的而且使用率较高的知识产权保护评价指标，主要通过对各国专利法的评价来测度知识产权保护强度。G-P 指标一共可以分为 5 个细分指标：专利覆盖范围、是否为国际条约的成员、权利保护的丧失程度、执法措施和保护期限，每个一级指标满分为 1 分，下面又分为若干个二级指标，把每个一级指标中所有二级指标的得分之和除以二级指标的个数即为一级

指标的得分,最后5个一级指标的累加和即为知识产权保护强度的总得分,分数越高表明一国知识产权保护水平越高。

韩玉雄和李怀祖(2005)也构建了我国知识产权保护的执法力度指标,主要包括:各城市的人均生产总值(GDP);成人识字率;律师比例;知识产权保护立法时间;是否为WTO成员。借鉴姚利民和饶艳(2009)的做法,本节在计算执行效果时,考虑到在度量社会公众意识时把人均专利申请量作为代理指标更有针对性,所以把韩玉雄和李怀祖(2005)构建的执法力度指标中的成人识字率改换成了人均专利申请量。综上,执法力度的值介于0与1之间,0表示法律规定的知识产权保护条款完全没有落实,1表示法律规定的知识产权保护条款被全部落实。执法力度指标所涉及的数据来自各城市的历年统计年鉴、教育统计年鉴和《中国律师年鉴》。

(4)控制变量

本节还加入了其他5个可能影响离岸服务外包产业升级的变量,所有变量的含义、说明和数据来源如表6-13所示,描述性统计如表6-14所示。

表6-13 变量说明

变量	变量含义	指标说明	数据来源
OSOC	离岸服务外包产业结构	用离岸KPO结构占比度量	各城市商务局网站、《中国服务外包产业十年发展报告(2006—2015)》及历年《服务外包蓝皮书》
OSOS	离岸服务外包产业规模	用离岸服务外包规模度量	各城市商务局网站、《中国服务外包产业十年发展报告(2006—2015)》及历年《服务外包蓝皮书》
IPR	知识产权保护强度	通过G-P指数乘以知识产权保护法律法规的实际执行效果计算得出	各城市历年统计年鉴、教育统计年鉴以及《中国律师年鉴》
LC	劳动力成本	用各城市的年工资水平来反映	各城市历年统计年鉴
OD	对外开放度	用"货物贸易进出口总额/GDP"表示	国家统计局

续表

变量	变量含义	指标说明	数据来源
IC	基础设施建设	参照世界银行定义的经济基础设施范围，并结合离岸服务外包产业发展密切相关的科目来反映	各城市历年统计年鉴
HC	人力资本	通过教育成本法衡量，即对各层次受教育人口数量和教育支出进行加权平均	各城市历年统计年鉴
FI	金融支持水平	用年末金融机构贷款余额度量	各城市历年统计年鉴

(5)变量的描述性统计

表 6-14　变量的描述性统计

变量	观测数	最小值	最大值	均值	标准差
OSOC	216	0.03%	0.83%	0.31	0.19
OSOS/万元	216	3.12	536.80	129.04	133.67
IPR	216	3.35	4.95	4.27	0.32
LC/万元	216	3.64	14.98	7.04	2.00
OD	216	0.04%	2.38%	0.51	0.46
IC/亿元	216	152.24	6309.92	1192.07	1002.81
HC/万元	216	262.25	2988.84	1253.53	663.17
FI/亿元	216	1.086	7.096	2.439	1.133

6.5.2.2　计量模型设定

鉴于知识产权保护既可能促进离岸服务外包产业升级，也可能抑制离岸服务外包产业升级，本节首先通过式 6.19 和式 6.21 检验知识产权保护制度对离岸服务外包产业升级的线性影响。为了进一步研究知识产权保护制度对离岸服务外包产业升级的非线性影响，在式 6.19 和式 6.21 中加入了$IPR_{i,t}^2$，得到式 6.20 和式 6.22，如下所示：

$$OSOC_{i,t}=\beta_0+\beta_1 IPR_{i,t}+\beta_2 LC_{i,t}+\beta_3 OD_{i,t}+\beta_4 IC_{i,t}+\beta_5 HC_{i,t}+\beta_6 FI_{i,t}+\mu_i+\delta_{i,t} \tag{6.19}$$

$$OSOC_{i,t}=\beta_0+\beta_1 IPR_{i,t}+\beta_2 IPR_{i,t}^2+\beta_3 LC_{i,t}+\beta_4 OD_{i,t}+\beta_5 IC_{i,t}+\beta_6 HC_{i,t}+\beta_7 FI_{i,t}+\mu_i+\delta_{i,t} \tag{6.20}$$

$$OSOS_{i,t}=\beta_0+\beta_1 IPR_{i,t}+\beta_2 LC_{i,t}+\beta_3 OD_{i,t}+\beta_4 IC_{i,t}+\beta_5 HC_{i,t}+\beta_6 FI_{i,t}+\mu_i+\delta_{i,t} \tag{6.21}$$

$$OSOS_{i,t}=\beta_0+\beta_1 IPR_{i,t}+\beta_2 IPR_{i,t}^2+\beta_3 LC_{i,t}+\beta_4 OD_{i,t}+\beta_5 IC_{i,t}+\beta_6 HC_{i,t}+\beta_7 FI_{i,t}+\mu_i+\delta_{i,t} \tag{6.22}$$

式 6.19 至式 6.22 中：$OSOC_{i,t}$表示离岸服务外包产业结构；$OSOS_{i,t}$表示离岸服务外包产业规模；$IPR_{i,t}$表示知识产权保护强度，$IPR_{i,t}^2$表示知识产权保护强度的平方项；$LC_{i,t}$表示劳动力成本；$OD_{i,t}$表示对外开放度；$IC_{i,t}$表示基础设施建设；$HC_{i,t}$表示人力资本；$FI_{i,t}$表示金融支持水平；μ_i表示地区固定效应；$\delta_{i,t}$表示随机扰动项。

6.5.2.3 知识产权保护对离岸服务外包产业升级的线性影响检验

(1)总体样本检验

关于模型形式的设定，由于 F 检验和 Hausman 检验都拒绝了原假设，所以本节主要将使用固定效应模型来验证。从表 6-15 的整体样本回归结果来看，无论被解释变量是离岸服务外包产业规模还是离岸服务外包产业结构，知识产权保护的回归系数均为正，而且均通过了 1%的显著性检验，与理论预期相符。因此可以看出，知识产权保护强度的增强可以促进我国离岸服务外包产业由规模扩张向规模质量双重提升转变。

在控制变量中，人力资本通过了 1%的显著性检验，金融支持水平和劳动力成本均通过了 5%的显著性检验，这说明人力资本、金融支持水平和劳动力成本会显著影响离岸服务外包的产业规模和产业结构的变动。对外开放度没有通过显著性检验，与预期不符。这可能是因为 2001 年我国加入 WTO 后，贸易壁垒逐渐减少，对贸易的扶持力度也越来越大，而我国的离岸服务外包产业自 2010 年起就在一个较高水平的服务贸易开放度中快速发展，因此服务贸易开放度对离岸服务外包产业规模和产业结构变动的影响已经没有那么明显。

此外，当被解释变量是离岸服务外包产业规模时，基础设施建设没有通过显著性检验；但是当被解释变量是离岸服务外包产业结构时，基础设施建设通过了显著性检验，这说明基础设施的完善更有利于离岸服务外包 KPO 的结构占比的提升。

表 6-15　线性效果检验

样本	所有城市				Ⅰ批城市				Ⅱ批城市			
被解释变量	产业结构		产业规模		产业结构		产业规模		产业结构		产业规模	
	OSOC		*OSOS*		*OSOC*		*OSOS*		*OSOC*		*OSOS*	
模型	OLS	FE	OLS	FE	OLS	FE	OLS	FE	OLS	FE	OLS	FE
IPR	1.16*** (5.98)	0.26*** (7.83)	2.88*** (3.08)	0.37*** (2.31)	1.07*** (3.84)	0.72*** (2.74)	0.24*** (2.37)	0.29*** (4.06)	1.52*** (3.32)	1.04*** (3.13)	1.56*** (1.90)	2.33*** (1.83)
LC	−0.17** (−2.18)	−0.15** (−2.03)	−0.49*** (−1.81)	−1.97*** (−6.02)	−0.17* (−1.67)	−0.07* (−1.72)	−0.98*** (−3.11)	−1.77* (−4.81)	−0.23** (−2.31)	−0.32** (−2.25)	−5.01*** (−2.54)	−3.35** (5.23)
OD	−0.04 (−1.30)	−0.02 (−0.60)	−0.08 (−0.74)	−0.21 (−0.26)	−0.06 (−0.43)	−0.02 (−0.34)	−0.98 (−0.91)	−0.25 (−1.37)	−0.04 (−0.38)	0.00 (−0.04)	−0.19 (−0.42)	−0.41 (−0.98)
IC	0.02** (2.11)	0.07** (2.23)	0.07 (0.89)	0.26 (0.98)	0.01* (1.80)	0.09* (1.69)	0.02 (0.32)	0.03 (0.04)	0.1** (2.15)	0.04** (2.46)	0.38 (1.13)	0.05 (0.28)
LC	0.08*** (3.48)	0.02*** (2.90)	0.68*** (5.34)	0.87*** (2.76)	0.1*** (3.45)	0.09*** (2.72)	0.76*** (6.61)	0.59* (1.62)	0.07 (1.01)	0.13 (1.42)	1.82*** (4.03)	1.29*** (2.61)

续表

样本	所有城市				Ⅰ批城市				Ⅱ批城市			
被解释变量	产业结构		产业规模		产业结构		产业规模		产业结构		产业规模	
	OSOC		*OSOS*		*OSOC*		*OSOS*		*OSOC*		*OSOS*	
模型	OLS	FE	OLS	FE	OLS	FE	OLS	FE	OLS	FE	OLS	FE
FI	0.07^{***} (2.48)	0.08^{***} (2.00)	0.97^{***} (8.05)	0.30^{***} (4.52)	0.11^{***} (2.81)	0.03^{***} (3.18)	0.11^{***} (2.81)	0.29^{***} (4.05)	0.08^{**} (2.25)	0.08^{**} (2.38)	0.91^{**} (4.69)	1.22^{***} (2.87)
c	-0.18^{***} (−6.37)	-2.91^{***} (−4.43)	-5.55^{***} (−4.93)	-6.87^{***} (−3.13)	-0.19^{***} (−3.74)	-0.01^{***} (−2.47)	-4.52^{***} (−3.50)	-5.41^{***} (−2.15)	-1.87^{***} (−3.75)	-0.84^{***} (−2.83)	-10.89^{***} (−4.41)	-12.82^{***} (−3.24)
N	216	216	216	216	160	160	160	160	56	56	56	56
R^2	0.32	0.69	0.78	0.77	0.28	0.69	0.61	0.75	0.53	0.81	0.58	0.89
F-test	23.58^{***}	57.62^{***}	74.14^{***}	104.48^{***}	8.14^{***}	43.01^{***}	39.51^{***}	66.16^{***}	7.84^{***}	54.96^{***}	21.56^{***}	62.66^{***}

注：10%、5%和1%水平上显著分别以 *、** 和 *** 来表示，括号中汇报的是t统计量。本章下同。

(2)分组样本检验

为了检验知识产权保护制度对离岸服务外包产业升级的影响是否存在一定的区域异质性，与前文一致，此处进一步将2016年以前入选的示范城市划为Ⅰ批示范城市，2016年以后入选的划为Ⅱ批示范城市。从表6-15的分组样本回归结果来看，无论被解释变量是离岸服务外包产业规模还是离岸服务外包产业结构，Ⅰ批城市和Ⅱ批城市的回归结果与整体样本的回归结果差距不大，知识产权保护均通过了1%的显著性检验。与此同时，无论是在OLS回归还是固定效应回归中，Ⅱ批城市知识产权保护对离岸服务外包产业规模和结构的影响系数都要大于Ⅰ批城市。背后的原因可能是，和Ⅰ批城市相比，Ⅱ批城市的知识产权保护力度不够，因此在进行离岸服务外包活动时更加容易发生侵犯发包方或其他企业知识产权的问题，此时知识产权保护水平的加强对Ⅱ批城市离岸服务外包产业规模和产业结构的正向影响会更大。在控制变量中，Ⅰ批城市和Ⅱ批城市的回归结果与整体样本的回归结果基本相同，但是在Ⅱ批城市中，当被解释变量为离岸服务外包产业结构时，人力资本存量没有通过显著性检验，这可能是因为，和Ⅰ批城市相比，虽然Ⅱ批城市的劳动力成本相对廉价，但是Ⅱ批城市的人才供给无法匹配人才需求，导致人才数量的增长并没有对其离岸服务外包产业结构的升级起到推动作用。

6.5.2.4 知识产权保护对离岸服务外包产业升级的非线性影响检验

由理论分析可得，知识产权保护对离岸服务外包产业转型升级的影响具有两面性，因此，本节在计量模型中加入知识产权保护的平方项研究知识产权保护对离岸服务外包产业升级的非线性影响，其检验结果如表6-16所示。

表 6-16　非线性效果检验

样本	所有城市				Ⅰ批城市				Ⅱ批城市			
被解释变量	产业结构 *OSOC*		产业规模 *OSOS*		产业结构 *OSOC*		产业规模 *OSOS*		产业结构 *OSOC*		产业规模 *OSOS*	
模型	OLS	FE	OLS	FE	OLS	FE	OLS	FE	OLS	FE	OLS	FE
IPR	0.54* (1.94)	0.42* (1.84)	4.43*** (2.94)	2.67*** (2.56)	0.49*** (3.41)	0.92*** (3.09)	0.19*** (2.41)	3.49*** (2.82)	1.75* (1.88)	1.64* (1.80)	10.87*** (4.87)	5.91* (2.82)
IPR^2	−0.02*** (−3.78)	−0.01*** (−2.67)	−0.49* (−1.81)	−0.29*** (−4.47)	−0.02*** (−4.14)	−0.01*** (−3.24)	−0.02* (−1.58)	−0.37*** (−4.79)	−0.13* (−1.68)	−0.06* (−1.68)	−1.25* (−2.16)	−0.68*** (−3.61)
LC	−0.12* (−1.70)	−0.11* (−0.22)	−0.64* (−6.11)	−2.03* (−6.16)	−0.16** (−1.78)	−0.09** (−1.75)	−0.99** (−3.12)	−2.91** (−3.39)	−0.19* (−1.73)	−0.18* (−1.76)	−2.01* (−2.31)	−2.91* (−3.39)
OD	−0.01 (−0.46)	−0.01 (−0.16)	−0.08 (−0.73)	−0.03 (−1.34)	−0.05 (−1.48)	−0.04 (−0.79)	−1.40 (−1.32)	−0.17 (−4.52)	−0.10 (−1.04)	−0.02 (−0.32)	−0.25 (−0.55)	−0.17 (−0.76)
IC	0.03** (2.11)	0.06** (2.12)	0.08 (0.89)	0.85 (0.94)	0.01** (2.39)	0.08** (2.42)	0.03 (0.33)	0.11 (0.61)	0.14*** (3.40)	0.03*** (3.09)	0.29 (0.97)	0.11 (0.61)
HC	0.07*** (3.01)	0.02*** (2.58)	0.68*** (5.27)	0.89*** (2.79)	0.1*** (4.53)	0.06*** (3.96)	0.60* (1.55)	1.27*** (2.57)	0.09 (1.30)	0.13 (1.55)	2.01*** (4.27)	1.27*** (2.57)

续表

样本	所有城市				Ⅰ批城市				Ⅱ批城市			
被解释变量	产业结构 *OSOC*		产业规模 *OSOS*		产业结构 *OSOC*		产业规模 *OSOS*		产业结构 *OSOC*		产业规模 *OSOS*	
模型	OLS	FE	OLS	FE	OLS	FE	OLS	FE	OLS	FE	OLS	FE
FI	0.07** (2.46)	0.1** (2.21)	0.07** (2.46)	0.92** (2.66)	0.11*** (3.48)	0.02*** (2.65)	0.88*** (7.38)	0.02*** (14.40)	0.18*** (3.82)	0.16* (1.96)	0.68*** (3.26)	0.45*** (2.63)
c	−0.85*** (−4.46)	−0.7*** (−3.00)	−5.61*** (−4.71)	−6.71*** (−3.06)	−0.31** (−0.31)	−1.88** (−2.44)	−1.08* (−3.22)	−14.46*** (−3.19)	−0.73*** (−3.45)	−2.3** (−2.41)	−6.36* (−1.73)	−14.46*** (−3.19)
N	216	216	216	216	160	160	160	160	56	56	56	56
R^2	0.31	0.68	0.58	0.78	0.29	0.69	0.75	0.69	0.51	0.83	0.66	0.89
F-test	22.79***	55.92***	64.38***	90.00***	18.94***	48.68***	55.71***	48.68***	7.22***	62.36***	14.81***	53.60***

从表 6-16 中可以看出，无论被解释变量是离岸服务外包产业规模还是离岸服务外包产业结构，知识产权保护的拟合系数均显著为正，这说明知识产权保护可以促进离岸服务外包产业升级的研究结论成立。同时，知识产权保护平方项的拟合系数显著为负，表明知识产权保护对离岸服务外包产业升级的影响具有先促进后抑制的倒"U"形特征，即在加强知识产权保护的初始阶段，知识产权保护对离岸服务外包产业结构和产业规模升级的影响以正向促进为主，而进入后期阶段，知识产权保护对离岸服务外包产业结构和产业规模升级的影响则出现反向阻碍。

控制变量的拟合系数和显著性与线性检验结果基本一致。值得注意的是，表 6-16 中每一个回归模型都可以计算出一个"最适强度"，当知识产权保护强度达到这一"最适强度"时，其对服务外包产业升级的"净效应"方能达到最大。为了降低测算误差，此处将选取Ⅰ批和Ⅱ批示范城市的两个回归方案中知识产权保护"最适强度"的平均值。

根据图 6-11，无论被解释变量是离岸服务外包产业规模还是离岸服务外包

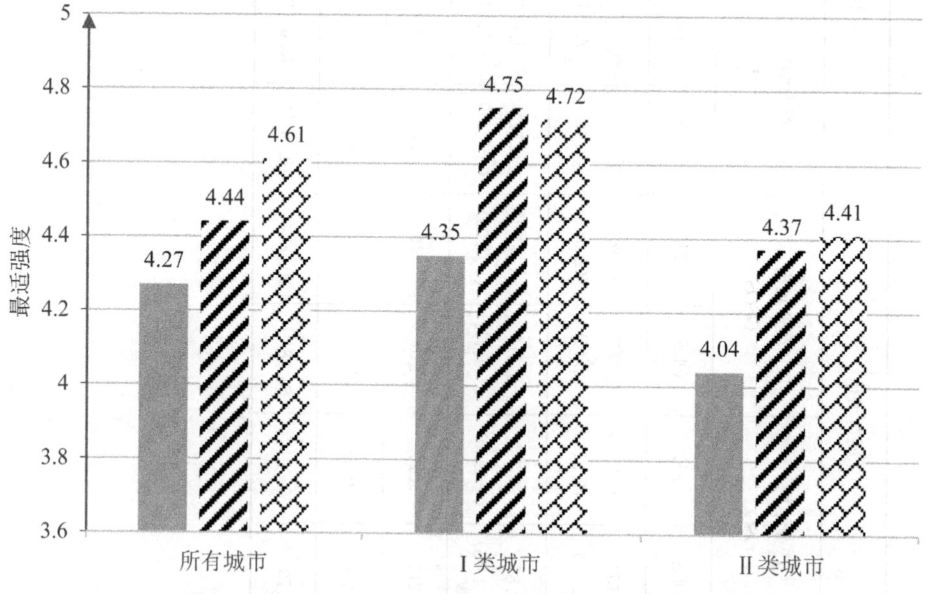

图 6-11　知识产权保护"最适强度"比较

产业结构，所有服务外包示范城市、Ⅰ批和Ⅱ批服务外包城市知识产权保护的平均“最适强度”均低于各自的“最适强度”，这表明我国知识产权的保护强度还不足以达到最适用于离岸服务外包产业升级的强度。

6.5.2.5 稳健性检验

由于知识产权保护（IPR）是核心解释变量，所以为了检验研究结论的可信度，本部分将使用其他测度知识产权保护强度的指标做稳健性检验，并使用工具变量克服可能存在的内生性问题。

(1)知识产权保护强度的其他测度方法

参考吴超鹏和唐菂（2016）、沈国兵和黄铄珺（2019）的研究，本节分别使用城市知识产权审判结案数和城市专利授权量作为其他测度知识产权保护强度的指标。城市知识产权审判结案数主要从司法角度衡量城市的知识产权保护强度，选取北大法宝司法案例库中收录的各市人民法院审理的知识产权类审判结案数作为城市知识产权审判结案数的代理变量。专利授权量主要从行政角度衡量城市的知识产权保护强度，数据来自国家知识产权局。参考显性比较优势指数（RCA）构建城市层面知识产权保护强度，具体计算方法如下：

$$IPR_{jt}=\frac{IPP_{jt}/GDP_{jt}}{IPP_{ct}/GDP_{ct}} \tag{6.23}$$

其中，IPR_{jt}表示第t年城市j的知识产权保护强度，该数值越大，表示城市j的知识产权保护强度越高；IPP_{jt}代表第t年城市j的知识产权审判结案数或专利授权量；GDP_{jt}代表第t年城市j的GDP；IPP_{ct}代表第t年中国整体知识产权审判结案数或专利授权量；GDP_{ct}代表第t年中国的GDP。

由于知识产权保护和离岸服务外包产业结构升级之间可能存在内生性，一般的估计方法会使估计系数有偏和非一致，故本节使用工具变量来克服内生性问题，采用滞后一期的知识产权保护强度指标作为工具变量，并使用两阶段最小二乘回归（2SLS）以确保回归结果的稳定性。

用城市知识产权审判结案数对知识产权保护强度指标进行检验，结果见表6-17和表6-18中的第（1）列，用城市专利授权量对知识产权保护强度指标进行检验，结果见表6-17和表6-18中的第（2）列，而内生性检验的具体结果则参见表6-17和表6-18中的第（3）列。

(2)稳健性检验结果分析

由表6-17和表6-18可以看出，不管是使用其他的知识产权保护测度方法还是进行内生性检验，当被解释变量是离岸服务外包产业规模或者离岸服务外包产业结构时，知识产权保护强度一次项的估计系数仍显著为正，二次项的估计系数仍显著为负，说明这些服务外包示范城市知识产权保护强度与离岸服务外包产业结构升级和产业规模升级之间的非线性特征依然存在。

当使用知识产权审判结案数测度城市知识产权保护强度时，各服务外包示范城市的平均知识产权保护强度1.05低于产业结构升级的最适强度1.10和产业规模升级的最适强度1.21。当使用专利授权量测度城市知识产权保护强度时，各服务外包示范城市的平均知识产权保护强度0.42低于产业结构升级的最适强度0.60和产业规模升级的最适强度0.56。同样地，当使用2SLS进行稳定性检验时，离岸服务外包产业结构升级和产业规模升级的知识产权保护最适强度4.39和4.54均高于各服务外包示范城市的平均值4.27。综上可得，我国目前仍然处于需要加强知识产权保护的阶段。控制变量对离岸服务外包产业升级的影响与前文的模型估计结果基本一致，这也印证了前文计量分析得到的相关结果。

表6-17　线性效果稳健性检验

被解释变量	司法角度的稳健性检验(1)				行政角度的稳健性检验(2)				内生性的稳健性检验(3)	
	产业结构		产业规模		产业结构		产业规模		产业结构	产业规模
	OSOC		*OSOS*		*OSOC*		*OSOS*		*OSOC*	*OSOS*
模型	OLS	FE	OLS	FE	OLS	FE	OLS	FE	OLS	FE
IPR	0.02*** (−2.55)	0.01*** (−6.35)	0.12** (0.06)	0.35*** (2.35)	0.02*** (−7.57)	0.02*** (−4.07)	0.21* (1.64)	0.13** (2.06)	0.79*** (−2.72)	4.03*** (3.91)
LC	−0.17* (−1.88)	−0.18* (−1.95)	−0.94*** (−3.28)	−1.99*** (6.25)	−0.06* (−1.92)	−0.21* (−2.21)	−1.04*** (−3.64)	−1.98* (−6.35)	−0.16** (−2.33)	−0.14*** (−1.63)
OD	−0.02 (−0.63)	−0.04 (−1.03)	−0.07 (−0.61)	−0.02 (−0.13)	−0.02 (−0.78)	−0.04 (−1.14)	−0.05 (−0.45)	−0.25 (−1.03)	−0.05 (−1.36)	−0.19 (−0.59)
IC	0.01* (−1.92)	0.06* (−1.92)	0.02 (0.19)	0.24 (0.94)	0.01* (−1.91)	0.05* (−1.80)	0.03 (0.33)	0.12 (1.52)	0.02** (−2.14)	0.06 (0.48)

续表

被解释变量	司法角度的稳健性检验(1)				行政角度的稳健性检验(2)				内生性的稳健性检验(3)	
	产业结构		产业规模		产业结构		产业规模		产业结构	产业规模
	OSOC		*OSOS*		*OSOC*		*OSOS*		*OSOC*	*OSOS*
模型	OLS	FE	OLS	FE	OLS	FE	OLS	FE	OLS	FE
LC	0.06*** (−2.51)	0.02*** (−7.61)	0.65*** (5.01)	0.86*** (2.72)	0.01* (−1.80)	0.02*** (−8.55)	0.56*** (4.01)	0.76** (2.43)	0.04*** (−5.61)	0.73*** (5.45)
FI	0.09*** (−3.00)	0.08*** (−2.00)	1.02*** (8.39)	0.31*** (4.52)	0.09*** (−2.77)	0.03*** (−3.18)	0.97*** (7.82)	0.31*** (4.75)	0.13*** (−3.50)	0.91** (4.69)
c	−0.96*** (−2.39)	−3.13*** (−5.14)	−2.75*** (−3.46)	−6.93*** (−3.11)	−1.02*** (−1.55)	−3.25*** (−5.34)	−4.77*** (−3.24)	−6.31*** (−2.89)	−0.22*** (−6.76)	−6.54*** (−5.35)
N	216	216	216	216	160	160	216	216	189	189
R^2	0.22	0.68	0.56	0.78	0.2	0.69	0.57	0.78		
F-test	19.4***	65.21***	67.05***	90.76***	17.20***	57.04***	67.04***	107.57***		

表 6-18 非线性效果稳健性检验

被解释变量	司法角度的稳健性检验(1)				行政角度的稳健性检验(2)				内生性的稳健性检验(3)	
	产业结构		产业规模		产业结构		产业规模		产业结构	产业规模
	OSOC		*OSOS*		*OSOC*		*OSOS*		*OSOC*	*OSOS*
模型	OLS	FE	OLS	FE	OLS	FE	OLS	FE	OLS	FE
IPR	0.15* (−1.78)	0.11* (−1.66)	2.37*** (2.89)	0.31*** (2.53)	0.08*** (−2.96)	0.03*** (−2.88)	0.19*** (3.64)	0.37** (2.25)	0.79* (−1.86)	27.23** (2.23)
IPR^2	−0.06*** (−2.35)	−0.05* (−1.71)	−1.02*** (−6.74)	−0.13* (−1.65)	−0.07*** (−3.55)	−0.05*** (−3.95)	−0.20* (−1.64)	−0.33* (−2.21)	−0.09*** (−2.82)	−3.04** (−2.17)
LC	−0.07* (−1.91)	−0.20*** (−2.15)	−0.92* (−3.17)	−2.03* (−6.39)	−0.08** (−2.34)	−0.31** (−5.32)	−1.06** (−3.83)	−2.01** (−6.42)	−0.21*** (−2.49)	−0.63* (−1.50)

续表

被解释变量	司法角度的稳健性检验(1)				行政角度的稳健性检验(2)				内生性的稳健性检验(3)	
	产业结构		产业规模		产业结构		产业规模		产业结构	产业规模
	OSOC		*OSOS*		*OSOC*		*OSOS*		*OSOC*	*OSOS*
模型	OLS	FE	OLS	FE	OLS	FE	OLS	FE	OLS	FE
OD	−0.01 (−0.37)	−0.03 (−0.85)	−0.05 (−0.45)	−0.03 (−1.07)	−0.03 (−0.80)	−0.02 (−0.79)	−0.04 (−0.33)	−0.26 (−1.04)	−0.01 (−0.08)	−0.17 (−1.05)
IC	0.01** (−2.57)	0.05* (−1.71)	0.02 (0.21)	0.28 (0.11)	0.01** (−2.57)	0.03** (−1.04)	0.03 (0.32)	0.06 (1.14)	0.03** (−2.08)	0.06 (0.59)
HC	0.06*** (−2.35)	0.02*** (−3.75)	0.64 (4.93)	0.85*** (2.71)	0.6*** (−2.21)	0.01*** (−1.66)	0.6*** (4.04)	0.73*** (2.34)	0.07*** (−2.77)	0.76*** (5.37)
FI	0.10** (−3.21)	0.09** (−2.56)	1.03** (8.27)	0.93** (2.39)	0.10*** (−3.17)	0.1* (−1.62)	0.97*** (7.85)	0.32*** (4.87)	0.08** (−2.30)	1.14*** (7.01)
c	−0.94* (−1.62)	−3.21*** (−5.27)	−2.92*** (−3.45)	−7.22*** (−3.24)	−1.04* (−1.61)	−2.99*** (−4.96)	−1.08* (−3.22)	−5.99*** (−2.73)	−1.31*** (−2.88)	−6.57* (−2.03)
N	216	216	216	216	216	216	216	216	189	189
R^2	0.23	0.69	0.79	0.56	0.23	0.68	0.57	0.78		
F-test	18.01***	56.9***	38.43***	58.54***	17.6***	55.84***	60.15***	92.53***		

6.6 本章小结

本章亦是全书的主体,基于制度环境视角,研究离岸服务外包产业升级的外部动力因素,依旧遵循机理分析与实证检验相结合的研究逻辑。首先,本章阐释了制度质量影响离岸服务外包产业升级的三个机制(一般机制、门槛机制和调节机制),在测度离岸服务外包产业 GVC 地位及制度质量水平的基础上,通过静态与动态面板方法结合门槛效应和调节效应进行分析和实证检验。其次，选择制度因素中与离岸服务外包产业最为密切相关的知识产权保护制度为切入点，在回顾了知识产权及其与离岸服务外包产业的相关研究，并提出其影响机理的基础上，分别采用跨国面板数据和中国服务外包示范城市面板数据进行验证：一方面，采用跨国面板数据对两者之间的灰色关联进行分析；另一方面，基于中国示范城市的数据对两者之间的非线性关系进行检验。主要观点与结论如下：

(1)制度质量提升可以显著促进离岸服务外包产业的 GVC 地位，即离岸服务外包产业升级与制度的好坏成正比，制度质量越完善的国家就越能吸引更多的离岸服务外包，且推动全球价值链地位向高端攀升。而且，研发支出、信息基础设施，以及劳动力素质在制度质量影响离岸服务外包产业的过程中均起到显著的调节作用。

(2)制度质量对离岸服务外包产业 GVC 地位的影响存在双重门槛效应，即当一国制度质量较低时，制度质量对离岸服务外包产业 GVC 地位攀升的影响并不显著；但在当制度质量跨过第一个门槛值(－1.8917)时，其对离岸服务外包产业 GVC 地位攀升出现显著的正向影响；且当制度质量跨过第二个门槛值(0.7349)时，制度质量对离岸服务外包产业 GVC 地位攀升的促进效果更佳。

(3)通过灰色关联分析发现，34 个经济体中有 82％的样本，其知识产权指数和离岸服务外包产业 GVC 地位的灰色综合关联度至少呈强相关，联系紧密。其中，发达经济体的知识产权指数、离岸服务外包产业 GVC 地位和两者的灰色综合关联度普遍高于发展中国家和新兴经济体。此外，产权制度内各子指标中，中国的法治、政治稳定和财产登记与离岸服务外包产业 GVC 地位的灰色综合关联度更高，但知识产权保护以及贷款便利性的关联度则落后于其他经济体。

(4)知识产权保护与离岸服务外包产业升级之间呈非线性关系，前者对后者的影响呈现先扬后抑的倒"U"形关系，在未达到最适强度之前，加强知识产权保护会促进离岸服务外包产业的升级，在达到最适强度之后，加强知识产权保护会抑制离岸服务外包产业的升级。当前我国知识产权保护强度仍然低于理论上的最适强度，且知识产权保护对离岸服务外包产业升级的影响存在显著的区域异质性，和Ⅰ批示范城市相比，Ⅱ批示范城市的知识产权保护强度对离岸服务外包产业升级的影响更大。

7 研究结论与政策建议

本书的研究对象为离岸服务外包产业，在探索承接离岸服务外包与创新能力之间关系的基础上，试图解决的主要问题是离岸服务外包产业在升级的过程中如何有效规避“价值链低端锁定”陷阱。本书在梳理已有文献研究和充分掌握当前中国离岸服务外包产业发展现状与水平的基础上，研究离岸服务外包产业升级困境的形成机理，并且双管齐下，提出基于要素结构和技术创新的内部动力机制以及外部制度环境的促进机制，并对机制的影响效果进行实证检验。全书的思想逻辑与研究内容均围绕以下问题展开：(1)中国承接离岸服务外包的发展现状如何？中国离岸服务外包产业的国际分工地位、承接效率及国际竞争力又在什么水平？(2)离岸服务外包产业升级的困境及其形成机理是什么？当前中国承接离岸服务外包究竟是促进了创新能力提升还是陷入了“价值链低端锁定”陷阱？(3)离岸服务外包产业升级突破困境的优化路径如何？内部自身动力与外部制度因素在产业升级的过程中如何发挥作用？(4)中国不同地区的离岸服务外包产业升级效果有何差异？如何将这些模式和经验推广发展至其他地区？如何因地制宜地制定离岸服务外包产业升级政策？本章将在总结全书具体研究结论的基础上，为新发展格局下中国离岸服务外包产业实现优化升级、提升全球价值链地位提出有针对性的政策建议。

7.1 研究结论

前面章节首先从服务外包产生与发展的理论基础出发，回顾梳理了离岸服务外包的相关研究，刻画并测算了中国离岸服务外包的发展现状、全球价值链地位及其竞争力影响因素。其次提出离岸服务外包产业升级的困境及形成机理，并基于全要素生产率和区域创新链双重视角检验中国承接离岸服务外包是否促进了创新能力的提升。随后以动态比较优势思想为指导，提出基于要素结构优化与技术创新提升的内部动力机制和优化路径，并对其进行实证检验。最后从外部制度环境动力出发，重点分析制度质量和产权制度如何影响离岸服务外包的产业升级，并利用跨国面板数据和国内城市数据对机制进行验证。全书研究结论如下：

第一，中国离岸服务外包产业的发展分别经历了“十一五”时期的形成期和高速增长期、“十二五”时期的量质齐升并形成国际竞争力时期，以及“十三五”的高质量发展和攀升全球价值链高端的机遇期。①现阶段，中国承接离岸服务外包呈现规模持续扩大、业务结构明显优化、市场格局多元化、区域布局进一步优化、政策支持力度愈发增大等特点，即使受新冠疫情影响依然逆势增长。②虽然中国的价值链地位指数逐年递增，但与世界主要发达国家依然存在一定的差距，仅仅达到发展中国家平均水平，仍有较大的提升空间。③现阶段中国示范城市承接服务外包的整体效率提升主要还是依赖技术进步，而效率上升趋缓主要是受到技术效率较低的阻碍。④通过构建离岸服务外包竞争力评价体系并以长三角地区的服务外包示范城市为样本进行测算，发现上海、苏州竞争力优势显著，杭州、宁波、南京实力相近，竞争力提升空间较大，影响城市国际竞争力的关键因素不尽相同。

第二，承接离岸服务外包所具有的高技术势差、低吸收能力、强技术依赖和俘获效应、创新资源挤占等因素，导致接包方陷入“价值链低端锁定”困境，从而影响离岸服务外包产业升级。当以全要素生产率衡量接包方创新能力，研究中国承接离岸服务外包的创新机制和效应时，发现：①承接离岸服务外包可以通过推动人力资本优化、技术进步和产业结构升级来间接提升全要素生产率，而外资优化则起到了一部分遮掩效应；其中，东部地区中介效应最强的路径是技术进步，而对中西部地区而言，产业结构升级的中介效应则最强；此外，承接离岸服务外包可以通过优化人力资本水平来促使外商直接投资，进而推动技术进步，促进产业结构升级来对全要素生产率的提升产生链式影响。②中国承接离岸和在岸服务外包均能显著促进全要素生产率提升，并且离岸服务外包的促进作用更强，其中，中西部城市承接离岸服务外包对全要素生产率的促进作用显著强于东部城市，但在岸服务外包对全要素生产率的影响并不显著。当将以区域创新投入、创新产出、创新效率和创新主体等四个维度构建的区域创新链作为创新能力衡量指标进行创新效应检验时，再次验证了前文结论，即离岸服务外包对我国区域创新能力提升有显著的积极作用，且比在岸服务外包的贡献度更高。

第三，基于动态比较优势理论的核心思想，离岸服务外包产业升级的内部动力主要包括要素结构优化和技术创新。①通过高级要素的跨境流动和自主培育可以实现要素结构的高级化演进，实现离岸服务外包产业由基础要素密集型向高级要素密集型升级。②技术创新可以通过提高要素生产率，产业间转移，产业间技术扩散，传统产业改造升级和新兴产业形成发展，以及改进生产流程、降本提效来影响我国离岸服务外包的产业发展。具体影响路径包括提升服务外包的业务层次、改造业务流程、催生服务外包新业态、衍生新需求。③要素结构的高级化演进有利于推动我国离岸服务外包产业结构的升级，其中人力资本、知识产权保护、基础设施投资的相对结构优化能够显著促进服务外包产业升级，但是技术创新环境支撑的作用尚不显著。④Ⅰ批示范城市离岸服务外包产业升级主要依靠人力资本、知识产权保护等要素结构的高级化，而Ⅱ批示范城市的基础设施投资的影响力度最大；Ⅰ批示范城市离岸服务外包产业升级更注重技术创新的可持续投入，而Ⅱ批示范城市的技术创新产出能力对服务外包产业升级的贡献更显著。⑤从联合驱动效果来看，当前中国基于技术创新路径的驱动效果比基于要素结构优化路径的驱动效果更显著、影响力度更大，其中，技术创新投入能力和人力资本要素结构优化对离岸服务外包产业升级的驱动作用最大。

第四，制度质量和产权制度是离岸服务外包产业升级的重要外在动力，也是新发展格局下离岸服务外包产业攀升全球价值链的关键环境因素。①制度质量对离岸服务外包产业全球价值链地位的攀升具有正向影响作用，并且研发支出、信息基础设施与劳动力素质对其影响存在显著的调节作用。②制度质量对离岸服务外包产业全球价值链地位的影响存在双重门槛效应：当一国制度质量较差时，制度质量对其影响并不显著；但当制度质量跨过第一个门槛值时，制度质量显示出显著的正向影响，且当制度质量跨过第二个门槛值时，制度质量对服务外包产业全球价值链地位攀升的促进效果更明显。③绝大多数国家知识产权指数和离岸服务外包产业价值链地位的灰色综合关联度至少强相关，且发达经济体的知识产权指数、离岸服务外包产业价值链地位和两者的灰色综合关联度普遍高于发展中国家和新兴经济体。

7.2 政策建议

基于全书的研究内容与结论，本节进一步基于要素与技术、产权与制度、区域与区域以及在岸与离岸四个协同，分别提出新发展格局下中国离岸服务外包产业升级的政策建议。

7.2.1 要素与技术混合驱动

第一，加快服务外包人才体系建设，重视高端人才的培育和引进制度。服务外包产业需要精通技术、外语并具有良好管理能力的中高级人才，而这类人才的缺乏是我国服务外包产业的短板之一，严重阻碍了我国服务外包产业向全球产业价值链的高端攀升。培育服务外包人才时应注重国内培训与出国留学相结合，业务培训与学校教育相结合，企业应开展多种具体的人才培养项目。在人才培养上，一方面注重发挥高等教育的基础和支撑作用，根据产业发展需要对教育模式进行创新改革，走“产、学、研”合作之路，鼓励校企有效对接，并提供充足的资金支持和政策支持；另一方面，落实服务外包园区、培训基地建设，创新复合培养体系，采用多样化各阶段的人才培训模式。同时还要重视服务外包人才的引进，满足服务外包产业发展的需要，提高海外高知人才福利待遇及改善科研工作条件，促进产业现代化，完善高端人才培育和引进机制。

第二，加快全球服务网络体系构建，创新“走出去”方式，优化外商投资结构。新冠疫情对全球服务贸易发展带来严峻挑战，国内外错期发展负面冲击大。疫情加大离岸服务外包业务降速发展压力。在开放市场中，服务业全球化使得任何国家都不能置身事外。我国离岸服务外包发展应持续推进“走出去”战略，密切关注国际形势，提高贸易便利化水平，建立贸易预警调度机制，引导外商投资在增长潜力大的产业部门进行投资，优化投资结构。在融资方面，应拓宽满足离岸服务外包产业需求的融资渠道，搭建长效融资平台，创新信贷产品。

第三，引导离岸服务外包产业向数字化、创新化和智能化方向升级。通过加强大数据分析处理、云平台搭建、物联网布局技术的应用，引导服务产品不断向个性化定制、综合解决方案提供、智能信息服务等高附加值的业务范围拓展。提升 ITO、BPO、KPO 领域的系统集成能力、增大价值增值空间和规模效益，推进服务外包成为以数字技术为支撑、以高端服务为先导的“服务＋”新业态、新模式的重要方式。

第四，强化创新投入与创新产出两大动力源的显著作用，注重提升创新转化效率。通过优化R&D配置、改善外商投资结构、提供多样化金融产品为技术创新拓宽资金渠道，深化产教融合、完善人才体系建设，改善基建配套服务，强化要素投入、实现最优组合；强化科技成果的转化能力，建立切实可行的成果转化评价办法，提高企业的知识吸收和创新能力，了解并区分显性知识与隐性知识转化为常规技术和创新技术的有效路径；加速技术成果的产业化，尽快拥有基于新一代ICT技术的自主知识产权，重大科技成果产业化过程逐渐形成新产业集聚。

第五，完善创新环境支持，优化产业发展生态，促进“知本”转“资本”。加快技术创新主体的体制、机制创新，通过改革完善相应的研发，加大产权、专利保护力度并制定信息安全保障政策，鼓励新兴产业发展，构建创新、创业生态可持续发展体系。保持政策稳定性和连续性，营造政策优势。加大政府资金在产业研发支出中的比重，鼓励支持更多离岸服务外包企业参与政府重大项目招标，提高服务外包从业人员的薪酬待遇。

7.2.2 产权与制度协同支撑

第一，进一步完善制度质量。随着服务外包产业的迅猛发展，发包方对外包质量要求提高，包含更多技术复杂度的知识流程外包随之兴起，而这一服务外包新动向必须得到制度质量的支撑，也就意味着将来服务外包产业的发展对制度的完善程度会越发“敏感”。

第二，完善信息基础设施建设，提高服务保障水平。一是提高便利化水平，继续完善国内服务外包基础设施，提高国内服务水平，降低国内通信服务资费，为国际分包商进入国内创造有利条件，降低交易成本。二是提高公共服务水平，一方面，及时发布国内服务外包公开信息，让更多国家和企业了解国内市场动态和政策；另一方面，打造本土特色来吸引跨国公司转移离岸服务外包业务。

第三，优化产权制度环境。无论是吸引外资，还是承接产业转移，良好的制度环境都是对跨国公司知识资产的保障。结合信息技术工具，完善知识产权创造、管理及保护机制，制定信息安全保障政策，监督法律法规实施，响应党的十九大会议中“倡导创新文化、强化知识产权体系建设”的政策。提高专利利用效率，开发市场主体创新潜力，尽快拥有服务外包高附加值业务的自主知识产权。

第四，完善与知识产权保护相关的法律法规，加大知识产权保护制度的执行力度。我国在修改和完善知识产权保护制度的同时，应该结合我国的实际国情，这样有利于各行各业的发展。对于离岸服务外包行业而言，我国的知识产权保护制度也需要与其适当匹配，从而促进我国离岸服务外包的产业升级，在这个过程中，知识产权保护制度的完善和修订固然重要，但地方政策的执行力度也应不断增强。此外，政策制定部门应该考虑某些政策是否反而对服务外包企业的接包行为产生一定的阻碍。本书研究发现我国的知识产权保护实际强度依然低于理论最适强度，加强知识产权保护所产生的正面效应大于负面效应，因此相应的政策措施应当以加强知识产权保护为主。

第五，提高离岸服务外包产业中相关企业获得贷款的便利性。随着知识产权制度的完善，承接服务外包的企业无法轻易地在接包过程中学习到新的技术，这意味着要把更多的资金投入服务产品的研发。但我国承接服务外包的大部分企业均为中小型企业，只能通过贷款的方式去弥补资金缺口。因此，一旦我国离岸服务外包产业中相关企业能更为便利地获得贷款，它们的研发效率将快速提升，从而加强承接高附加值服务外包的能力，这将使得我国服务外包企业和产业摆脱“价值链低端锁定”困境。

7.2.3 区域与区域联动发展

第一，因地制宜实行服务外包发展策略，促进东中西部地区服务外包产业联动发展。构建适合服务外包产业集聚发展的区域创新体系，形成以服务外包示范城市为依托的产业集群化发展格局。加强东部与中西部城市之间的交流，推动中西部地区依据其资源禀赋参与价值链分工。优化服务外包示范城市布局，有序增加示范城市数量，完善服务外包示范城市管理模式，支持更多三、四线城市被审批为服务外包示范城市，发展成为具有全球影响力和竞争力的服务外包接包中心。

第二，加快推进服务外包产业空间布局，平衡区域间发展。尽管东中西部地区的产业发展差距在“量”上逐渐缩小，但在“质”上仍差距悬殊，离岸服务外包产业发展应认清定位、因势利导，缩小地区发展差距。对于上海、深圳、杭州等经济实力雄厚的地区仍应继续加强人才队伍建设，提升高端服务供给能力，而针对中西部地区城市应加大基建投资，积极响应国家政策，推动中西部基础设施建设以提升硬实力。

第三，促进Ⅰ批与Ⅱ批示范城市与非示范城市间的双重联动。对示范城市实行有进有出的动态调整，充分发挥其在产业集聚、创新引领上的积极作用。一方面，Ⅰ批与Ⅱ批示范城市之间注重在差异化发展的同时协调联动，兼顾产业有序分工和区域融合发展，形成“一线接单，二、三线交付”的产业链布局，从而推动新增示范城市的产业优化升级，激发市场活力；另一方面，示范城市通过辐射带动周边非示范城市的高级要素积累，发挥引领示范效应，鼓励将示范城市的优惠政策推广复制到非示范城市地区。

第四，根据不同区域的经济发展阶段和经济目标调整知识产权保护政策。由于知识产权保护对不同服务外包示范城市的离岸服务外包产业升级的影响存在差异，所以一个地区知识产权保护强度的确定应当以该地区自身的发展阶段和经济目标为重要参考依据。目前，Ⅰ批示范城市的平均知识产权保护强度高于Ⅱ批示范城市，因此Ⅱ批示范城市在调整知识产权保护政策时还可以在结合自身实际情况的基础上借鉴Ⅰ批城市的政策。对Ⅱ批示范城市而言，由于当前知识产权保护对离岸服务外包产业升级的影响更大，因此更应该加大知识产权保护力度，注重提升知识产权保护水平。

7.2.4 在岸与离岸协调分工

离岸与在岸是服务外包的两大方向，但长期以来国内的政策和舆论都更偏向离岸业务。现实情况却是国际离岸市场容量开始萎缩，国内需求逐步释放。因此，改变重离岸、轻在岸的旧眼光，引导国内外包企业从离岸向在岸理性回归，使二者有机结合，相互促进，将是当今形势下最适合我国服务外包行业的发展途径。以国内大循环为主体、国内国际双循环相互促进的新发展格局将重塑中国国际合作和竞争新优势，为中国服务外包产业提供更加广阔的发展空间。

第一，进一步推动离岸服务外包高质量发展。

①依托科技革命和产业变革，发展服务外包新业态。新冠疫情催生了在线办公、购物、教育、数字检测、数字医疗等数字化服务外包新需求。通过数字化赋能，增强产业高端化发展能力，积极利用先进数字技术，推动云服务、物联网、人工智能、大数据和区块链等技术及服务手段在服务外包领域的广泛应用。凭借已有产业发展基础形成更多特色数字化平台，不断推进制造业、服务业智能

化、数字化改造新进程，推进服务外包新技术、新业态、新模式的形成，从而推动示范城市在数字化变革中引领产业升级。发挥外贸引导基金作用，支持具有国际竞争力和发展潜力的服务外包企业通过业态创新等方式，促进我国外贸整体价值链水平提升，助力我国在新一轮国际分工和产业格局构建中的地位提升。

②多维度支持离岸服务外包多元化布局，充分发挥技术溢出效应。从渠道、制度、金融、风险防控等方面为国内服务外包企业开拓海外市场提供支持和配套服务，支持有条件的服务外包企业朝着跨国公司方向发展。完善服务外包相关政策，积极培育以大数据、人工智能、云计算等新一代信息技术为核心的产业园区。以多元化战略扩大服务外包国际市场开拓范围，积极关注新兴市场的开拓，不断创新业务承接方式和市场开拓渠道，将更多境外举办的服务外包类展会纳入非商业性境外办展支持范围，支持服务外包企业利用出口信用保险等多种手段开拓国际市场。

第二，重视在岸服务外包发展，挖掘在岸服务外包潜力。

①依托数字化转型形势，拓展在岸服务外包市场空间。大力推动在岸服务外包发展，以应对后疫情时代国际市场环境的变化。积极响应“双碳”政策，立足国内市场需求和高质量发展要求，促进产业向数字化、制造业向服务化以及服务业向外包化方向发展，拓展在岸服务外包增长空间，积极发挥服务外包模式在国内数字经济和平台经济发展、产业升级和协同创新、企业集约化效率提升和价值升级等方面的作用。充分发挥在岸服务外包产业于畅通双循环中“黏合剂”的作用，加大专业化分工和品牌培育力度，充分释放具有中国本土特色的服务外包业务，打造“中国服务”和“中国制造”品牌的核心竞争优势。

②加强政府引导作用，加速释放在岸服务外包市场潜力。各级政府应提高外包意识，促进政企事业单位释放更多服务外包需求。政府和企业在进行数字化升级过程中，可通过服务外包来解决公务人员编制数量和知识结构的限制。将不涉及安全与机密的政府事务，交付给第三方专业服务提供商。根据各机关单位的专业特点和比较优势，不断拓宽政府部门购买服务外包的领域和业务内容。此外，还应当积极探索能促进在岸服务外包发展的管理体制、政策体系等，完善相关法律法规，打造在岸服务外包制度创新高地，建立促进企业开展在岸服务外包的长效机制。

第三，促进在岸与离岸服务外包的协调发展，构建可持续的服务外包产业生态体系。

①以在岸促离岸为抓手，推动国际国内服务外包市场融合发展。充分利用规模巨大的在岸市场，夯实企业承接服务外包的基础，为企业做大做强提供有利条件。充分释放在网络智能制造、服务型制造、绿色制造的发展趋势下大量的软件与信息服务市场需求。引导、鼓励服务外包企业服务国内市场，培育一批专业化、品牌化的优质服务供应商，积极提升服务外包价值链地位，增强本土服务外包企业的业务承接能力和品牌建设，发展具有国际龙头水平的服务外包企业，为更好承接离岸服务外包奠定坚实基础，构建在岸与离岸互动、东中西部融合的服务外包产业发展新格局，推动服务外包向高质量发展转变。

②充分发挥离岸服务外包的技术外溢效应，带动在岸服务外包业务发展。积极承接来自发达国家及其他具有高附加值的离岸服务外包业务，提高企业对技术溢出的吸收与转化能力，通过企业间优秀接包经验的分享及对服务外包人才的培训，提升在岸服务外包接包水平，加快发展电子商务、电子政务，催生新兴服务外包业态，细化服务外包领域。

③打通离岸与在岸服务外包循环体系，推进服务外包产业升级。统筹考虑服务业开放和离岸服务外包发展，通过改革创新适时调整面向服务外包的监管机制，完善法律法规、质量标准、认证认可等，打通国内、国外服务业循环体系，形成离岸、在岸相互衔接的统一市场体系，积极推进服务外包国内国际两个市场、两种资源的整合优化，支持外资企业国内服务外包市场布局、内资企业离岸服务外包市场布局。

参考文献

[1] 安志,2019.面向企业的政府创新激励政策效应研究[D].南京:南京大学.

[2] 白雪洁,孙红印,汪海凤,2016.R&D活动、市场势力与社会福利效应——基于中国企业的实证分析[J].经济理论与经济管理(3):59-71.

[3] 伯尔蒂尔·奥林,1986.地区间贸易和国际贸易[M].王继祖等,译校.北京:商务印书馆.

[4] 蔡彤娟,郭小静,2019.京津冀协同发展中的北京服务外包产业提升策略[J].现代营销(下旬刊)(3):136-137.

[5] 陈菲,2005.服务外包动因机制分析及发展趋势预测——美国服务外包的验证[J].中国工业经济(6):67-73.

[6] 陈立敏,周材荣,倪艳霞,2016.全球价值链嵌入、制度质量与产业国际竞争力——基于贸易增加值视角的跨国面板数据分析[J].中南财经政法大学学报(5):118-126+160.

[7] 陈璐,2011.中国承接服务外包的比较优势分析[D].合肥:安徽大学.

[8] 陈启斐,刘志彪,2013.反向服务外包对我国制造业价值链提升的实证分析[J].经济学家(11):68-75.

[9] 陈启斐,王晶晶,岳中刚,2015.研发外包是否会抑制我国制造业自主创新能力[J].数量经济技术经济研究,32(2):53-69.

[10] 陈启裴,巫强,2018.国内价值链、双重外包与区域经济协调发展:来自长江经济带的证据[J].财贸经济,39(7):144-160.

[11] 陈荣江,2014.承接离岸服务外包的影响因素研究——基于金砖五国的面板数据的分析[D].广州:广东外语外贸大学.

[12] 陈天朗,2011.论我国离岸服务外包法律制度的完善[D].广州:中山大学.

[13] 陈武,2010."问题知识产权"的有效性及其影响研究[D].武汉:华中科技大学.

[14] 成司文,2019.我国知识产权保护政策对 FDI 的影响[J].商讯(18):81-82.

[15] 池仁勇,邵小芬,吴宝,2006.全球价值链治理、驱动力和创新理探讨[J].外国经济与管理,(03):4-30.

[16] 崔南方,李怀玉,2004.论核心业务的外包[J].华中科技大学学报(社会科学版)(3):48-52.

[17] 崔萍,邓可斌,2013.服务外包与区域技术创新的互动机制研究——基于接包方的视角[J].国际贸易问题(1):96-105.

[18] 大卫·李嘉图,2011.政治经济学及赋税原理[M].郭大力,王亚南,译.南京:译林出版社.

[19] 代中强,刘从军,2011.知识产权保护、地区行政垄断与技术进步[J].国际贸易问题(4):126-134.

[20] 戴军,韩振,2016.新常态下承接"一带一路"国际服务外包的竞争力研究——基于八大经济区域面板数据的分析[J].技术经济与管理研究(2):104-109.

[21] 戴军,韩振,韩春柳,2021.中美贸易战背景下江苏先进制造业实施技术反向外包的对策研究[J].理论观察(6):77-79.

[22] 戴军,武红阵,严世清,等,2015.中国 21 城市承接国际服务外包的竞争力实证研究[J].亚太经济(5):102-106.

[23] 戴军,严世清,2018.江苏承接"一带一路"国际服务外包的竞争力研究——基于 19 省份服务外包数据的实证分析[J].科技与经济,31(3):1-5.

[24] 戴翔,金碚,2014.产品内分工、制度质量与出口技术复杂度[J].经济研究,49(7):4-17+43.

[25] 戴翔,郑岚,2015.制度质量如何影响中国攀升全球价值链[J].国际贸易问题(12):51-63+132.

[26] 党国英,2014.TRIPS 协定下中国知识产权保护水平测度[J].技术经济与管理研究(11):43-46.

[27] 邓春平,2011.服务外包中的俘获型治理与突破策略[J].商业时代(12):32-34.

[28] 邓聚龙，1982. 灰色控制系统[J]. 华中工学院学报，10(3)：9-18.
[29] 邓翔，朱高峰，李德山，2017. 人力资本、贸易开放与区域全要素生产率——基于 GML 指数和系统 GMM 方法[J]. 经济问题探索(8)：1-8.
[30] 丁晓慧，2020. 外商直接投资、财政支出与绿色全要素生产率[J]. 中国商论(23)：97-101.
[31] 杜伟，杨志江，夏国平，2014. 人力资本推动经济增长的作用机制研究[J]. 中国软科学(8)：173-183.
[32] 杜运苏，彭冬冬，2019. 生产性服务进口复杂度、制度质量与制造业分工地位——基于 2000—2014 年世界投入产出表[J]. 国际贸易问题(1)：41-53.
[33] 方慧，吕静，段国蕊，2012. 中国承接服务业国际转移产业结构升级效应的实证研究[J]. 世界经济研究(6)：58-63.
[34] 高兴，翟柯宇，2019. 收入不平等与知识产权保护对城市创新的影响——基于淮海经济区 20 个城市的实证分析[J]. 科学管理研究，37(3)：13-19.
[35] 龚瑞风，戴华仁，徐姝，2015. 长沙服务外包产业政策效应实证研究[J]. 价值工程，34(20)：32-35.
[36] 顾玲妹，陈永强，2019. 承接"一带一路"国际服务外包对包容性增长的影响机制——以浙江省为例[J]. 商业经济研究(2)：122-125.
[37] 郭佳永健，2018. 产权制度与经济增长[J]. 中国外资(23)：88-89.
[38] 郭进，徐盈之，顾紫荆，2018. 我国产业发展的低端锁定困境与破解路径——基于矫正城镇化扭曲视角的实证分析[J]. 财经研究，44(6)：64-76.
[39] 郭小东，吴宗书，2014. 创意产品出口、模仿威胁与知识产权保护[J]. 经济学(季刊)，13(3)：1239-1260.
[40] 国家发展改革委. "十四五"规划纲要[EB/OL]. (2021-03-23)[2023-08-15]. https//www. ndrc. gov. cn/xxgk/zcfb/ghwb/202103/t20210323_1270124. html? code=&state=123.
[41] 国家发展改革委. 关于支持"飞地经济"发展的指导意见[EB/OL]. (2017-05-12)[2023-09-10]. http://www. gov. cn/xinwen/2017-06/02/content_5199179. htm.
[42] 国务院. 关于促进服务外包产业加快发展的意见[EB/OL]. (2014-12-24)[2023-08-17]. http://www. gov. cn/zhengce/content/2015-01/16/content_

9402. htm.

[43] 国务院. 关于构建开放型经济新体制的若干意见[EB/OL]. (2015-05-05)[2023-04-14]. http://www. gov. cn/xinwen/2015-09/17/content_2934172. htm.

[44] 国务院办公厅. 关于促进服务外包产业发展问题的复函[EB/OL]. (2009-01-22)[2023-03-17]. http://www. mofcom. gov. cn/aarticle/b/f/200902/20090206053833. html.

[45] 韩晶，孙雅雯，陈超凡，等，2019. 产业升级推动了中国城市绿色增长吗?[J]. 北京师范大学学报(社会科学版)(3):139-151.

[46] 韩沈超，徐姗，2021. “引进来”的区域绿色创新差异性影响研究——基于产权异质性下离岸服务外包与 FDI 的对比[J]. 华东经济管理，35(3):54-63.

[47] 韩秀成，2004. 知识产权的特点及我国知识产权工作存在的主要问题[J]. 高科技与产业化(11):7-10.

[48] 韩玉雄，李怀祖，2005. 关于中国知识产权保护水平的定量分析[J]. 科学学研究(3):377-382.

[49] 何娣，邹璇，2012. 服务外包对中国产业结构升级的影响——基于“中介效应”的实证检验[J]. 贵州财经学院学报(1):85-90.

[50] 何均丽，2019. 国际服务外包对我国就业的影响研究[D]. 南京:南京财经大学.

[51] 何满喜，1999. 灰色综合关联度及其应用[J]. 内蒙古师大学报(自然科学汉文版)，28(3):170-173.

[52] 何青青，2017. 合肥市服务外包竞争力的比较研究[D]. 合肥:安徽大学.

[53] 何树全，2018. 中国服务业在全球价值链中的地位分析[J]. 国际商务研究，39(5):29-38.

[54] 何有世，刘旭，2011. 基于 SE-DEA 的软件外包承接城市效率评价[J]. 中国科技论坛(7):75-79.

[55] 何有世，秦勇，2009. 离岸软件外包中江苏四城市承接能力的综合评价[J]. 软科学，23(12):86-90+95.

[56] 贺凯莉，2020. 中国承接离岸服务外包的经济效应研究[D]. 济南:山东师范大学.

[57] 侯欢，2020. 中国服务外包高质量发展的路径[J]. 中国外资(15)：54-56.
[58] 胡大立，殷霄雯，谌飞龙，2021. 战略隔离、能力丧失与代工企业低端锁定[J]. 管理评论，33(9)：249-259.
[59] 胡凯，吴清，胡毓敏，2012. 知识产权保护的技术创新效应——基于技术交易市场视角和省级面板数据的实证分析[J]. 财经研究，38(8)：15-25.
[60] 胡水晶，余翔，2009. 承接研发离岸外包对技术创新能力的作用机理及实证研究[J]. 中国科技论坛(11)：24-28.
[61] 胡昭玲，张玉，2015. 制度质量改进能否提升价值链分工地位？[J]. 世界经济研究(8)：19-26+127.
[62] 黄灿，林桂军，2017. 全球价值链分工地位的影响因素研究：基于发展中国家的视角[J]. 国际商务(对外经济贸易大学学报)(2)：5-15.
[63] 黄鹤，2017. 中国承接离岸服务外包影响因素研究[J]. 改革与战略，33(2)：147-150.
[64] 黄烨菁，张纪，2011. 跨国外包对接包方技术创新能力的影响研究[J]. 国际贸易问题(12)：90-102.
[65] 霍炳军，2009. 知识产权滥用的反垄断法规制[D]. 天津：天津财经大学.
[66] 霍景东，夏杰长，2010. 动态比较优势与服务外包发展战略[J]. 经济与管理，24(11)：18-22.
[67] 霍景东，夏杰长，2013. 离岸服务外包的影响因素：理论模型、实证研究与政策建议——基于20国面板数据的分析[J]. 财贸经济(1)：119-126.
[68] 贾帅，2008. 论农产品出口贸易中的知识产权法律保护[J]. 经济论坛(4)：139-140.
[69] 姜斌，2021. 离岸服务外包发展对甘肃省服务业就业影响研究——基于"一带一路"视角[D]. 兰州：兰州理工大学.
[70] 金芳，2008. 全球化进程中的世界生产体系：变革及其动因[J]. 社会科学家(9)：6-10.
[71] 金龙布，2019. 提升我国承接国际服务外包竞争力的对策研究[J]. 现代商贸工业，40(8)：28-29.
[72] 况永贤，2012. 我国经济持续增长的产权制度原因及创新路径[J]. 科技经济市场(9)：47-48.

[73] 郎永峰，任志成，2011. 承接国际服务外包的技术溢出效应研究——基于服务外包基地城市软件行业的实证分析[J]. 国际商务研究，32(5)：3-8+73.

[74] 李爱民，2017. 服务外包增长动力与要素效率[J]. 国际贸易(5)：60-64.

[75] 李光龙，范贤贤，2019. 贸易开放、外商直接投资与绿色全要素生产率[J]. 南京审计大学学报，16(4)：103-111.

[76] 李惠娟，蔡伟宏，2018. 离岸生产性服务外包与东道国产业结构升级——基于跨国面板数据的中介效应实证分析[J]. 国际贸易问题(3)：113-123.

[77] 李建军，孙慧，2016. 全球价值链分工、制度质量与丝绸之路经济带建设研究[J]. 国际贸易问题(4)：40-49.

[78] 李钧，黄琴琴，2015. 国际服务外包促进承接方区域技术创新了吗？——基于中国 22 个示范城市的实证分析[J]. 江西社会科学，35(6)：41-48.

[79] 李俊，2009. 中国要素贸易问题研究——生产要素流动与中国对外贸易发展[D]. 北京：对外经济贸易大学.

[80] 李俊青，苗二森，2018. 不完全契约条件下的知识产权保护与企业出口技术复杂度[J]. 中国工业经济(12)：115-133.

[81] 李明艳，2020. 产业集聚对资源型企业绿色技术创新的影响研究[D]. 呼和浩特：内蒙古大学.

[82] 李平，杨慧梅，2017. 离岸服务外包与中国全要素生产率提升——基于发包与承包双重视角的分析[J]. 国际贸易问题(9)：95-106.

[83] 李庆，张文飞，2020. 服务外包对区域技术创新的机制及对策研究——以中东部五个城市为例[J]. 商场现代化(3)：137-138.

[84] 李容柔，2021. 要素结构优化和技术创新双重驱动的中国离岸服务外包产业升级研究[D]. 杭州：杭州电子科技大学.

[85] 李容柔，徐姗，2017. 浙江承接离岸服务外包的国际竞争力评价与影响因素分析[J]. 生产力研究(9)：88-92.

[86] 李晓钟，王倩倩，2014. 研发投入、外商投资对我国电子与高新技术产业的影响比较——基于全要素生产率的估算与分析[J]. 国际贸易问题(1)：139-146.

[87] 李亚成，2017. 中国承接离岸服务外包的就业效应研究[D]. 太原：山西大学.

[88] 李元旭，谭云清，2010. 国际服务外包下接包企业技术创新能力提升路径——基于溢出效应和吸收能力视角[J]. 中国工业经济(12)：66-75.
[89] 李玥，2020. 承接国际服务外包对我国就业的影响研究[J]. 广西质量监督导报(1)：24.
[90] 李政，杨思莹，2018. 财政分权、政府创新偏好与区域创新效率[J]. 管理世界，34(12)：29-42+100+193-194.
[91] 廖战海，2020. 中国参与全球价值链分工的就业波动效应研究——基于中国企业外包的视角[J]. 宏观经济研究(7)：60-74+105.
[92] 林桂凯，2018. 探究我国承接离岸服务外包的经济效应及对策[J]. 现代营销(创富信息版)(9)：77.
[93] 林莉，王瑜杰，2013. 对日软件服务外包产业知识外溢模式、过程与影响因素分析[J]. 科技管理研究，33(23)：173-177.
[94] 林毅夫，蔡颖义，吴庆堂，2004. 外包与不确定环境的最优资本投资[J]. 经济学(季刊)(4)：119-138.
[95] 林毅夫、李永军，2013. 比较优势、竞争优势与发展中国家的经济发展[J]. 管理世界(7)：21-28+66-155.
[96] 刘柏霞，魏晨，2014. 辽宁省离岸服务外包产业竞争力分析[J]. 沈阳大学学报(社会科学版)，16(3)：291-294.
[97] 刘丙泉，尚梦芳，吕高羊，2016. 我国软件外包承接城市效率评价与驱动因素研究[J]. 工业技术经济，35(3)：3-8.
[98] 刘凤，黎杰，2019. "一带一路"倡议下服务外包对就业的影响[J]. 现代企业(9)：84-85.
[99] 刘丽慧，张曙霄，杨爱伦，2013. 中国承接国际服务外包的经济效应分析[J]. 工业技术经济，32(11)：155-160.
[100] 刘琳，2015. 全球价值链、制度质量与出口品技术含量——基于跨国层面的实证分析[J]. 国际贸易问题(10)：37-47.
[101] 刘绍坚，2007. 中国承接国际软件外包的现状、模式及发展对策研究[J]. 国际贸易(7)：27-32.
[102] 刘绍坚，2008. 承接国际软件外包的技术外溢效应研究[J]. 经济研究(5)：105-115.

[103] 刘廷宇,2021.承接外包对中国技能工资差距影响的理论分析和计量检验[D].长春:吉林大学.
[104] 刘卫东,2017.新时期服务外包人才需求及对策探讨[J].福建电脑(9):104+90.
[105] 刘星,赵红,张茜,2007.外商直接投资对中国服务业技术进步影响的实证研究[J].重庆大学学报(社会科学版)(1):18.
[106] 刘艳,2010.发展中国家承接离岸服务外包竞争力的决定因素——基于26个主要接包国的面板数据研究[J].经济经纬,27(1):42-45.
[107] 刘祎,杨旭,黄茂兴,2020.环境规制与绿色全要素生产率——基于不同技术进步路径的中介效应分析[J].当代经济管理,42(6):16-27.
[108] 刘奕辰,栾维新,万述林,2020.制造业服务化是否匹配制造业生产效率——基于联立方程的多重中介效应实证[J].山西财经大学学报,42(1):56-71.
[109] 刘赢时,田银华,罗迎,2018.产业结构升级、能源效率与绿色全要素生产率[J].财经理论与实践,39(1):118-126.
[110] 卢锋,2007.我国承接国际服务外包问题研究[J].经济研究(9):49-61.
[111] 卢荣,2010.中国企业承接国际服务外包实证研究[D].上海:复旦大学.
[112] 鲁海帆,2022.中国承接国际服务外包技术促进效应分析[J].现代商贸工业,43(8):49-50.
[113] 吕延方,王冬,2010.承接外包对中国制造业全要素生产率的影响——基于1998—2007年面板数据的经验研究[J].数量经济技术经济研究,27(11):66-83.
[114] 罗建强,杨子超,2019.制造企业衍生服务业务外包:研究评述与展望[J].技术经济,38(9):121-129.
[115] 马方,王铁山,郭得力,王铁雁,2012.全球服务外包中的知识转移与我国服务业升级[J].求实(9):41-45.
[116] 孟雪,2012.反向服务外包如何影响中国的就业结构——以中国作为发包国的视角分析[J].国际贸易问题(9):82-95.
[117] 苗翠芬,崔凡,龙宇,2021.区域服务贸易协定、承诺深度与中国离岸服务外包承接——基于合成控制法的实证研究[J].国际贸易问题(10):

122-138.

[118] 宁靓，梁铄，孙成成，2016. 中国服务外包产业转型升级的综合能力评价——基于全国 19 个重点省市的实证研究[J]. 中国海洋大学学报(社会科学版)(5)：74-81.

[119] 平新乔，2005. 产业内贸易理论与中美贸易关系[J]. 国际经济评论(5)：12-14.

[120] 邱斌，叶龙凤，孙少勤，2012. 参与全球生产网络对我国制造业价值链提升影响的实证研究——基于出口复杂度的分析[J]. 中国工业经济(1)：57-67.

[121] 裘莹，2014. 中国离岸服务外包结构研究[D]. 长春：东北师范大学.

[122] 冉静，2010. 基于动态比较优势的大连服务外包研究[D]. 大连：东北财经大学.

[123] 任志成，张二震，2012. 承接国际服务外包、技术溢出与本土企业创新能力提升[J]. 南京社会科学(2)：26-33.

[124] 阮开欣，2018. 论知识产权的地域性和域外效力[J]. 河北法学，36(3)：81-97.

[125] 商务部 发展改革委. 中国国际服务外包产业发展规划纲要(2011—2015)[EB/OL]. (2012-12-14)[2023-06-05]. http://www. mofcom. gov. cn/article/b/g/201304/20130 400074056. shtml.

[126] 商务部. “十四五”服务贸易发展规划[EB/OL]. (2021-10-13)[2023-03-19]. http://www. mofcom. gov. cn/article/zcfb/zcfwmy/202110/20211003209143. shtml.

[127] 商务部. 服务贸易发展“十三五”规划[EB/OL]. (2017-03-02)[2023-05-26]. http//www. mofcom. gov. cn/article/b/xxfb/201703/20170302530933. shtml.

[128] 商务部. 关于确定中国服务外包示范城市的通知[EB/OL]. (2021-10-25)[2023-08-19]. http://fms. mofcom. gov. cn/article/jingjidongtai/202111/20211103218462. shtml.

[129] 商务部. 关于推动服务外包加快转型升级的指导意见[EB/OL]. (2020-01-06)[2023-08-25]. http://www. gov. cn/zhengce/zhengceku/2020-

01/15/content_5469182. htm.

[130] 商务部. 关于推广服务贸易创新发展试点经验的通知[EB/OL]. (2018-06-01)[2023-09-14]. https://www. waizi. org. cn/doc/62984. html.

[131] 商务部. 离岸服务外包发展"十三五"规划[EB/OL]. (2017-04-28)[2023-04-10]. http://www. mofcom. gov. cn/article/guihua/201705/20170502570117. shtml.

[132] 商务部办公厅. 服务外包统计报表制度[EB/OL]. (2007-04-24)[2023-04-09]. http://www. mofcom. gov. cn/aarticle/b/g/200706/20070604763920. html.

[133] 商务部服务贸易司.《服务贸易发展"十一五"规划纲要》[EB/OL]. [2007-12-07]. http://www. mofcom. gov. cn/article/b/xxfb/200712/20071205270209. shtml.

[134] 商务部服务贸易司. 关于推动服务外包加快转型升级的指导意见(2020)[EB/OL]. (2020-01-06)[2023-10-11]. http://www. gov. cn/zhengce/zhengceku/2020-01/15/content_5469182. html.

[135] 商务部服务贸易司. 关于新增中国服务外包示范城市的通知 2016[EB/OL]. (2016-05-18)[2023-08-30]. https://www. waizi. org. cn/law/10846. html.

[136] 尚庆琛,2017. 中印服务外包产业国际竞争力比较研究[J]. 南亚研究(3):49-63+152.

[137] 尚庆琛,2020. 跨国外包的劳动经济学解释:工资、劳动效率和劳动力结构的分析视角[J]. 浙江工商大学学报(3):77-89.

[138] 尚庆琛,2021. 新形势下我国服务外包产业转型升级新特点与对策建议[J]. 经济纵横(7):94-101.

[139] 邵金菊,姜丽花,2015. 中印服务贸易国际竞争力比较研究[J]. 商业经济研究(25):40-43.

[140] 佘群芝,贾净雪,2015. 中国出口增加值的国别结构及依赖关系研究[J]. 财贸经济(8):91-103.

[141] 佘硕,王巧,张阿城,2020. 技术创新、产业结构与城市绿色全要素生产率——基于国家低碳城市试点的影响渠道检验[J]. 经济与管理研究,41

(8):44-61.
[142] 沈国兵,黄铄珺,2019.城市层面知识产权保护对中国企业引进外资的影响[J].财贸经济,40(12):143-157.
[143] 沈国兵,刘佳,2009.TRIPS协定下中国知识产权保护水平和实际保护强度[J].财贸经济(11):66-71+60+136-137.
[144] 沈鹏熠,2013.中国企业承接离岸服务外包关键成功因素实证研究[J].国际经贸探索,29(1):25-34.
[145] 沈鹏熠,王昌林,2012.中国企业承接离岸服务外包竞争力评价体系研究[J].中国科技论坛(4):83-88.
[146] 施锦芳,闫飞虎,2016.金砖五国承接离岸服务外包竞争力及影响因素分析[J].宏观经济研究(3):35-45.
[147] 苏凤敏,2019.粤港澳大湾区背景下服务外包产业升级路径的研究[J].环渤海经济瞭望(12):89-90.
[148] 苏娜,2013.江苏承接服务外包竞争力的综合评价:1999—2011[J].科技与经济,26(6):101-105.
[149] 谭速,胡晓,2008.基于DEA的中部六省承接服务外包相对效率研究[J].中国市场(23):108-109.
[150] 唐保庆,张伟,顾晓燕,2013.知识产权保护影响服务业发展的国内外研究新进展[J].阅江学刊,5(5):66-72.
[151] 唐海燕,张会清,2009.产品内国际分工与发展中国家的价值链提升[J].经济研究,44(9):81-93.
[152] 唐礼智,邢春娜,刘玉,2019.知识产权保护的经济增长效应研究——基于人力资本的验证[J].南京社会科学(3):10-17+25.
[153] 唐未兵,傅元海,王展祥,2014.技术创新、技术引进与经济增长方式转变[J].经济研究,49(7):31-43.
[154] 陶爱萍,张珍,2022.数字经济对服务贸易发展的影响——基于国家层面面板数据的实证研究[J].华东经济管理,36(5):1-14.
[155] 田剑,刘琴,2013.江苏城市承接离岸服务外包相对效率研究——基于SE-DEA方法[J].江苏科技大学学报(社会科学版),13(1):80-85.
[156] 涂正革,陈立,2019.技术进步的方向与经济高质量发展——基于全要素

生产率和产业结构升级的视角[J]. 中国地质大学学报(社会科学版),19(3):119-135.

[157] 汪丁丁,2002. 知识表达、知识互补性、知识产权均衡[J]. 经济研究(10):83-92+96.

[158] 王昌林,2013. 中国离岸服务外包比较优势演化与升级路径[J]. 经济体制改革(3):30-33.

[159] 王春,2018. 服务外包产业与经济增长的关联机制研究[D]. 长春:吉林大学.

[160] 王斐兰,2019."一带一路"倡议下中国国际服务外包产业竞争力分析和发展对策研究[J]. 景德镇学院学报,34(1):21-26.

[161] 王俊,2013. 跨国外包体系中的技术溢出与承接国技术创新[J]. 中国社会科学(9):109-125.

[162] 王岚,盛斌,2014. 全球价值链分工背景下的中美增加值贸易与双边贸易利益[J]. 财经研究,40(9):97-108.

[163] 王丽,韩玉军,2016. 中国服务贸易竞争力与服务业开放度的国际比较[J]. 中国流通经济,30(8):122-128.

[164] 王荣艳,2010. 中国承接生产者服务外包区域竞争力研究——基于东亚动态 SHIFT-SHARE 方法的探析[J]. 世界经济研究(12):60-65+86.

[165] 王铁雁,刘娜,王铁山,胡啸兵,2012. 服务外包业集成创新发展及其路径选择[J]. 科技管理研究,32(4):4-8.

[166] 王小顺,2011. 离岸服务外包的动因与发展趋势分析[J]. 黑龙江对外经贸(10):18-19.

[167] 王晓,2020. 承接服务外包对我国制造业结构优化的影响研究[D]. 济南:山东师范大学.

[168] 王晓红,2008. 中国承接国际设计服务外包的技术外溢效应研究——基于中国 80 家设计公司承接国际服务外包的实证分析[J]. 财贸经济(8):84-89.

[169] 王晓红,2017. 推动服务外包价值链向高端跃升[J]. 中国国情国力(10):26-28.

[170] 王晓红,2019. 我国服务外包产业的转型升级与创新发展[J]. 中国社会科

学院研究生院学报(1):35-51.

[171] 王晓红,谢兰兰,2018.服务外包示范城市推动区域服务业开放发展的研究[J].全球化(9):5-26+134.

[172] 王永贵,马双,杨宏恩,2015.服务外包中创新能力的测量、提升与绩效影响研究——基于发包与承包双方知识转移视角的分析[J].管理世界(6):85-98.

[173] 王子倩,2020.基于服务外包模式细分的我国服务外包产业发展影响因素研究[D].济南:山东师范大学.

[174] 魏凌杰,2014.中国国际服务外包企业升级路径研究[D].合肥:安徽大学.

[175] 魏思敏,2016.3.0时代中国承接离岸服务外包影响因素研究[D].大连:东北财经大学.

[176] 魏思敏,2016.FOB出口合同增多的原因及风险分析[J].知识经济(2):35-35.

[177] 吴超鹏,唐菂,2016.知识产权保护执法力度、技术创新与企业绩效——来自中国上市公司的证据[J].经济研究(11):125-139.

[178] 吴凤羽,唐华明,2015.跨国反向服务外包模式对制造业生产率影响的比较研究[J].国际商务研究,36(5):76-86.

[179] 吴汉东,2014.知识产权理论的体系化与中国化问题研究[J].法制与社会发展,20(6):107-117.

[180] 吴敬伟,江静,2022.开放视角下产业融合与制造业全球价值链攀升[J].商业研究(2):21-29.

[181] 吴延兵,米增渝,2011.创新、模仿与企业效率——来自制造业非国有企业的经验证据[J].中国社会科学(4):77-94+222.

[182] 吴幼华,乔红芳,2018.新时期福建服务外包的创新发展与提升路径[J].长春理工大学学报(社会科学版),31(6):100-103+126.

[183] 武娜,张文韬,2022.区域贸易协定、服务贸易自由化与生产性服务业全球价值链[J].南开经济研究(5):125-144.

[184] 肖志洁,2016.中国承接服务外包的经济效应分析[D].合肥:安徽大学.

[185] 谢瑾岚,马美英,2010.区域中小企业技术创新能力测度模型及实证分析

[J]. 科技进步与对策,27(12):105-111
[186] 谢荣军,袁永友,2018. 湖北现代服务外包产业跨越式发展的机理与路径[J]. 湖北社会科学,21(8):58-63.
[187] 徐建敏,任荣明,2006. 外包对服务贸易的影响及承接服务外包的策略[J]. 经济与管理研究(11):80-83.
[188] 徐凉红,施凡毅,2014. FDI、外包与服务业生产率文献综述[J]. 北方经贸(7):26-28.
[189] 徐姗,2009. 基于信息经济的比较优势动态演化及其政策意义研究[D]. 武汉:华中科技大学.
[190] 徐盛宇,2011. 论保护知识产权诉讼时效的认识[J]. 大江周刊:论坛(4):112.
[191] 徐跃权,2018. 新时期河南省服务外包转型升级路径研究[J]. 全国商情·理论研究(7):56-57.
[192] 徐志成,徐康宁,朱志坚,2010. 基于开放环境下的国际服务外包技术溢出效应实证研究——以南京为例[J]. 科技与经济,23(5):66-69.
[193] 许春明,陈敏,2008. 中国知识产权保护强度的测定及验证[J]. 知识产权(1):27-36.
[194] 许和连,成丽红,2015. 动态比较优势理论适用于中国服务贸易出口结构转型吗?——基于要素结构视角下的中国省际面板数据分析[J]. 国际贸易问题,(01):25-35.
[195] 许和连,成丽红,孙天阳,2018. 离岸服务外包网络与服务业全球价值链提升[J]. 世界经济,41(6):77-101.
[196] 薛莲,黄永明,2011. 产品内分工视角下服务贸易竞争力的影响因素及其启示[J]. 经济地理 31(8):1308-1312.
[197] 杨慧梅,李平,刘利利,2018. 国际外包的就业效应研究——基于区域差异的视角[J]. 亚太经济(4):36-46+150.
[198] 杨蕙馨,陈庆江,2012. 国际服务外包中知识转移对接包企业技术能力的影响[J]. 山东大学学报(哲学社会科学版)(2):1-10.
[199] 杨连星,牟彦丞,2021. 跨国并购如何影响制造业全球价值链升级?[J]. 国际商务研究,42(5):82-98.

[200] 杨圣明，2006. 关于服务外包问题[J]. 中国社会科学院研究生院学报(6)：23-28.

[201] 杨学军，2013. 珠三角承接国际技术服务外包的差异化路径研究[J]. 科学管理研究，31(4)：65-68.

[202] 杨雅丽，2018. FDI 对我国区域绿色全要素生产率的影响研究[D]. 南京：东南大学.

[203] 杨珍增，杨宏，2021. 东道国制度质量如何影响跨国公司的全球价值链治理模式[J]. 当代财经(3)：100-111.

[204] 姚博，魏玮，2012. 基于产品内垂直分工的出口复杂度解释因素分析——来自 161 个国家(地区)的经验数据[J]. 世界经济与政治论坛(4)：119-136.

[205] 姚利民，饶艳，2009. 中国知识产权保护的水平测量和地区差异[J]. 国际贸易问题(1)：114-120.

[206] 姚星，李彪，吴钢，2015. 服务外包对服务业全要素生产率的影响机制研究[J]. 科研管理，36(04)：128-135.

[207] 姚战琪，2010. 工业和服务外包对中国工业生产率的影响[J]. 经济研究，45(7)：91-102.

[208] 叶微微，2017. 承接跨国公司服务外包对我国服务业发展的影响与对策[J]. 商场现代化(24)：1-2.

[209] 尹今格，宗毅君，雷钦礼，2019. 增加值视角下我国对发达经济体发包与接包水平的测度[J]. 数量经济技术经济研究，36(12)：87-104.

[210] 尹志锋，叶静怡，黄阳华，等，2013. 知识产权保护与企业创新：传导机制及其检验[J]. 世界经济，36(12)：111-129.

[211] 于斌斌，2015. 产业结构调整与生产率提升的经济增长效应——基于中国城市动态空间面板模型的分析[J]. 中国工业经济(12)：83-98.

[212] 余泳泽，刘冉，杨晓章，2016. 我国产业结构升级对全要素生产率的影响研究[J]. 产经评论，7(4)：45-58.

[213] 喻陈铭，2022. 知识产权保护对离岸服务外包产业结构升级的影响研究[D]. 杭州：杭州电子科技大学.

[214] 喻美辞，2008. 国际贸易、技术进步对相对工资差距的影响——基于我国

制造业数据的实证分析[J]. 国际贸易问题(4):9-15.
[215] 翟士军,黄汉民,2016. 基于全球风险指数的制度质量对价值链竞争力提升研究[J]. 国际经贸探索,32(7):42-52.
[216] 张风丽,2019. 兵团产业结构升级与金融发展的互动关系研究——基于灰色关联模型分析[J]. 新疆农垦经济,39(10):65-71.
[217] 张珺,张雨露,2012. 中国承接国际服务外包对产业结构水平影响研究——基于中国 1991—2010 年时间序列数据计量检验[J]. 产经评论,3(5):15-22.
[218] 张少军,刘志彪,2013. 产业升级与区域协调发展:从全球价值链走向国内价值链[J]. 经济管理,35(8):30-40.
[219] 张卫山,2016. 上海承接离岸金融服务外包的影响因素研究[D]. 上海:上海工程技术大学.
[220] 张晓东,2019. 人口红利与经济增长的关系及其兑现问题研究[J]. 宁夏社会科学(6):67-75.
[221] 张晓妮,2016. 国际服务外包、知识转移与接包企业技术能力关系研究[J]. 商业经济研究(12):144-145.
[222] 张颖,汪飞燕,2013. 安徽省服务外包产业竞争力及发展路径研究——基于长三角地区 10 个城市服务外包竞争力的比较分析[J]. 华东经济管理,27(6):32-38.
[223] 张宇卓,丁晓松,2015. 基于云模型和熵权的离岸服务外包承接地能力综合评价[J]. 数学的实践与认识,45(10):131-137.
[224] 张源媛,仇晋文,2013. 知识产权保护与国际 R&D 溢出实证研究[J]. 世界经济研究(1):35-40+88.
[225] 张志明,2016. 离岸服务外包、承接国异质性与中国制造业异质劳动力就业——基于行业面板数据的经验研究[J]. 世界经济研究(10):100-110+136-137.
[226] 张自然,2010. 中国生产性服务业的技术进步研究——基于随机前沿分析法[J]. 贵州财经学院学报,(02):35-41.
[227] 赵鸿,2011. 国际服务外包:运行机制与效应研究[D]. 上海:上海社会科学院.

[228] 赵楠，2007. 服务外包与我国利用外资的地区均衡——基于服务外包运行机制的分析[J]. 财贸经济(9)：81-85.

[229] 赵秀英，2016. 西安市国际服务外包促进产业结构升级的效应分析[J]. 中国商论(32)：132-133.

[230] 郑宏博，2016. 浙江省承接国际服务外包的经济效应研究[D]. 杭州：浙江大学.

[231] 郑锦荣，2017. 服务外包内涵的重新诠释[J]. 国际经济合作(3)：49-52.

[232] 郑玉，2015. 承接国际服务外包对区域技术创新能力的影响研究[D]. 南京：南京财经大学.

[233] 中国服务外包研究中心，2011. 中国服务外包发展报告 2010—2011[M]. 上海：上海交通大学出版社.

[234] 钟世川，毛艳华，2017. 中国全要素生产率的再测算与分解研究——基于多要素技术进步偏向的视角[J]. 经济评论(1)：3-14.

[235] 周启红，汪生金，2010. 武汉承接国际服务外包相对效率研究[J]. 武汉理工大学学报，32(19)：174-177+192.

[236] 周晓冰，2010. 关于知识产权侵权抗辩事由的研究[J]. 科技创新与知识产权(11)：19.

[237] 朱福林，赵绍全，兰昌贤，2017. 制度质量是否影响服务外包技术溢出？——基于跨国面板数据的实证分析[J]. 研究与发展管理，29(2)：116-126.

[238] 朱福林，张波，王娜，等，2015. 基于熵权灰色关联度的印度服务外包竞争力影响因素实证研究[J]. 管理评论(1)：53-61.

[239] 朱华燕，2021. 新发展格局下中国服务外包在新机中谋新策[N]. 国际商报，07-07(003).

[240] 朱明珠，孙菁，2020. 全球价值链新一轮重构下中国企业突破"低端锁定"的路径选择[J]. 商业经济研究(14)：144-147.

[241] 朱晓明，潘龙清，2005. 服务外包——把握现代服务业发展新机遇[M]. 上海：上海交通大学出版社.

[242] 朱艳敏，2022. 中国承接离岸服务外包对全要素生产率的影响研究[D]. 杭州：杭州电子科技大学.

[243] Alonso, José Antonio, Carlos Garcimartín, 2013. The Determinants of Institutional Quality: More on the Debate [J]. Journal of International Development, 25(2): 206-226.

[244] Amiti M, Wei S J, 2006. Review of Service Offshoring and Productivity: Evidence from the United States[J]. Research Technology Management, 49 (6): 65-65.

[245] Amiti M, Wei S J, 2009. Service Offshoring and Productivity: Evidence from the US [J]. World Economy, 32(2): 203-220.

[246] Amiti, M, Wei S J, 2005. Fear of service outsourcing: is it justified [J]. Economic Policy, 20 (42), 308-347.

[247] Antras P, Chor D, Fally T, Hillberry R, 2012. Measuring the Upstreamness of Production and Trade Flows[J]. American Economic Review: Papers & Proceedings, 102(3): 412-416.

[248] Arora A, Gambardella A, 2005. The Globalization of the Software Industry: Perspectives and Opportunities for Developed and Developing Countries[J]. Innovation Policy and the Economy, 25(5): 1-32.

[249] Balsmeier B, Delanote J, 2015. Employment Growth Heterogeneity under Varying Intellectual Property Rights Regimes in European Transition Economies: Young vs. Mature Innovators [J]. Journal of Comparative Economics, 43(4): 1069-1084.

[250] Baron R M, Kenny D A, 1986. The Moderator-mediator Variable Distinction in Social Psychological Research: Conceptual, Strategic and Statistical Considerations[J]. Journal of Personality and Social Psychology, 51 (6): 1173-1182.

[251] Beck N, Katz J N, 1995. What To Do (and Not To Do) with Time-series Cross-section Data [J]. American Political Science Review(89): 634-647.

[252] Benacek V, Lenihan H, Andreosso B, 2014. Political Risk, Institutions and Foreign Direct Investment: How Do They Relate in Various European Countries? [J]. World Economy, 37(5): 625-653.

[253] Bertschek I, Erdsiek D, Trenz M, 2017. IT Outsourcing: A Source of

Innovation? Microeconometric Evidence for Germany [J]. Managerial and Decision Economics,38(7):941-954.

[254] Bhattacharya A, Singh P J, 2019. Antecedents of Agency Problems in Service Outsourcing[J]. International Journal of Production Research, 57(13-14):4194-4210.

[255] Bond S, Windmeijer F, 2002. Projection Estimators for Autoregressive Panel Data Models[J]. The Econometrics Journal,5(2):457-479.

[256] Bosworth B, Collins S M, 2008. Accounting for Growth: Comparing China and India[J]. Journal of Economic Perspectives,22(1):45-66.

[257] Brander J A, Spencer B J, 2021. Intellectual Property Infringement by Foreign Firms: Import Protection through the ITC or Court[J]. NBER Working Papers.

[258] Chakravarty A K, 2020. The Outsourcing Conundrum: Misappropriation of Intellectual Property in Supply Chains[J]. Naval Research Logs (NRL).

[259] Coase R H, 1937. The Nature of the Firm[J]. Economic,4(16):386-405.

[260] D W Caves, Christensen L R, Diewert W E, 1982. The Economic Theory of Index Numbers and the Measurement of Input, Output and Productivity [J]. Econometrica,50:1393-1414.

[261] Deborah L S, 2007. Competition and the Location of Overseas Assembly [J]. Canadian Journal of Economics/Revue Canadienne Déconomique, 40(1): 155-175.

[262] Dennis A, Lovell C A K, Peter S, 1977. Formulation and Estimation of Stochastic Frontier Production Function Models [J]. Journal of Econometrics,6(1):21-37.

[263] Devashoin M, Priya R, 2007. Temporary Shocks and Offshoring: The Role of External Economies and Firm Heterogeneity [J]. Discussion Paper(5):2811.

[264] Dhillon G, Chowdhuri R, Filipe de S, 2013. Secure Outsourcing: An Investigation of the Fit between Clients and Providers [C]. IFIP International Information Security Conference, Springer, Berlin, Heidelberg.

[265] Dossani R,Kenney M,2007. The Next wave of Globalization:Relocating Service Provision to India[J]. World Development,35(5):772-791.

[266] Dossani R, Panagariya A, 2005. Globalization and the Offshoring of Services: The Case of India[J]. Brookings Trade Forum, Offshoring White-Collar Work:241-277.

[267] EEtimes. What's the reason for offshoring design? [EB/OL]. (2006-05-17) [2022-07-19]. http://www. eetimes. com/electronics news /4063607 /What's the reason for offshoring design.

[268] Eisner E W,1978. The State of Art Education Today and Some Potential Remedies:A Report to the National Endowment for the Arts[J]. Art Education,31(8):14-23.

[269] Ernst Dieter,Kim Linsu,2002. Global Production Networks,Knowledge Diffusion,and Local Capability Formation[J]. Research Policy (8):32-35.

[270] Farrell M,Mavondo F T,2004. The Effects of Downsizing Strategy and Reorientation Strategy on a Learning Orientation[J]. Personnel Review, 33(4):383-402.

[271] Farrell,2005. Offshoring:Value Creation through Economic Change[J]. Journal of Management Studies(42):675-683.

[272] Feenstra R C,Hanson G H,2005. Ownership and Control in Outsourcing to China:Estimating the Property-Rights Theory of the Firm[J]. The Quarterly Journal of Economics,120(2):729-761.

[273] Gartner W B, 1985. Review of Competitive Strategy: Competitive Advantage[J]. The Academy of Management Review,10(4):873-875.

[274] Gene M Grossman,Giovanni Maggi,2000. Diversity and Trade[J]. Cepr Discussion Papers,90(5):1255-1275.

[275] Gereffi G, 1999. International Trade and Industrial Upgrading in the Apparel Commodity Chain[J]. Journal of International Economics, 48(1):37-70.

[276] Gereffi G,Kaplinsky R,2001. The Value of Value Chains:Spreading the Gains from Globalisation[C]. IDS Bulletin.

[277] Ginarte J C, Park W G, 1997. Determinants of Patent Rights: A Cross-national Study[J]. Research Policy, 26(3): 283-301.
[278] Girma S, Görg H, 2004. Outsourcing, Foreign Ownership, and Productivity: Evidence from UK Establishment level Data[J]. Review of International Economics, 12(5): 817-832.
[279] Grossman G M, Helpman E, 1991. Innovation and Growth in the Global Economy[J]. Mit Press Books, 1(2): 323-324.
[280] Grossman G M, Helpman E, 1993. Innovation and Growth in the Global Economy[J]. MIT Press Books, 1(2): 323-324.
[281] Grossman G M, Helpman E, Szeidl A, 2005. Complementarities between Outsourcing and Foreign Sourcing[J]. American Economic Review, 95(2): 19-24.
[282] Gvalia G, 2013. Intellectual Property Rights and Economic Growth: Case of Georgia[J].
[283] Hahanov V, 2011. Infrastructure Intellectual Property for SoC Simulation and Diagnosis Service [J]. Lecture Notes in Electrical Engineering, 79: 289-330.
[284] Hausmann R, Hwang J, Rodrik D, 2005. What You Export Matters[J]. Journal of Economic Growth, 12(1): 1-25.
[285] Horgos D, 2010. A Ricardo-Viner Approach to Service Offshoring[R]. Centro Studi Luca d'Agliano: Development Studies Working, 290: 1-17.
[286] http://www.atkearney.com/shared_res/pdf /GSLI_2007. Pdf.
[287] Hummels D, Ishii J, Yi K M, 2001. The nature and growth of vertical specialization in world trade[J]. Journal of international Economics, 54(1): 75-96.
[288] James H S, Mark W W, 1989. New Indexes of Coincident and Leading Economic Indicators[J]. NBER Macroeconomics Annual (4): 351-394.
[289] James R M, Thomas F R, 2004. Learning on the Quick and Cheap: Gains from Trade through Imported Expertise[J]. NBER Working Papers.
[290] John F, 2004. Looking East: Growing with Offshore Outsource[J].

Information Week (7):22-30.

[291] Johnson R C, Noguera G, 2012. Accounting for Intermediates: Production Sharing and Trade in Value Added[J]. Journal of International Economics, 86:224-236.

[292] Joseph A S, 2021. The Theory of Economic Development[M]. Taylor and Francis.

[293] Keane J, 2017. Future Fragmentation Processes: Effectively Engaging with the Ascendency of Global Value Chains [M]. Commonwealth Secretariat.

[294] Kearney A T. Offshoring for Long-Term Advantage: The 2007 A. T. Kearney Global Services Location Index[EB/OL]. (2007-10-26)[2022-10-09].

[295] Kogut B, 1985. Designing Global Strategies: Comparative and Competitive Valued-Added Chains[J]. Sloan Management Review, 26(4):15-28.

[296] Kondo E K, 1995. The Effect of Patent Protection on Foreign Direct Investment[J]. Journal of World Trade (29):97-122.

[297] Koopman R, Wang Z, Wei S J, 2008. How Much of Chinese Exports is Really Made in China? Assessing Domestic Value-Added When Processing Trade is Pervasive[J]. National Bureau of Economic Research Working Paper Series.

[298] Lai C, Wang V, 2015. Effects of Intellectual Property Rights Protection and Integration on Economic Growth and Welfare [J]. Institut Für Weltwirtschaft Kiel.

[299] Le Q V, Mclennan P G, 2015. The Effects of Intellectual Property Rights Violations on Economic Growth [J]. Modern Economy, 2 (2): 107-113.

[300] Lesser W, 2001. The Effects of TRIPS-mandated Intellectual Property Rights on Economic Activities in Developing Countries [J]. World Intellectual Property (WIPO) Studies, 1:1-24.

[301] Levchenko A A, 2007. Institutional Quality and International Trade[J].

Review of Economic Studies,74(3):791-819.

[302] Lewin A Y, Peeters C, 2006. The Top-line Allure of Offshoring[J]. Harvard Business Review,(84):22-25.

[303] Loh L, Venkatraman N, 1992. Diffusion of Information Technology Outsourcing:Influence Sources and the Kodak Effect[J]. Information Systems Research,3(4):334-358.

[304] Madan S, 2019. Wage Differentials Among Workers: An Empirical Analysis of the Manufacturing and Service Sectors[J].

[305] Malmquist S,1993. Index Numbers and Demand Functions[J]. Journal of Productivity Analysis,4(3):251-260.

[306] Markusen J R,1989. Trade in Producer Services and in other Specialized Intermediate Inputs[J]. The American Economic Review,79(1):85-95.

[307] Markusen J R,Deardorff A V,Irwin D A,2005. Modeling the Offshoring of White-Collar Services: From Comparative Advantage to the New Theories of Trade and Foreign Direct Investment [J]. Brookings Trade Forum,1-34.

[308] Mary C L,Shaji A K,Leslie P W,1994. A Review of the IT Outsourcing Literature: Insights for Practice[J]. Journal of Strategic Information Systems,18(3):130-146.

[309] Maskus K E,1998. Role of Intellectual Property Rights in Encouraging Foreign Direct Investment and Technology Transfer [J]. Duke J. comp. & Intl L,10(1):387-410.

[310] Maskus K,2008. The Globalization of Intellectual Property Rights and Innovation in Services[J]. Journal of Industry,Competition and Trade,8(3):247-267.

[311] Mohtadi H,Ruediger S,2014. Intellectual Property Rights and Growth: Is There a Threshold Effect? [J]. International Economic Journal,28(1):121-135.

[312] Ngo V L,Raymond R,Antoine S,2005. Fragmentation and Services[J]. The North American Journal of Economics and Finance,16(1):137-152.

[313] North D C, Wallis J J, 1994. Integrating Institutional Change and Technical Change in Economic History A Transaction Cost Approach. Journal of Institutional and Theoretical Economics (JITE) /Zeitschrift Für Die Gesamte Staatswissenschaft1,50(4):609-624.

[314] Oniki H, Uzawa H, 1965. Patterns of Trade and Investment in a Dynamic Model of International Trade [J]. The Review of Economic Studies,32(1):15-38.

[315] Pack H,Saggi K,2001. Vertical Technology Transfer via International Outsourcing[J]. Journal of Development Economics,65(2):389-415.

[316] Parello C P,2008. A North-south Model of Intellectual Property Rights Protection and Skill Accumulation[J]. Journal of Development Economics (5):253-281.

[317] Paul M L, Diane E B, 2006. Transformational Technologies and the Creation of New Work Practices:Making Implicit Knowledge Explicit in Task-Based Offshoring[J]. MIS Quarterly,32(2):411-436.

[318] Porter M E,1980. Competive Strategy[M]. The Free Press.

[319] Porter M E, 1990. The Competitive Advantage of Nations [M]. The Free Press.

[320] Prahalad C K,Hamel G,1990. The Core Competence of the Corporation [J]. Harvard Business Review,68:275-292.

[321] Rafiq D,Martin K,2004. The Next Wave of Globalization? Exploring the Relocation of Service Provision to India[J].

[322] Rafiquzzaman M,2002. The Impact of Patent Rights on International Trade:Evidence from Canada[J]. Canadian Journal of Economics, 35 (2):307-330.

[323] Rapp R T,Rozek R P,1990. Benefits and Costs of Intellectual Property Protection in Developing Countries[J]. World Trade,24:75.

[324] Redding S, 1999. Dynamic Comparative Advantage and the Welfare Effects of Trade[J]. Oxford Economic Paper,51(1):15-39.

[325] Robert K,William P,Zhi W,et al. ,2010. Give Credit to Where Credit is

Due: Tracing Value Added in Global Production Chains[R], NBER Working Papers: 16426.

[326] Rolf Fare, Shawna Grosskopf, Lovell C A K, 1994. The Measurement of Efficiency of Production [J]. Nucleic Acids Research, 22(9): 1778-1779.

[327] Ronald F, 1970. Factor Proportions and Comparative Advantage in the Long Run [J]. Journal of Political Economy, 78(1): 27-34.

[328] Rubalcaba L, Aboal D, Garda P, 2016. Service Innovation in Developing Economies: Evidence from Latin America and the Caribbean[J]. Journal of Development Studies, 52(5): 607-626.

[329] Rupa C, 2010. India and Services Outsourcing in Asia[J]. The Singapore Economic Review Singapore, 3: 540-561.

[330] Sass M, Fifekova M, 2011. Offshoring and Outsourcing Business Services to Central and Eastern Europe: Some Empirical and Conceptual Considerations[J]. European Planning Studies, 19(9): 1593-1609.

[331] Sdiri H, Ayadi M, 2016. Innovation and Service Outsourcing: An Empirical Analysis Based on Data from Tunisian Firms[J]. Journal of Innovation and Entrepreneurship, 5(1): 21.

[332] Sevim S M, Gassmann O, 2021. Understanding Outsourcing Strategy within the Intellectual Property Industry: A Proposed Typology [J]. International Journal of Technology Management, 85(1): 1.

[333] Sherwood R M, 1997. Intellectual Property Systems and Investment Stimulation: the Rating of Systems in Eighteen Developing Countries [J]. IDEA: The Journal of Law and Technology, 37(2): 261-370.

[334] Sturgeon T J, Lee J R, 2001. Industry Co-evolution and the Rise of A Shared Supply-base for Electronics Manufacturing [R]. Nelson and Winter Conference, Aalgborg.

[335] Timothy J C, George E B, 1995. A Model for Technical Inefficiency Effects in a Stochastic Frontier Production Function for Panel Data [J]. Empirical Economics, 20(2): 325-332.

[336] Triplett J E, Bosworth B P, 2004. Productivity in the U. S. Services

Sector: New Sources of Economic Growth[M]. Brookings Institution Press.

[337] UNCTAD (United Nations Conference on Trade and Development), 2001. World Investment Report 2001: Promoting Linkages[R].

[338] UNCTAD, 2004. The Shift Towards Services[R]. World Investment Report.

[339] Vathsala W, 2015. Knowledge Sharing and Service Innovativeness in Offshore Outsourced Software Development Firms[J]. VINE, 45(1): 2-21.

[340] Williamson O E, 1975. Transaction-cost Economics: The Governance of Contractual Relations[J]. Journal of Law and Economics (22): 230-256.

[341] Zapalska A, Jim S, Erik W, 2017. Female Micro-Entrepreneurship: The Key to Economic Growth and Development in Islamic Economies[M]. Springer International Publishing.

后记

当前，新一轮科技革命和产业变革带来的国际竞争日趋激烈，国际力量对比深刻调整。国际经贸环境的复杂多变，逆全球化思潮的重新抬头，中美博弈竞争的加剧，均加速了全球供应链格局的重塑。在此背景下，发展服务外包，尤其是离岸服务外包已成为许多国家转变经济增长方式、提升国际分工地位的重要战略选择。然而，随着发展中国家劳动力红利逐渐消失，离岸服务外包产业如何实现全球价值链的攀升成为接包方亟待解决的难题。本书试图探讨离岸服务外包产业升级过程中可能存在的困境及其破解机制，希望引起各界对离岸服务外包产业陷入"价值链低端锁定"困境的关注与思考，为探索可持续的绿色发展路径提供切实可行的方向与思路。

然而，本书的研究也存在一定的局限，未来进一步可拓展的研究方向包括：(1)以创新驱动为引领，细化服务外包业务领域(ITO、BPO、KPO)的产业升级研究；(2)以提高企业国际竞争力为导向，聚焦服务外包网络、体系及服务外包企业生态建设的研究；(3)以"一带一路"倡议为契机，重点关注"一带一路"新兴市场的服务外包研究，形成发达国家与发展中国家双向拓展的全球市场战略布局；(4)以在岸促离岸为抓手，探索如何推动国际国内服务外包市场融合发展。

本书是笔者主持的国家社会科学基金青年项目"新常态下中国服务外包产业突破'价值链低端锁定'的路径优化及战略研究"(17CJY046)的最终研究成果。全书在笔者总体谋划、确定思路、设计框架的基础上，由笔者及课题组主要成员李容柔、朱艳敏、喻陈铭、周圆、兰美姜、韩沈超共同完成所有内容，在此对他们表示由衷的感谢。在本书即将付梓之际，还要特别感谢我的父母、丈夫，以及新冠疫情期间出生的两个孩子，你们的理解与支持是我人生道路上的永恒动力。